国家自然科学基金面上项目（72072050）

经济管理学术文库·管理类

企业开放科学

一种新的创新策略

Open Science in Enterprises

A New Innovation Strategy

张学文／著

经济管理出版社

ECONOMY & MANAGEMENT PUBLISHING HOUSE

图书在版编目（CIP）数据

企业开放科学：一种新的创新策略 / 张学文著 .
北京：经济管理出版社，2025. -- ISBN 978-7-5243
-0201-8

Ⅰ. F273.1

中国国家版本馆 CIP 数据核字第 202589794D 号

组稿编辑：张丽媛

责任编辑：王光艳

责任印制：许　艳

责任校对：王淑卿

出版发行：经济管理出版社

（北京市海淀区北蜂窝 8 号中雅大厦 A 座 11 层　100038）

网　　址：www.E-mp.com.cn

电　　话：（010）51915602

印　　刷：北京金康利印刷有限公司

经　　销：新华书店

开　　本：720mm×1000mm/16

印　　张：20.5

字　　数：355 千字

版　　次：2025 年 5 月第 1 版　2025 年 5 月第 1 次印刷

书　　号：ISBN 978-7-5243-0201-8

定　　价：98.00 元

序

开放科学：不可忽视的创新策略

在过去一百多年里，"科学"和"商业"两大领域经历了几乎相似的大变革：封闭式创新转变为开放式创新，封闭式科学演变为开放式科学。科学的开放性与创新的开放性共同体现了世界的开放性。目前，"开放性"已经成为管理学、经济学、社会学、政治学、哲学等研究领域的核心概念。从创新研究的前沿理论来看，关于科技创新全过程"开放性"的研究目前缺乏系统性理论框架。自Chesbrough（2003）提出开放式创新理论以来，学者们非常重视创新过程中后端"开放性"的研究，然而，在创新过程的最前端，科学越来越开放的总体趋势大多被忽视。美国著名科学社会学家罗伯特·K.默顿于1953年提出"科学的精神特质"，强调科学的"普遍主义、公有主义、无私利性、有条理的怀疑主义"，从理论逻辑来看，默顿理论的本质强调了科学的开放性。哲学家波兰尼（Polany，1962）的"科学共和国"思想以及Dasgupta和David（1994）的"新科学经济学"理论，鲜明地提出了开放科学的制度设计，阐释了科学开放性的底层逻辑，但这一理论的适用对象主要是科学共同体。传统经济学理论认为，企业开放科学行为是不解之谜，因为开放科学会将创新知识披露给竞争对手，从而限制企业独占创新价值的能力。但令人惊奇的是，在开放式创新和基于科学创新的大背景下，企业越来越频繁地采取开放科学的行为。针对这一有趣的理论和实践问题，张学文教授对企业开放科学问题进行了深入的理论分析和实践探索，构建出了企业开放科学的理论框架，完成了一部关于企业开放科学理论的专著。

本书的主要贡献在于：开创性地构建了企业开放科学的理论体系，阐明了开放科学与开放式创新之间的关系，进一步拓展了开放式创新和开放科学的理论视角，为创新研究提供了新的理论视角和路径。

具体来看，作者的主要学术思想和贡献如下：第一，准确界定了开放科学与开放式创新直接的关系。"科学"领域的开放科学与"商业"领域的开放式创新，两者既有区别又相互联系，在全球科技创新开放的时代背景下，开放科学与开放式创新正在逐渐走向融合，新的科技创新范式正在形成。第二，弥补了创新过程前端"开放性"理论研究的不足。提出了开放科学是阐释创新过程前端"开放性"的一个新理论视角，进一步拓展了开放科学与开放式创新理论。第三，破解了传统理论的不解之谜。研究认为开放科学不会削弱企业的竞争优势，反而会给企业带来诸多积极的回报，对创新绩效具有积极影响。第四，揭开了企业为何开放科学"黑箱"，提出了企业开放科学的三大行为逻辑、七大战略动机和具体的实现机制。第五，提出并论证了"开放科学作为新的创新策略"的基本思想，是一种新的企业创新策略。

总体来看，这是国内一部研究企业开放科学理论的专著，弥补了创新过程前端"开放性"理论研究的不足，系统构建了企业开放科学的理论框架，揭示了企业开放科学的行为逻辑、战略动机及实现机制，提出并建构了"企业开放科学：一种新的创新策略"的基本架构，进一步丰富和拓展了开放式创新与开放科学理论，填补了企业开放科学研究的缺口，为提升我国企业的科学与创新能力提供了重要的理论依据和实践指导。

2024年11月于清华园

前　言

当前，"开放性"已经成为管理学、经济学、社会学、政治学、哲学等研究领域的核心概念。创新的开放性是商业环境的必然趋势，科学的开放性是科学领域的主流范式，"创新的开放性"与"科学的开放性"共同体现了世界的开放性，两者的融合发展充分证明，人类正在进入一个更加开放、协作和创新的世界。从创新研究的前沿理论来看，关于科技创新全过程"开放性"的研究目前缺乏系统性理论框架。

科学知识是经济高质量发展的核心要素，以知识披露为标志的开放科学是科技进步的关键。在数字经济和人工智能时代，开放科学已成为全球科学研究与创新的主导范式，对培育世界一流开放式创新生态、建设科技强国具有重大战略意义。当前，世界科技强国正在积极部署开放科学战略。开放科学历来是大学和科研机构的行为规范与价值准则，但创新过程最前端的企业开放科学行为异常活跃，传统经济理论一直认为这是不解之谜，因为它会限制企业独占创新价值的能力，但奇怪的是，现实中越来越多的企业频繁地采取开放科学行为，那么，企业意欲何为？目前尚缺乏系统的理论框架。

本书是以中国企业为研究对象，揭示企业开放科学的行为逻辑、战略动机以及影响创新绩效的机理和策略，最终构建出企业开放科学的理论框架。本书共分三篇12章内容。第一篇：从开放式创新到开放科学，即第1章至第3章，主要介绍研究背景和理论基础，具体包括开放的世界——从开放式创新到开放科学、开放科学研究的文献计量学分析，以及企业开放科学理论的内涵与演化。第二篇：企业开放科学的理论框架，即第4章至第7章，通过大数据分析研究构建企业开放科学的行为理论，包括企业开放科学的证据、行为研究、行为表证及基本逻辑以及战略动机与实现机制。第三篇：企业开放科学与创新策略，即第8章至第12章。其中第8章至第11章以中国企业为研究对象，主要讨论开放科学对创新的影响和策略，包括开放科学与创新诱发机制、开放科学与新产品开发、开放科学与合作创新、开放科学与企业价值。第12章为理论贡献与未来展望，主要总结理论贡献、研究的局限性和未来研究展望等方面。

本书是国内一部研究企业开放科学理论的专著，主要贡献在于：开创性构建了企业开放科学的理论体系，填补了阐释创新过程前端开放性的理论空白；揭开了传统经济学理论对企业开放科学行为的"不解之谜"，打开了企业开放科学的"黑箱"，揭示了企业开放科学的行为逻辑、战略动机和实现机制；提出并论证了"开放科学作为新的创新策略"的基本框架。

本书构建了中国情境下的企业开放科学理论框架，对开放式创新做出了新的理论拓展，为企业创新提供了重要的管理启示。本书适合大学科研人员、企业管理人员和政府部门相关政策制定者阅读，为学术研究、政策制定、管理实践等提供有益借鉴和参考，对于企业科技创新能力提升和科技强国建设具有重要指导意义。

本书是国家自然科学基金面上项目"开放科学对新产品开发的作用机理及策略选择研究"（72072050）的最终成果。同时，本书得到了河北省新型高端智库现代服务与公共政策研究中心、河北师范大学出版基金等的大力支持。

创新管理领军学者、教育部长江学者特聘教授、清华大学技术创新研究中心主任陈劲教授为本书作序，笔者在此表示衷心感谢。

目 录

第二篇
企业开放科学的理论框架

第 一 篇
从开放式创新到开放科学

第1章 开放的世界：
从开放式创新到开放科学

"开放性"已经成为管理学、经济学、社会学等研究领域的核心概念。在过去的近百年里，科学和商业创新两个领域经历了几乎相似的转变：封闭式创新转变为开放式创新，封闭式科学转变为开放式科学。科学的开放性与创新的开放性共同体现了世界的开放性。创新的开放性是商业环境的必然趋势、科学的开放性是科学领域的主流范式，开放式创新和开放科学之间虽然存在较大差异，但两者相互融合发展的趋势越来越明显。

1.1 创新的开放性：商业环境中的必然趋势

1.1.1 理论内涵及基本框架

在商业环境中，开放式创新（Open Innovation）是阐释创新开放性的经典理论，该理论由哈佛商学院教授亨利·切萨布鲁夫（Henry Chesbrough）于2003年提出，目前，已成为战略、技术、组织管理创新的主流范式。切萨布鲁夫教授将开放式创新定义为：企业要打破组织边界，积极与外部合作伙伴（如供应商、客户、学术机构等）进行开放性合作，共同创造和分享知识、技术和资源，这种模式突破了传统封闭式创新的边界，使企业能够更广泛地获取外部创新资源，加快创新过程，提高创新效率（Chesborough，2003）。

开放式创新概念最初主要指的是知识和资源从一家企业或研究机构向另一家企业或研究机构的转移，如今，开放式创新已发展成企业创新的主导战略，旨在帮助企业捕捉外部资源以创造价值并降低风险。Chesbrugh 和 Bogers（2014）进一步将开放式创新定义为"基于有目的地管理知识流跨越组织边界的分布式创新过程"，强调企业不仅要利用内部的知识和资源，还要积极寻求和利用外部的知识与资源，同时将内部的知识和资源向外部开放，以实现更高效的价值创造。这个定义的核心主题是创新是在与外部利益相关者合作中共同创造的，通过与大学、研究机构、供应商、客户、竞争对手等外部合作伙伴的合作，获取新的创意和技术。因此，开放式创新提高了员工的参与度，增加了人才获取的途径，促进了伙伴关系的建立。在组织中融入开放式创新实践不仅是一种战略选择，还代表了面向外部的问题解决方案和价值创造方法的范式转变。更具体地说，企业在进行创新时不仅需依赖企业内部的资源和能力，而且要高度重视对外部资源的整合与利用。因此，企业要通过各种渠道（如合作研究、技术许可、并购、众包等）从外部获取知识、技术和资源，并要重视与供应商、客户、大学和研究机构等进行有效互动与交流（Chesbrough 和 Bogers，2014；West 和 Bogers，2017）。

图 1-1 描述了开放式创新的基本模型，开放式创新强调跨越组织边界的创意、技术和知识的流动与交换（Alexy 等，2013；Chesbrough，2003；Vrande 等，2009）。例如，开源软件开发中创造性的创新成果（软件代码）在个人与组织或组织与组织之间进行免费交流和扩散（Von Hippel 和 Von Krogh，2006）。

开放式创新的核心思想是，不是所有有价值的创意和知识都存在于企业内部，企业可以通过各种方式从外部引入创意和技术，如许可、合作研发、并购初创企业、建立风险投资基金等。同时，企业也可以将自己内部未被充分利用的技术或创意通过类似的方式向外部市场开放，从而实现价值最大化。开放式创新范式表明，企业应利用外部和内部资源、开发流程和市场渠道来推动创新与技术进步，鼓励企业与其他企业、学术机构、政府组织等进行合作，共同开发新产品和服务（Chesbrough，2003，2006）。

由图 1-1 的模型可以看出，开放式创新模型的主要特点包括：①双向性，既包括从外部引进创新要素，又包括将内部创新成果输出到外部市场；②多样性，合作对象可以是各种各样的，包括供应商、客户、竞争对手、研究机构等；③灵活性，根据不同的需求和条件选择最合适的合作模式；④共创价值，通过合作创造新的价值，不仅限于经济利益，还包括社会价值、环境价值等。

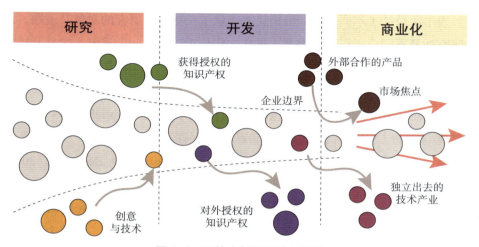

图1-1 开放式创新的基本模型

资料来源：Chesbrough（2006）。

1.1.2 分析层次与对象

在过去的二十年里，随着全球经济转向更加开放的创新范式，开放式创新变得越来越突出和多样化（Love 等，2014）。Chesbrough 和 Brunswicker（2014）描述了开放式创新模式两个方面的领先实践：一是流入实践（inbound practices），重点是将外部创意、观点和技术吸收到企业的创新过程中；二是流出实践（outbound practices），旨在转移未使用的内部创意，向其他组织提供技术和资产。流入实践强调要努力实现了解新趋势、培养新技能、获取新技术以及与潜在技术合作伙伴建立联系等目标，流出实践侧重于通过外部合作伙伴关系促进内部发展（Bogers 等，2019）。介于流入实践和流出实践之间的是第三类，被称为"耦合过程"（Gassmann 和 Enkel，2004）。这一过程需要组织、社区或个人之间的协作，并需要在创新过程中整合不同的能力、资源和知识。

现有的开放式创新研究主要将企业作为分析单位，同时人们越来越认识到还需要考虑其他分析单位，以便更详细地了解开放式创新的前因、过程和结果。根据 Chesbrough 和 Bogers（2014）的多层次框架，这些新兴视角可以与组织内部、组织外部、组织间或更广泛的行业、创新系统和社会背景下的决定因素、过程和结果来进行对比。

表 1-1 总结了不同层次的分析，并提供了一些现有研究的对象及主题，这些研究涉及不同分析层次的因素。贯穿这些分析层次的一个重要主题是开放式创新的有效性，特别是在其对创新和企业整体绩效的影响方面。实证研究显示，开放式创新对创新绩效（Laursen 和 Salter，2006；Pullen 等，2012；Cheng 和 Huizingh，2014）、研发项目绩效（Du、Leten 和 Vanhaverbeke，2014）、新产品创意与成功（Salge 等，2013）的贡献程度存在差异性。鉴于开放式创新效果的显著差异，越来越多的研究开始关注其情境依赖性（Di Benedetto，2010；Huizingh，2011）。迄今为止，只有少数研究探讨了开放程度与绩效关系的条件因素，包括企业的战略定位（Cheng 和 Huizingh，2014）、个人层面的特征（Salter 等，2015）、新产品开发项目的特性（Salge 等，2013）、关键个人的整合（Lüttgens 等，2014）。由此可见，需要从多层次、多角度理解开放式创新，需要探索一个多层次的分析框架。

表1-1　开放式创新分析层次和对象

分析层次	研究对象	研究主题	典型学者
组织内部	• 个人 • 团队 • 项目 • 职能领域 • 业务部门	个体层面开放式创新的挑战和对策	Salter、Criscuolo 和 Ter Wal（2014）；Antons 和 Piller（2015）；Salter 等（2015）；Dahlander、O'Mahony 和 Gann（2016）
		职能和项目层面的开放式创新	Bogers 和 Lhuillery（2011）；Salge 等（2013）；Lopez-Vega、Tell 和 Vanhaverbeke（2016）
组织层面	• 企业 • 其他（非企业） • 组织 • 战略 • 商业模式	整合外部创新资源的组织设计、实践和流程	Foss 和 Foss（2005）；Robertson、Casali 和 Jacobson（2012）；Foss、Lyngsie 和 Zahra（2013）
		新进入者、中小企业和创业者背景下的开放式创新	Brunswicker 和 van de Vrande（2014）；Eftekhari 和 Bogers（2015）；Zobel、Balsmeier 和 Chesbrough（2016）
组织外部	• 外部利益相关者 • 个人 • 社区 • 组织	用户和社区在开放式创新中的作用	Bogers、Afuah 和 Bastian（2010）；Autio、Dahlander 和 Frederiksen（2013）
组织间	• 联盟 • 网络 • 生态系统	组织如何在生态系统和行业平台中实践开放式创新	Rohrbeck、Hölzle 和 Gemünden（2009）；Adner 和 Kapoor（2010）；van der Borgh、Cloodt 和 Romme（2012）

续表

分析层次	研究对象	研究主题	典型学者
产业、区域创新系统和社会	• 产业发展 • 产业间差异 • 地区 • 国家 • 超国家机构 • 公共政策	研发之外的制造、营销、战略、服务、旅游和教育等领域开放式创新的应用	Chesbrough（2011）；Huff、Möslein 和 Reichwald（2013）；Matzler 等（2014）；Egger、Gula 和 Walcher（2016）

资料来源：Bogers 等（2017）。

在组织内部，开放式创新可以从个人、团队、项目、职能领域、业务部门等多个视角解释个体层面的属性和行为，以及组织设计元素如何调整组织向开放式创新的转型。这些组织内部要素的相关性可能会随着环境因素的变化而变化，如组织在向开放式创新转型过程中面临的挑战和组织悖论，以及组织在此转型过程中的发展阶段，等等。

在组织层面，开放式创新可以从企业、组织、战略、商业模式等视角进行分析，整合外部创新源的组织设计、实践和流程。比如，在强调客户整合和快速技术变革的情境下，商业模式视角尤为重要，未来的研究需要解决的是企业如何将开放的商业模式与封闭的创新策略相结合，以及所有可能的组合方式（Vanhaverbeke 和 Chesbrough，2014）。

在组织间层面，开放式创新可以从联盟、网络和生态系统视角进行分析，以阐明组织如何在生态系统和行业平台等网络形态中实践开放式创新，如何创造和捕获价值。数字化和技术复杂性推动了这些新的网络形态，并要求为异质行为者之间的互动制定新的治理框架。

在组织外部，关注个人、社区、组织和不同的利益相关者至关重要，因为他们在开放式创新过程的不同阶段发挥不同的作用。对于各种外部利益相关者而言，知识、能力和动机等因素是开放式创新的重要驱动因素，企业在开放式创新治理中要关注这些因素的不同驱动作用。

在创新系统和社会层面，除了研发之外，制造、营销、战略、服务等领域的开放式创新也得到了广泛应用。开放式创新被嵌入到更高层次的分析中，并考虑到相关的权变因素，如研发强度、模块化和行业知识分布的广度、空间挑战等，以及城市、区域和政府背景下公共管理所需的新形式民主与管理技能。

为了使开放式创新在这一最高层次的分析中发挥作用，我们需要新的政策设计和创新。

总体而言，这些贡献描绘了一个多层次的研究框架，将开放式创新现象与多种视角联系了起来。在这些层次和视角中，突出了几个共同的条件：首先，数字化是不同开放式创新视角（创业、商业模式、众包和空间组织）的重要推动和强化因素；其次，创新架构要素，如模块化、复杂性和技术互依性，在各种开放式创新视角中被多次强调；最后，一个反复出现的元素是机构和企业层面的知识产权与治理框架。

1.1.3 理论演化与发展阶段

当前，开放式创新已成为学术界、工业界和政策制定者广泛使用的概念。根据《经济学人》最近发布的报告，90% 的组织已经采用或计划在未来三年内通过开放协作创新的组织边界来实施关键的开放式创新实践（The Economist Group，2022）。通过对文献的综合分析，总体来看，开放式创新研究迄今为止经历了三个阶段。

第一阶段（2010~2015 年）。这一阶段，学者们主要依赖企业理论开展研究，更具体地说，是基于资源的基础观和基于知识的基础观，来探讨企业如何从外部环境获取并吸收知识，以战略性地提升其竞争优势（Brunswicker 和 Vanhaverbeke，2015）。这一阶段，学者们重点研究了早期采用者（如大企业和高科技初创企业）开放式创新实践的成功案例（Huizingh，2011）。

第二阶段（2016~2020 年）。这一阶段，基于资源基础观和基于知识基础观的应用得到进一步加强，同时出现了新的理论方法和视角。一些学者开始更新理论基础以开展新的探讨，从开放式创新的案例研究向基于经验的、复杂的应用场景转移，传统的企业理论已经无法解释应用场景的复杂性，学者们开始围绕用户和客户在共同创造价值过程中的作用、企业内外部创新能力的整合以及外部知识的吸收和利用等问题展开研究。一些学者也越来越关注从企业中心视角研究开放式创新的治理原则和战略影响，如企业如何从组织间知识流动中获取价值，以及企业如何通过开放式创新战略建立竞争优势，等等。在这一阶段，新的研究方法论，特别是定量研究得到了推广，其通常根据基于资源基础观和知识基础观的企业理论来构建开放式创新的理论模型及假设验证。

第三阶段（2021年至今）。这一阶段，学者们越来越强调企业不仅需要识别开放式创新的积极作用，还需要识别其带来的负面影响（Chaudhary 等，2022；Saura 等，2023），并开始研究应对负面影响的方法和策略。同时，开放式创新理论也逐步从商业领域转向了科学和制度领域。尤其是近年来数字技术和人工智能技术的广泛发展，促进了开放式创新研究进入一个崭新的发展阶段。

最近的开放式创新理论还揭示了关于数字化转型过程中的机遇与挑战。例如，一些研究表明，先进的信息系统和新兴技术，如物联网、大数据分析和人工智能，促进了合作、知识交流和更高的创新表现（Åström 等，2022；Del Vecchio 等，2018；Santoro 等，2019；Scuotto 等，2017），而另一些研究关注生态系统中的参与者，如公共组织（Scuotto 等，2016）和中小企业（Bertello 等，2022）面临在拥有有限数字技能和知识的情况下，如何应对开放式创新的挑战。

以往，关于开放式创新的研究一直以战略管理和创新管理领域的学者为主导，如市场、市场导向和财务绩效等术语，强调参与开放式创新活动的企业在很大程度上是由市场逻辑和财务绩效驱动的。尽管战略管理学者一直认为组织的竞争优势依赖于其内部资源（Barney，1991），但开放式创新模式强调这些资源可以通过与广泛的利益相关者合作互动而共同创造和再生（West，Bogers，2014），这意味着开放式创新成为了企业最重要的战略选择。开放式创新理论还强调，组织没有足够的内部资源（如技能、能力、时间、财务资源等）就不能将面临的各种挑战转化为机遇，并实现持续的竞争优势，因此，必须通过外部合作互动的方式进行资源整合和能力提升，这意味着开放式创新成为数字化、全球化、复杂环境背景下获取竞争优势的最佳创新模式。同时，创新管理领域的学者非常关注动态能力在开放式创新中的应用（Bogers 等，2019）。Teece、Pisano 和 Shuen（1997）将动态能力定义为"企业整合、构建和重新配置内部与外部能力以应对快速变化环境的能力"，动态能力提供了一个新的理论视角，以补充资源基础观的不足。正如 Vanhaverbeke 和 Cloodt（2014）所强调的，稀缺、独特且难以模仿的资源可能会变成能力陷阱，因为企业在面对突然的技术和商业环境变化时，要高度重视开放式创新战略的规划和应用，保持竞争优势不仅要拥有难以模仿的资源，还要开发难以复制的动态能力（Teece，2007）。

最近，新兴的研究流派将开放式创新与关系本体论联系起来，引发了对开放式创新理论的反思，研究开始关注人性哲学思想在开放式创新中的广泛应用，越来越重视人类行为和社会的影响（Bertello 等，2022；Santos 等，2021），原本独立于开放式创新发展的研究流派，如三螺旋（Etzkowitz 和 Leydesdorff，2000）和社会创新（Murray 等，2010），现在正在兴起。学术界越来越多地致力于探索人力资源、认知、行为和其他个人层面的属性如何影响开放式创新实践与绩效。

1.2 科学的开放性：科学研究的主导范式

1.2.1 科学的开放属性

开放性是科学的本质属性之一，开放科学已经成为全球科学研究与创新的主流范式。人类社会发展的演化过程充分证明，开放科学是一种促进知识共享、交流、合作的科学研究范式，有助于改变传统科学研究的局限性，提高整个科学系统的创新效率。17 世纪，英国皇家学会创办了人类历史上第一本科学期刊《哲学会刊》，第一次推动了科学开放的变革。科学的开放属性经过了300 多年的发展和演变，目前形成了开放获取、开放数据、开放资源、全球性开放治理等发展态势，开放科学运动已成为全球共识，全球开放包容的多元主体治理格局正在形成（杨卫，2023）。

开放科学（Open Science）是指在科学研究过程中尽可能多地公开分享数据、工具、方法和结果，以便其他人验证研究发现，并在其基础上进一步拓展研究工作。这包括但不限于开放获取出版物、共享研究数据、开放资源、协作软件开发以及公众参与科学研究等。2021 年，联合国教科文组织发布的《开放科学建议书》，将开放科学定义为"一个集各种运动和实践于一体的包容性架构，旨在实现人人皆可公开使用、获取和重复使用多种语言的科学知识，为了科学和社会的利益增进科学合作与信息共享，并向传统科学界以外的社会行为者开放科学知识的创造、评估和传播进程"（UNESCO，2021）。

开放科学对于科学研究和社会发展具有重大的促进作用。开放科学从源头上遏制了低水平重复性研究，有助于关键科学问题和"卡脖子"问题的解决，是高质量发展的基础。开放科学能够提高公共资助的科学研究成果的可用性和可获取性，使实行严格的同行评审程序具有可能性，同时能够提高科学研究工作的可重复性和透明度，使科学研究更具有影响力。开放科学可以打破发展中国家和发达国家科学家之间、科学家与公民之间、教师与学生之间的现有障碍，打破学科之间的壁垒。开放科学强调数据的可查找、可访问、可互操作和可重复使用及知识的开放获取，特别是可在线提供由实验、观察、调查、数值模拟和计算科学生成的文本与数据，促进新的分析工具的开发。开放科学将通过研究数据、文本、协议、实践、仪器和分析软件的及时可用性与再利用，开辟出新的知识领域，同时增强多学科和跨学科发展。

科学研究已经迈进数据共享、共同研究的群体智慧时代。开放科学的理念反映了50年来科学研究的范式转变，描述了研究开展方式、研究人员合作、知识共享和科学组织的持续运动，强调研究数据、过程和成果的共享，可以有效地保证研究数据的客观、真实、完整，确保关键过程可重复、关键结果可检验（段伟文，2020）。开放科学是一种科学实践，其他人可以在研究数据、实验室笔记和其他研究过程免费提供的情况下进行协作与贡献，在协议条件下可以重复使用、重新分配和复制研究及其基础数据与方法。开放科学影响整个研究周期及其利益相关者，通过提升更多透明度、开放性、网络和协作来增强科学研究的绩效。开放科学包括开放获取、开放研究数据、开放式方法、开放评估、公民科学等。开放科学代表了一种全新的科学研究范式，依赖于建立在数字化技术和新型协作工具上的协作型研究与新的知识传播方式。

1.2.2 科学开放性的社会影响

"开放科学"一词由经济学家保罗·戴维（2003）提出，旨在描述公共部门产生的科学知识的公共产品属性，并反对知识产权向信息产品领域的扩展。经济学家认为，公共研究产生的科学知识是一种公共产品，意味着这些知识一旦被公开，每个人都可以无偿使用，从而产生更高的社会回报。这种观点并非完全新颖，早在1942年，美国科学社会学家罗伯特·金·默顿描述了一套理想，这些理想特征化了现代科学，并且科学家们必须遵守。其中最重要的是科学发现的共同所有权的概念，根据这一概念，科学的实质性成果被视为社会合作的产物，并归属于社区。科学家对知识产权的要求仅限于认可和尊重。争取成为第一个获得认可的人——所谓的"优先权规则"——在科学界传统上一直是科学家公开其知识的强大动力。

开放科学的特殊性为其提供了政策和经济上的理由。Opensearch（开源搜索和分析引擎）工具提高了研究及其传播的效率。对科学输入和输出的更大访问可以提高科学与研究系统的有效性及生产力，一是减少在收集、创建、转移和重用数据和科学材料方面的重复成本，二是允许从相同的数据中进行更多的研究，三是增加国内外参与研究过程的机会。科学建议也可以从开放科学提供的更大审查中受益，因为它允许更准确地验证研究成果。此外，对研究成果（以出版物和数据的形式）的更大访问不仅可以促进向科学系统的技术溢出，还可以促进更广泛的创新系统构建。随着对出版物和数据的访问增加，企业和个人可以使用与再利用科学成果来生产新产品和服务。开放科学还允许公民更密切地参与和介入。

越来越多的证据表明，开放科学对研究事业、商业和创新以及更广泛的社会产生了重大影响。最近的分析显示，增强公众对科学出版物和研究数据的访问可以增加科学与研究的可见度及其产生的溢出效应。开放科学旨在促进科学和研究中的开放运作模式。目前，开放科学已成为国际上推动科学研究以及科学对社会影响的重要方式，包括一系列研究实践的"开放"标签，如开源软件、出版物的开放获取、开放教育资源、开放数据以及向公众开放科学知识生产的过程。开放科学是一种基于协作、及时分享成果、利用在线数字技术传播知识的新方式，也是公开透明、验证研究结果和再利用的科学研究过程。开放科学极大程度上提高了协作工作的效率，以确保研究成果可以被验证重现和再发展。它通过对研究数据的访问及其在新分析中的再利用，增加了合作的可能性。同时，开放科学通过提高科学知识的透明度，使其更易于使用和传播，从而惠及整个社会。采用开放科学原则并实施新的方法和工具，将在知识社会和文明进步的所有方面产生广泛影响。一是整合不同来源的大量数据，能使科学研究更加高效和协作，以更加透明的方式进行任务导向型研究，以应对人类社会面临的各种挑战。二是开放科学的实践证明，所有社会大众能免费及时地获取出版物、数据、软件、许可等资源的权利和工具，这可以大大促进知识创造和扩散利用的进程。三是开放科学可以为所有研究人员创造平等的机会，无论其国籍或机构隶属关系，以促进研究和科学交流的完整性。四是开放科学对创新的潜在影响非常高，既包括最新科学发现的新产品和服务的开发，也包括国家科技创新的优化和完善。

1.2.3 科学开放的关键行动者

开放科学运动涉及众多关键行为者，每个行为者在推动开放科学的发展中扮演着不同的角色。通过这些关键行为者的共同努力，开放科学得以不断发展和完善，推动科学研究提高透明度、可重复性和共享性，从而促进科学知识的广泛传播和应用。以下是开放科学中的主要关键行为者及其作用：

1.2.3.1 科学家与研究人员

科学家等研究人员一直位于开放科学的前沿，他们是开放科学的核心实践者，负责进行科学研究、数据收集与分析，并分享其研究成果。科学家和研究人员拥有多种动机，包括科学中固有的文化价值观（如接受审查的开放性，愿意与社会互动）、学术声誉、社会地位、职业规划、知识产权等。在多种动机状态下，研究人员还要对资助机构、大学和公共研究机构的激励作出回应。但在竞争性的"不发表就出局"范式与分享数据和合作的兴趣之间可能存在紧张关系。开放科学作为一种机制有效地解决了这种紧张关系，科学家和研究人员通过开放获取发表论文、共享研究数据、使用开源软件等方式，促进知识的广泛传播，这种共享方式可以有效满足他们多元化的动机。

1.2.3.2 政府和政策制定者

通过制定政策，政府和政策制定者在推动开放科学方面扮演着至关重要的角色，他们可以通过制定政策、提供资金支持、建立基础设施等方式，促进开放科学的发展。政府通过制定政策，要求公共资助的研究成果必须以开放获取（OA）的形式发表，确保公众能够免费访问这些研究成果。例如，欧盟的"欧洲开放科学云计划"（European Open Science Cloud，EOSC）和美国的《开放政府数据法案》都强调了开放获取的重要性。中国政府高度重视开放科学发展，2014年，国务院颁布了《国务院关于国家重大科研基础设施和大型科研仪器向社会开放的意见》，要求加大国家重大科研设施与仪器的社会化开放程度。政府还可以要求研究人员在申请资助时提交数据管理计划，明确如何收集、存储、共享和保护研究数据。例如，英国的研究委员会要求所有受资助项目必须有详细的数据管理计划。政府通过制定政策，明确开放科学中的知识产权归属和使用权限，确保研究人员在分享成果时不会侵犯他人的知识产权。例如，许多国家采用了 Creative Commons（知识共享）许可证，允许研究人员在保留某些权利的前提下自由分享他们的作品。政府可以投资建设开放科学所需的数字基础设施，如开放获取期刊平台、数据存储库、云计算资源等。政府还可以与其他国家和地区签订国际协议，推动开放科学的全球合作。例如，联合国教科文组织（UNESCO）发布了《开放科学建议书》，为全球开放科学的发展提供了指导框架。

1.2.3.3　研究资助机构

研究资助机构是推动开放科学努力的关键参与者，因为它们负责定义获得研究资助和资金的机制与要求。近年来，在许多国家，资助机构越来越多地采用规则和机制来促进开放科学，在某些情况下强制要求研究人员将公共资助的研究成果向社会开放。除了强制性要求外，资助机构还可能通过提供财政支持来支付开放获取出版费用或与数据发布和其他研究材料相关的成本来促进开放科学。资助机构为开放科学研究提供资金支持，是推动开放科学实践的重要力量。资助机构可以设立专项基金，支持开放科学项目和活动，还可以设立奖项，表彰在开放科学领域具有突出贡献的个人和机构。

1.2.3.4　私人非营利组织和基金会

私人非营利组织和基金会也是推动开放科学的重要力量，能够在促进发展、增强意识和鼓励开放科学文化方面发挥重要作用。比如，比尔及梅琳达·盖茨基金会要求所有受资助的研究论文必须在发表后立即以开放获取的形式公开，并设立专项资金，帮助研究人员支付开放获取出版费用。Public Library of Science（PLoS）是一家由科学家创立的非营利组织，致力于推动开放获取出版。它运营了多个开放获取期刊，如 *PLoS Biology* 和 *PLoS Medicine*，并为研究人员提供了免费的出版平台。

1.2.3.5　图书馆、存储库和数据中心

图书馆、存储库和数据中心是开放科学的关键参与者和基本推动者。它们作为科研数据和文献的存储与分发中心，能够为研究人员提供必要的工具和服

务，以促进数据共享、提高透明度、增强可重复性。图书馆积极参与数字科学材料的保存、管理、出版和传播，这些材料包括出版物、数据和其他与研究相关的内容。图书馆和存储库构成了物理基础设施，使科学家能够分享、使用和重复使用其工作的成果，并且在开放科学运动的创建中发挥重要作用。数据中心为研究人员提供了强大的计算和存储资源，还通过支持数据管理、促进数据共享和确保数据的长期保存。

1.2.3.6 科学出版商

科学出版商可以提供广泛的开放获取和出版等方面的相关服务，如维护数字存储库和数据集或其他科学材料，或开发文本和数据挖掘工具。传统上，出版社是科研成果传播的重要渠道，但在开放科学时代，它们也在转型，不断推出开放获取期刊，支持预印本发布，改善同行评审过程，以促进科研成果的快速传播。

1.2.3.7 公民科学家与公众

公民科学家（Citizen Scientists）是指非专业科学家的公众成员，他们通过参与科学研究项目，为科学知识的积累和应用做出贡献。公民科学不仅促进了科学研究的透明度、可重复性和协作性，还增强了公众对科学的理解和支持。公众是开放科学的最终受益者，能够通过参与数据收集、数据分析等公民科学项目，帮助科学家扩大研究规模，还能够通过使用开放资源显著提高科学素养。

1.2.3.8 企业

企业既是开放科学的受益者，也是开放科学的推动者。企业可以通过参与开放科学项目，共享研究成果和技术，促进技术创新和产业升级。通过参与开放科学，企业可以获得多方面的优势，包括加速创新、降低成本、提升品牌形象以及促进社会影响力。

综上所述，超国家实体在定义国际协调协议或指导方针方面发挥着重要作用，以解决具有国际和全球视角的开放科学问题。政府间组织在促进国际层面的政府间协调和塑造政治议程方面发挥着关键作用，通过围绕特定主题制定指导方针和原则，并被成员国和其他国家采纳与实施。近年来，如经济合作与发展组织（OECD）、联合国教科文组织、欧盟和世界银行等政府间组织在推动成员国与（在某些情况下）非成员国的开放科学努力方面非常活跃。

1.3 开放的世界：开放式创新与开放科学的融合

"开放性"已经成为描述创新和科学这两个领域的"核心概念"。在这一"开放革命"中，创新和科学正变得越来越开放。这里提到的"开放性"不仅指信息的透明度增加，还包括更多地接纳外部贡献、促进合作与共享。这种趋势在创新和科学研究中尤为明显，意味着这些领域正在打破传统的封闭模式，转向更加开放和协作的方式。而且，开放科学与开放式创新加速融合的趋势也愈加突出。

1.3.1 开放科学与开放式创新：相融合的视角

面对新一轮科技革命和产业变革带来的重大机遇与挑战，科技创新将变得更加开放，更加呼唤开放的精神，需要科学的开放与创新的开放深度融合。虽然学术界将开放科学与开放式创新联系起来的文献寥寥无几，但是在经济系统运行中，开放科学与开放式创新有机融合的趋势已经非常明显，因而将开放科学和开放式创新结合起来讨论意义重大。

1.3.1.1 开放科学与开放式创新的比较

开放科学和开放式创新虽然在目标上有相似之处，即促进知识共享和技术发展，但它们的侧重点不同，分别适用于科学研究与创新的不同阶段和领域。

开放科学是一种研究实践的方法论，倡导科学研究过程的透明度、可重复性和协作性。开放科学的核心理念是让科学研究的各个阶段对外界开放，包括但不限于：

- 开放数据：共享研究过程中产生的数据，使他人能够验证研究结论或进行二次分析。
- 开放获取：确保研究成果可以通过开放期刊或平台免费获取。
- 开放代码：共享研究过程中所使用的软件和算法源代码，以便其他研究者复制研究结果。
- 开放教育：通过开放教育资源促进教育的普及和质量提升。
- 开放标准：制定并采用统一的数据格式和接口标准，便于数据交换和互操作性。

- 公众参与：鼓励非专业人士参与到科学研究活动中，如公民科学项目。

开放科学旨在打破传统科学研究中的封闭壁垒，促进科学知识的快速传播和发展，提高研究效率。

开放式创新是一种管理和商业策略，强调企业在创新过程中不仅要依赖自身资源，还要积极引入外部的知识、技术和服务，并且将自己的知识产权（IP）开放给外界使用。开放式创新的关键点包括以下几方面：

- 加强外部合作：与供应商、客户、竞争对手、大学、政府实验室等建立合作关系，共同进行研发活动。
- 推进知识产权共享：在一定条件下，允许外部组织使用本企业的专利、版权和其他知识产权。
- 坚持市场导向：关注市场需求变化，快速响应并将新产品和服务推向市场。
- 强调内部与外部结合：融合内部和外部资源，实现产品和服务的持续创新。

开放式创新主要应用于企业的技术创新管理，其目的是缩短产品开发周期、降低研发成本、提高市场竞争力。

尽管开放科学和开放式创新关注的领域有所不同，但两者之间存在相互促进的关系。开放科学为开放式创新提供了坚实的基础，因为科学研究的开放性可以产生更多的创新机会；而开放式创新可以为开放科学带来资金支持和技术手段，帮助其更好地实现目标。两者共同推动着社会整体的知识进步和技术革新。

考虑到开放科学的不同利益相关者，我们可以总结出四个不同的分析视角（Friesike 等，2015）。一是慈善视角，倡导科学的民主化，关注科学内容的开放获取；二是反思视角，强调在研究初期知识共享的重要性，并以此作为在科学界推广科学家思想的方式；三是建构主义视角，强调新知识为用户和商业带来了新的机遇，如众包模式；四是利用主义视角，强调科学知识共享将缩小大学基础研究与企业应用技术开发之间的知识差距，从而促进大学与企业合作的增加（Chesbrough，2019）。

表 1-2 显示了开放式创新和开放科学之间的比较，目的是确定理论观点的趋同性和差异性，并找出开放科学与开放式创新之间的可能联系。开放式创新和开放科学虽然在概念上有一定的相似性，但它们在目标、范围和实施方式等方面存在显著差异。开放式创新强调双向的知识流动，即企业既可以从外部获取知识（内向开放），也可以将内部知识输出到外部市场（外向开放）。例如，企业可以通过技术许可、专利授权、合作研发等方式获取外部技术，也可以通过技术转让、开源软件发布等方式将内部技术分享给其他企业和研究机构。开放科学强调单向的知识流动，即科研成果、数据、工具等应尽可能地公开共享，供全球范围内的研究人员和公众使用。开放科学鼓励研究人员将研究成果、实验数据、分析工具等免费提供给其他人，促进知识的广泛传播和再利用。开放式创新主要关注企业如何通过内外部资源的结合创造商业价值，开放科学强调科学研究的透明度、可重复性和协作性，推动知识的广泛传播和再利用。两者相辅相成，共同促进创新和技术的发展。未来，随着开放科学的不断发展，越来越多的企业将参与到这一全球性的科学运动中，共同提升科学研究的透明度、可重复性和协作性。这不仅有助于提升企业的竞争力，还能为社会带来更大的价值，推动社会进步。

表1-2　开放式创新与开放科学的比较

开放式创新视角	开放科学视角	两者融合的视角
对外部知识生成情景的新认知	反思视角——早期知识共享和新科学思想的推广	外部产生的知识被认为是必要的。企业使用竞争性技术情报，科学整合公民科学，需要适当开放的商业模式
外部和内部的知识来源在组织文化与整个过程中的重要性	反思视角——强调内外部知识共享文化的培育	外部和内部的知识来源具有独特的作用。企业和科学将其知识的生成周期向网络开放，并允许其在创新或研究过程的第一阶段做出贡献
业务模式在研发管理中的核心作用	建构主义视角——知识创造的协作形式和新的用户模型	技术和科学成果扩大了可用资产的数量（开放技术、开放软件、开放数据等）
在实践上注重平台打造和技术设施建设	建构主义视角——虚拟交换平台的开发和使用	企业将收购重点放在创新和技术型企业上，以改善技术基础设施。科学实践使用适当的基础设施进行以分布式计算为基础的数据驱动研究
使用共同开发伙伴关系	重构视角——伙伴反馈和联合协作知识创造	创新和研究过程受益于与外部合作伙伴的合作

续表

开放式创新视角	开放科学视角	两者融合的视角
研发项目失败的缓解	重构视角——避免局部研究偏差和快速错误识别	以开放实践为特征的新商业和科学评估模型允许快速识别错误并实现流程改进
知识输出流动的重要性	建构主义视角——开放平台的可用性和跨学科整合	公开的知识产出，即使与创新或研究过程的主要目标没有直接联系，也可以为基础设施或企业（如初创企业）的发展带来新的视角
知识产权管理模式	开发视角——通过现实应用产生科学发现	知识产权管理基于科学和企业的免费许可证，如 CC（知识共享）许可证。这些许可证增强了数字技术的可负担性，并为网络经济中的社会生产提供了增强的手段
创新链中新媒介的重要性	反思视角——引入群体思维和社区内的想法共享	新的外部中介机构接管了以前内部的行动。这可能发生在研究或创新过程的所有阶段，其通过公开分享活动和接受外部参与（如公民科学）
信通技术使用强度	开发视角——ICT 工件的共享构建	技术基础设施使创新和研究过程中的活动管理成为可能。因此，信通技术被认为是必不可少的
衡量研发绩效的指标	开发性视角——学术界及其他领域研究应用的衡量	开放过程涉及更新用于衡量研发绩效和研究文章影响的指标

资料来源：笔者根据文献整理而得。

1.3.1.2 开放科学与开放式创新的互补性

开放科学和开放式创新是研究及开发活动与模式的新思维、新变革。开放式创新与传统的垂直整合模式形成了对比，在传统模式中，研发活动、产品开发和产品销售完全由企业自主完成；而开放科学运动使得研究过程和结果无限制传播，创造了开放获取、开放数据、开源软件、开放协作或开放知识等术语。在开放式创新的情况下，创新可以理解为一个创意管理的过程或一个设计思维过程，开放式创新专注于产品开发和创新，而开放科学旨在生成新知识。Friesike 等（2015）认为，建构主义视角通过思考将新知识引入新的用户模型和新的商业模式，使开放科学和开放式创新融合程度进一步提高。比如，众包模式均适用于开放科学和开放式创新，以实现知识融合和创新解决方案的生成。研究机构在这里承担了知识中介的角色，这种角色反映在利用性视角中，该视角能促进开放效应的具体化。应用导向的知识可以被视为开放科学和开放式创新之间的汇聚点。

开放科学与开放式创新有着密切的联系，特别是在新兴经济体的背景下。

开放式创新允许企业通过知识共享建立合作关系，开放科学的使命是鼓励对学术研究进行信息共享。开放科学与开放式创新之间的联系对于鼓励企业和大学之间的合作至关重要。这种合作可以促进发展中国家的经济发展，使企业更具竞争力。开放式创新意味着企业可以在创新过程中从其边界之外获取知识和技术（Chesbrough，2006），将外部搜索与内部研发能力相结合，这为企业提供了更广泛的技术选择，并使他们能够将更多的资源投入他们认为具有核心优势的研发领域。开放式创新的主要途径是产学研合作，企业之所以寻求与大学的合作，是因为大学是公共资助研究的对象，且拥有坚实的基础研究能力，而大学的公共研究又是"开放科学"的重要组成部分（Dasgupta 和 David，1994）。在开放科学的背景下，科学研究的目的是披露和传播最新成果并促进社会进步，尽管开放科学的实施并不必然与商业开发相冲突（Murray，2002），但其在实践中仍存在可能影响企业和大学合作的摩擦点。大学的主要活动是培养学生和进行公共科学研究，"开放科学"是大学的基本行为规范和价值准则，因此，为企业客户提供咨询服务与大学的主流行为可能会存在一定程度的矛盾，从而为产学合作与互动带来障碍。其主要原因是，研究人员选择的研究主题往往是他们寻求新的科学贡献的意图，而不是最大化研究项目的商业价值。新的科学贡献在发表中具有优先权，这反过来又是在学术专业社区中积累声誉和地位的基础（Merten，1973）。这种行为逻辑可能会影响产学合作的效果，但是，大学创业功能的演化使大学与企业需要在开放式创新的过程中同时扮演促进者的角色，因此，大学也是关键利益相关者。根据 García-Peñalvo 等（2010）的研究结论，为了促进这一过程，大学需要采取以下行动：培养创业态度；利用一切可能的机会在国家或地区内不断适应和调整教育模式；将创业与教育结合起来，形成终身学习体系；支持批判性和自由思考；在组织内部保持促进创新的结构；等等，最终目标是促进开放式创新的实践与发展。

开放科学可以有效促进开放式创新。企业为保护和利用知识创造商业优势所做的努力可能与开放科学的逻辑相冲突。知识产权保护可能会阻碍或减缓开放科学所必需的思想自由与流动（David，2008；Murray 和 Stern，2007）。此外，知识产权会产生成本，可能限制对大学知识或研究材料的访问（Murray，2002），而大学研究人员在申请专利前的保密行为可能会减少或限制从大学向其他公共和私人研究人员的知识流动（Fabrizio，2009）。在大学内部，由这些商业联系产生的收入差异性可能会破坏更广泛的大学文化规范。尽管开放科学和商业科学在文化与结构上存在差异，企业仍可从正在进行的公共资助研究中获益良多。大学在新知识生成并传播到更广泛的经济中发挥着关键作用（Cohen和 Levinthal，1990）。对于企业而言，尤其是化学和制药等科学密集型行业，大学是重要的外部创新来源（Mansfield，1995；Cohen 等，2002）。企业与大学之间知识和技术流动渠道的多样性，证明了企业与大学合作不仅为了获取"新颖"的技术知识，还为了支持和完成正在进行的开发活动。（Cohen 等，2002；Carayol，2003）。

1.3.1.3　开放科学与开放式创新正走向融合

随着数字技术的迅速发展，科学和创新在其工作流程、生产过程以及操作方式上均发生了巨变，科学和创新实践的范式正在发生重大转变。在科学研究领域，开放科学的概念越来越流行，这种理念强调从科学过程的早期阶段就应该广泛传播科学知识和数据。在商业领域，开放式创新则侧重于向整个行业和科学领域开放技术知识与开展合作的具体过程，这与传统做法不同，传统做法仅关注企业内部的研发和创新（Chesbrough，2003）。开放式创新通过不同的工具促进内部和外部的信息流动，并允许在价值链的所有阶段纳入新的技术、知识和理念等。总之，专注于开放式创新的合作伙伴关系的实施对于企业适应新的商业模式和最佳实践至关重要（见图 1-2）。

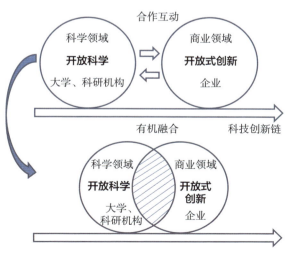

图 1-2　开放科学与开放式创新关系的演化过程

开放科学是发现和传播新知识的有力方式，但推动开放科学发展的规范有时会抑制其随后的商业化。科学项目取得的科学成果与其商业用途之间存在"死亡之谷"。企业对进一步投资开发这些新科学成果的知识知之甚少，导致跨越"死亡之谷"存在较大难度。同时，对于那些第一次探索这些新发现的研究人员来说，它的最佳用途往往是未知的，这是开放科学必须与开放式创新有机融合的根本原因。

开放式创新和开放科学在欧洲研究议程中得到高度重视。例如，欧盟委员会将开放式创新和开放科学视为其研究议程的两大支柱。同样地，德国智库Stifterverband[①]通过一个名为"战略性开放"的政治框架，将开放式创新和开放科学联系起来，强调企业要提高其创新产出，同时要增强公众对科学的信任（Blümel 等，2019；Fingerle，2019）。这些机构认为，与其分别支持开放式创新和开放科学，不如促成研究机构、企业和整个社会之间的更紧密合作，这样会带来更大的好处。例如，Perkmann 和 Schildt（2015）研究了结构基因组学联盟作为边界组织，如何推动私营企业和学术科学家之间前所未有的开放数据与合作。其他研究则丰富和发展了概念框架，以展示开放式创新和开放科学结合的可能性及其潜在益处（Beck 等，2020；Friesike 等，2015）。例如，Beck等（2020）最近引入了"科学领域的开放式创新研究框架"，更加强调开放科学与开放式创新的潜在协同效应，这是将开放式创新和开放科学概念有机融合的典型理论。同样地，Smart 等（2019）认为，开放式创新和开放科学已经存在于"共同进化、共存和共同生产"的关系中，这使两者之间可以实现"生成性耦合"。

科学领域的开放性是指科学研究过程采用开放的方法和工具，以促进知识共享、合作与透明度，从而加快科学发现和技术创新的过程。开放式创新在科学中的应用可以从多个维度展开，以下是具体的解释和实践途径。科学研究的开放与合作越来越受到学者和实践者的关注，但学科界限和互不相关的研究流派阻碍了对这些现象的共同理解。科学领域的开放式创新研究框架，将开放式创新、开放式科学以及负责任的研究和创新等相关概念的分散知识联系起来，该框架捕捉了在产生和传播科学知识并将其转化为创新的整个过程中开放与协

---

① Stifterverband 是德国科学基金协会提供的奖学金项目。

作实践的前因、偶发事件和后果。研究人员及其机构越来越多地倡导、培育和试验更加开放与协作的科学研究方法。此类努力通常针对特定的研究成果（如科学论文、数据、代码），或提议将研究人员与特定的利益相关者（如从业者、公民、其他学科的研究人员）聚集在一起，以提高科学生产力或使研究过程更加民主化（Sauermann 等，2020）。科学领域的开放式创新研究框架将开放式创新和开放科学实践有机融合，提出了独特的分析框架。开放科学知识生产和传播的过程一直是从公民科学到负责任的研究与创新等其他调查项目的重点。但开放式创新采取的方法是综合性的，其认为科学中的开放性和协作可以促进新颖性、效率和影响等特定结果，值得注意的是，开放式创新在跨界知识流动方面概念化了开放和协作。

当前，开放科学的研究者与实践者都在探索该运动的基本逻辑和解决方案，并寻求评估"科学正在为谁开放、由谁开放以及谁将从中受益"（Chan 等，2019）。通过广泛的磋商，联合国教科文组织建议，基于国家安全、保密、隐私和尊重研究对象的原则，应该制定全球开放科学倡议。今天，更加多样化和批判性的开放科学运动正在挑战传统的思维。例如，在个人层面，科学家越来越多地寻求与非科学专业人士等其他利益相关者（如公众成员或患者、政策制定者和行业合作伙伴等特定利益群体）参与一项或多项活动。在研究过程的各个阶段，要成功地与跨越各种认知、专业和文化距离的参与者合作，可能就需要不同于科学家通过常规学术培训获得的技能和能力。在组织层面，大学和其他研究组织正在实施一系列战略，以促进与外部利益相关者的知识交流。事实上，一些人已经开始呼吁以"开放知识机构"的形象重塑大学（Montgomery 等，2021）。研究表明，应用开放式创新模式的企业更有可能获取外部知识，而不是将内部创新转移到组织边界之外（Chesbrough 和 Bogers，2014）。相比之下，科学研究组织拥有完善的机制来帮助科学家与其他参与者分享最终研究成果（如通过出版物、技术转让办公室或科学传播办公室），但用于引进外部知识的机制相对欠发达（如公民科学办公室、研究合作培训）。为了理解这种差异，开放式创新研究指出我们需要考虑价值创造和价值获取（Chesbrough 等，2018）。开放式创新在生态系统中创造了一种新的结构，因为它将企业、大学和政府联系了起来。开放科学共享理论和实践知识，以促进开放式创新。此外，开放科学为经济政策的制定提供了信息。开放科学和开放式创新之间的联系对于企业与大学之间的伙伴关系至关重要，这种伙伴关系有助于经济社会的高质量发展。比如，工业 4.0 对发展中国家来说是一个挑战，因为它需要对智能技术和人才培训进行大量投资，国家可以将开放科学和开放式创新作为解决这些挑战的经济战略的重要组成部分。

开放科学和开放式创新是两个密切相关但有所区别的概念。它们都强调通过更广泛的协作和知识共享来促进创新与发展。开放科学的特点在于，通过开放数据、源代码、研究方法和成果，促进知识的广泛传播和应用；提高科学研究的透明度，确保研究过程和结果的可验证性与可重复性；鼓励跨学科、跨机构的合作，形成创新生态系统。开放式创新的特点在于，积极引入外部资源，如技术、知识、人才等，打破内部创新的局限；与高校、研究机构、其他企业等建立合作关系，共同解决技术难题；以市场需求为导向，快速响应市场变化；探索新的商业模式，实现商业价值的最大化。由此可见，开放科学和开放式创新都强调资源共享，通过开放数据、技术、知识等资源，促进创新和知识传播。两者都强调合作与协同，通过跨学科、跨机构的合作，形成创新生态系统。开放科学的透明度和可验证性原则也可以应用于开放式创新，以提高创新过程的透明度和可信度。开放科学鼓励公众参与科学研究，开放式创新同样可以借鉴这一点，通过用户反馈和社区参与提高产品的市场适应性。

开放科学和开放式创新虽然在目标与领域上有所区别，但它们都强调通过更广泛的协作和知识共享来促进创新与发展。企业可以通过借鉴开放科学的原则和方法，构建开放式创新的生态系统，实现更高的市场竞争力和经济收益。开放科学和开放式创新的融合可以为企业带来多方面的积极影响。通过资源共享、透明度提升、用户参与、多方合作、法律与政策支持以及经济和商业模式创新等措施，企业可以在保护核心技术和商业机密的同时，享受开放科学和开放式创新带来的创新加速、资源优化和市场扩展等多重益处。通过系统化、专业化的管理和保护，企业可以在激烈的市场竞争中占据有利位置，实现可持续发展。

总之，开放科学与开放式创新虽然存在较大的差异性，但也具有显著的互补性，两者的融合发展是必然的发展趋势。开放科学提供了丰富的研究资源和数据共享机制，能够帮助企业加速创新、降低成本、提升品牌形象；而开放式创新通过内外部合作，能帮助企业获取新技术、分担风险、拓展市场机会。两

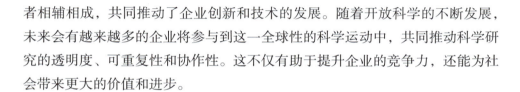

者相辅相成，共同推动了企业创新和技术的发展。随着开放科学的不断发展，未来会有越来越多的企业将参与到这一全球性的科学运动中，共同推动科学研究的透明度、可重复性和协作性。这不仅有助于提升企业的竞争力，还能为社会带来更大的价值和进步。

1.3.2 全球的开放精神

人类面临着越来越多、各种巨大的挑战。近年来，多种大流行病对经济和生命造成了严重的损失与损害，并且人类还面临着气候变化、自然资源枯竭、生物多样性丧失、粮食短缺以及贫富差距日益扩大等严重问题。对大流行病的研究表明，科学有能力解决人类面临的众多挑战。在国际上，共享信息和资源的科学精神是一种开放的精神，这种精神不仅在防止大流行病蔓延的挑战中鼓舞着人们，而且在应对气候、环境、能源等各类巨大挑战时，也帮助着人们更高效地解决问题。

2021 年，联合国教科文组织审议通过《开放科学建议书》，标志着开放科学已经迈入全球共识的新阶段，开放科学在不同国家的科学家之间建立了信任，并增强了不同科学领域之间的互动。科学研究的目的是产生可靠的知识，并致力于理解和解决社会、技术和环境挑战（Stokes，1997；Bush，1945）。随着这些问题变得越来越复杂，它们需要更具创造性的解决方案。解决方案应强调开放和协作的实践，需要公民、企业和政策制定者等非科学行为者，以及各种机构和学科背景的科学家共同参与制定。长期以来，人们一直在讨论如何更高效、更有效地促进科学的开放和合作。当前，新的情境驱动的知识生产模式已经发展了起来，这些模式主要关注解决社会问题，因此更有可能超越传统的学科界限或学术研究与应用研究之间的界限（Gibbons 等，1994）。考虑到这些变化，Dasgupta 和 David（1994）提出了"科学新经济学"理论，这一理论是我们理解科学开放性和合作机制的基石之一。但科学内部（如对永久职位的竞争加剧、专业化程度提高、科学劳动力的全球化）和科学外部（如非科学行为者的专业化、公众参与的呼吁和科学的民主化、政策的民主化）正在发生变化。开放科学是解决各种社会危机的关键选择，开放科学离不开三大支柱的支撑，具体包括可访问性（如出版物和研究数据的开放获取）、透明度（如结果的可重复性、开放同行评审）和包容性（如公民科学）（Vicente-Sáez R. 和

Martínez–Fuentes C.，2018）。

开放科学在政策实践上与开放式创新存在着密切的联系，其目的是提升基础研究向产业创新转换的效率，进而推动新一轮的科技革命和产业变革。欧盟委员会于2016年发布的《开放式创新，开放科学，向世界开放：欧洲的愿景》（*Open Innovation, Open science, Open to the World: A Vision for Europe*）研究报告，目的是加强知识与创新之间的联系；开放可以成为解决社会挑战的重要政策；开放应被视为一种包容性政策，超越研究成果开放获取和开放数据、公民科学、研究诚信以及维护公众信任等范畴，包括如何在地方和全球范围吸收、发展和完善知识的开放性，从而创造新的价值。开放式创新和开放科学将为开放获取的发展提供更为广阔的前景，是未来欧盟科学发展的重要战略举措之一。开放科学的不断发展成熟，将会对开放式创新产生直接的推动作用。在开放科学知识溢出效应的作用过程中，社会参与主体将发挥更大的作用。因此，欧美各国对开放科学基础设施和标准等相关资源的争夺将不亚于一场贸易战。这意味着人们对全球开放精神的期盼越来越强烈。

全球开放精神主要体现在科学的开放与创新的开放等领域，通过开放、透明和合作的方式，促进知识、技术和资源的共享，以实现各领域的共同进步和可持续发展。这种精神不仅限于科学研究和技术开发，还涵盖了经济、教育、文化、社会等多个领域。全球开放精神的主要表现和具体措施包括以下几个方面：第一，科学研究与技术创新的开放，鼓励科研机构和企业共享研究数据，促进科学研究的透明度和可重复性。例如，通过开源项目吸引全球开发者贡献代码和建议，加快产品和服务的迭代；建立跨国科研合作项目，共同解决全球性科学和技术难题。第二，经济与贸易的开放，推动国际贸易自由化，降低关税和非关税壁垒，促进全球经济一体化。例如，鼓励跨国技术转移和合作，帮助发展中国家提升技术水平和创新能力。第三，教育与知识传播的开放，通过在线课程、开放教材等方式，提供免费或低成本的教育资源，促进全球教育公平。例如，鼓励学生和教师的国际交流项目，促进文化交流和知识共享；建立全球性的终身学习平台，帮助人们不断提升技能和知识水平。第四，文化与社会的开放，通过艺术展览、文化节等活动，促进不同文化的交流和理解，鼓励社会组织和企业通过开放合作，解决社会问题，如环境保护、公共卫生等。第五，公民科学的推广，通过公民科学项目，鼓励公众参与科学研究和社会创新。第六，政策与治理的开放，推动政府和国际组织的透明化，提高决策的透明度和公众参与度。加强国际组织和多边机制的作用，共同应对全球性挑战，如气候变化、贫困等问题。通过国际协议和合作机制，协调各国政策，促进全球治理的统一和高效。

全球开放精神不仅是一种理念，更是一种实际行动。通过开放、透明和合作的方式，各国和各组织可以共同应对全球性挑战，实现共同发展和繁荣。无论是科学研究、经济贸易、教育传播，还是文化社会，全球开放精神都能够促进知识、技术和资源的共享，推动人类社会的进步和可持续发展。通过系统化、专业化的管理和合作，全球开放精神将在未来发挥更大的作用。

1.3.3 未来世界的本质：更加需要开放与协作

人类正在进入一个更加开放、协作和创新的世界，一个人工智能（AI）、人类智慧（HI）与物理融合的复杂世界，在这个越来越复杂的世界中，新知识是通过来自世界各地、各行各业的数千人合作创造的，因此未来的世界更加需要开放与合作。

在全球范围内，政府和企业已经认识到开放协作的价值与重要性。自2009年以来，包括联合国教科文组织、世界银行、欧盟委员会等在内的国际组织引入了促进开放内容的政策。在一些国家，开放内容政策现已成为国家战略的一部分，如在商业领域，特斯拉于2014年启动了"开放专利"计划。这些举措都对开放式创新和知识环境产生了重大影响，因此，政府和企业需要研究和制定一条新的道路，一条适合开放、数字化和全球化的新道路。面对未来的各项挑战，2015年，时任欧盟研究、科学与创新专员卡洛斯·莫达斯（Carlos Moedas）提出了三个开放战略——开放式创新、开放科学和向世界开放，并将此作为欧盟研究和创新政策的目标。其中，开放式创新是指在创新过程中涉及更多的参与者，包括研究人员、企业家、用户、政府和民间社会。开放式创新的重点是企业与环境合作，收集和提供新的方法与技术（Chesbrough，2003）。他认为，在生态系统中，欧盟与美国的投资水平相比，最大的差异是风险资本。欧洲需要采取新的行动，以从"地平线2020"计划中获得更多的创新成果，欧洲可以通过与各种基金的合作创造真正的协同效应来实现这一目标。在欧盟委员会的欧洲愿景中，开放式创新的主要目标是让所有学术界、企业、政府和社会利益相关者参与到创新过程中，通过这种方式，知识可以为创新产品和服务创造投资机会，从而增强新市场的竞争力。

卓越的科学是未来繁荣的基础，开放是科学卓越的关键。开放科学是一种相对较新的方法，其基于合作和利用数字技术与工具的先进知识传播方法。开放科学通过扩展创新的边界并使知识能够广泛、快速地共享和轻松更新，增强了创新过程的开放性。对于学术界和实践者来说，开放科学和开放数据促进了研究的透明度、合作和创新，并在多个领域具有实际应用。开放数据是指任何人都可以自由访问、使用和共享的数据，这种"自助服务"数据访问提高了决策质量，并促进了创新（Bellec，2022）。根据 FAIR 原则[①]，开放数据必须是可查找、可访问、可互操作和可重复使用的。这种方法主要受到经济和社会因素的推动。政府或企业持有的开放数据为开发者、公民和私营部门组织提供了经济利益，包括初创企业在开发或改进应用程序和服务时可以访问相关数据。开放数据的社会效益包括支持政策和行政改革，以及增强透明度和问责制。开放科学专注于改善研究的投入和影响（Nosek 等，2015）。欧盟强调要将开放科学纳入日常实践，并作为欧洲科学研究与创新的关键实施标准之一，研究人员被鼓励在研究过程的最早阶段就开放其研究结果，使数据可以定制格式访问，以便共享和重用。根据欧盟政策，科学出版物和数据应满足研究人员的需求与兴趣，并以固定格式化加以开放和共享，从而进一步促进知识的创造和更高质量研究，通过提高透明度、可靠性、响应速度等促进经济增长和创新发展。

为了应对当今时代的巨大挑战，科学研究越来越多地跨越了学科、组织甚至部门界限（Dasgupta 和 David，1994；Stokes，1997；Merton，1973；Sauermann 等，2020）。但科学领域对开放和协作的理解往往存在差异，一些相关实践的讨论并没有对开放和协作达成统一共识。此类实践包括跨学科合作、数据共享和重用、开放获取出版、大学与行业合作以及群体科学和公民科学。最近，学者们提出了"科学领域中的开放式创新"这个新颖的概念，为科学研究中的开放性和协作提供了一个统一的理论性解释框架。当今的科学合作，特别是针对全球性重大危机，科学领域的开放式创新对于研究的进步和社会的进步起到了

---

① FAIR 原则是科学数据管理的一项重要原则，旨在确保数据的可查找性（Findability）、可访问性（Accessibility）、可互操作性（Interoperability）和可重用性（Reusability）。

至关重要的作用。科学研究的目的是产生可靠的知识，并致力于理解和解决社会、技术和环境的挑战（Stokes，1997；Bush，1945）。随着这些问题变得越来越复杂，它们需要更具创造性的解决方案，强调需要开放和协作的实践。长期以来，人们一直在寻找促进科学开放和合作的更高效、更有效的方法。Dasgupta 和 David（1994）提出了"新科学经济学"理论，为我们理解科学开放和合作机制提供了制度性的基石。同时，开放式创新理论也强调知识生产中的开放与协作。开放式创新最初是在私营部门企业不断变化的研发战略的背景下讨论的（Chesbrough，2003），后来被更广泛地定义为一种分布式创新过程，其基础是使用金钱机制或非金钱机制有目的地管理跨组织和部门边界的知识流动（Bogers 等，2017）。创新需要向开放和协作流程进行范式转变，通过对外部（Baldwin 和 Von Hippel，2011）和组织边界之间（Chesbrough 和 Bogers，2014）进行的实践，如开源软件/硬件开发、众包和众筹、专利和许可或研发合作等，逐渐驱动以生产者创新为主的范式向用户驱动的创新范式转变（Dahlander 和 Gann，2010；Von Hippel 和 Von Krogh，2006）。

面对全球性挑战，科学研究和创新应更加开放与协作。面对能源、健康、粮食和水安全等全球性挑战，应该促进区域和国家之间的伙伴关系建设，强调跨国家或跨学科边界建立伙伴关系的必要性。促进跨境研究合作正在成为每个研究人员职业生涯的正常组成部分。在过去几十年中，全球至少约 1/3 的研究人员进行过国际流动和合作，这意味着促进研究的国际合作，能够获取全球最新知识、招募最优秀的人才、应对全球挑战并在新兴市场中创造商机。我们并不认为开放和合作本身就是目的，而是将其作为提高科学研究和创新的新颖性、效率和社会影响的潜在关键手段，即开放科学与开放式创新之间存在潜在的协同作用。

从开放式创新到开放科学的转变，实际上反映了科学研究与技术创新模式的一种演变。开放式创新强调企业应该利用外部创意和技术来促进内部研发，并将内部未充分利用的知识产权对外界开放。这种模式激励了企业之间的合作以及与学术界的互动，以加快技术和产品的开发进程。开放科学则是更广泛的概念，不仅包括了开放式创新的思想，还进一步将开放式创新思想推广到了科学研究的全过程，包括研究设计、数据收集、数据分析、出版结果以及科研成果的分享等环节。开放科学的目标是使科学研究更加透明、可重复和协作化，以促进知识的共享和社会的整体进步。随着信息技术的发展，特别是互联网和云计算技术的进步，开放科学变得越来越可行。许多国家和地区已经开始推动开放科学政策，以促进科研成果的广泛传播和应用。此外，开放科学还促进了许多国家和地区跨学科的合作，这有助于解决复杂的全球性挑战，如气候变化、健康医疗等领域的问题。

1.4 构建具有全球竞争力的开放式创新生态

2021 年 12 月，我国在修订的《中华人民共和国科技进步法》中明确提出"推动开放科学的发展"，从法律层面肯定了开放科学在促进我国科技进步中的重要作用。党的二十大报告提出，"扩大国际科技交流合作，加强国际化科研环境建设，形成具有全球竞争力的开放式创新生态"。营造具有全球竞争力的开放式创新生态，是推进新一轮科技革命和产业变革的战略举措。2024 年 6 月 24 日，习近平总书记在全国科技大会、国家科学技术奖励大会、两院院士大会上，将"拥有强大的科技治理体系和治理能力，形成世界一流的创新生态和科研环境"列为科技强国必须具备的 5 个基本要素之一。面对全球科技竞争的复杂多变的国际环境和诸多新挑战，要坚持开放科学与开放式创新的融合发展，全面融入全球创新体系，不断扩大科技领域的国际合作交流，逐渐形成具有全球竞争力的开放式创新生态。

一是积极营造基于开放科学的国际一流科研环境。制定开放科学政策，明确开放科学的原则、目标和实施路径。实施更加开放的人才政策，吸引国际顶尖科学家和团队来华工作，建立国际化的科研团队，积极融入全球创新网络。加强与国际组织和外国政府的合作，参与或主导国际大科学计划和大科学工程。实施国际人才交流计划，支持科研人员赴国外访学、进修和合作研究。聚焦国际前沿领域和先进方向，致力于全球科技创新协作，不断扩大高水平对外开放，构建一个开放、合作、高效的国际一流科研环境，促进全球科技创新的发展，为解决人类面临的共同挑战而贡献力量。

二是积极构建基于开放式创新的国际一流创新生态。基于开放式创新的国际一流创新生态是指在一个高度开放、合作、共享的环境中，通过多种主体之间的紧密互动和协同合作，促进技术创新、知识传播和价值创造。这种生态不仅限于单一国家或地区，而是跨越国界，全球性的创新网络。制定支持开放式创新的政策，包括知识产权保护、科技成果转化等方面的政策措施。积极参与或发起国际大科学计划和项目，汇聚全球智慧，共同攻克重大科学难题。搭建国际科研合作平台，促进国际科研机构、高校和企业的交流与合作。积极参与国际规则和标准的制定，推动国内外政策和规则的对接与兼容。坚持以开放促创新，健全科技对外开放体制机制，完善面向全球的创新体系，主动融入全球创新网络，突出重点领域和关键环节，补齐开放式创新制度短板。

三是积极建设具有全球竞争力的科技创新开放环境。开放是中国式现代化的鲜明标志，科技创新开放环境为国际一流创新生态的形成提供基础支持。建设具有全球竞争力的科技创新开放环境，既是科技、经济、、产业、国家安全和全球治理的重要任务，也是应对全球性问题和人类共同挑战的现实选择（陈元志和陈劲，2024）。鼓励国内企业和研究机构与国外同行建立合作关系，共同开展技术研发和市场开拓，实现互利共赢。同时，积极参与国际标准制定和全球科技治理，提升国际影响力。实施灵活的人才政策，吸引海外高层次人才回国或来华工作，同时加大对本土人才的培养力度，形成多层次的人才队伍。加强与国际伙伴的合作，参与或发起跨国研究项目，建立国际科技合作平台，促进技术交流和资源共享。

1.5 小结

科学的开放性与创新的开放性共同体现了世界的开放性。创新的开放性是商业环境的必然趋势，科学的开放性是科学领域的主流范式，两者的融合发展越来越突出。开放科学与开放式创新有着密切的关联，两者分别属于科技创新链条上的不同环节，开放科学和开放式创新在目标与领域上有所区别，但它们都强调通过更广泛的协作和知识共享来促进创新与发展。人类正在进入一个更加开放、协作和创新的世界，构建具有全球竞争力的开放式创新生态需要大力推进开放式创新与开放科学的深度融合。

第2章　开放科学研究的文献计量学分析

开放科学研究已经成为当前的学术热点问题，本章通过文献计量学方法系统分析了开放科学研究的现状，构建了一个开放科学数据库，借助 Citespace（一款科学文献分析工具）软件的关键词共现、聚类分析、时间线图等功能，按照学者、机构、合作网络、地区等条件，对 1996~2024 年全球开放科学研究的文献进行了知识图谱分析。

2.1　论文数据收集

我们在 Web of Science（引文索引类数据库）的核心合集数据库中使用主题检索，手动搜索了 "Open Science、Scientific disclosure、scientific publication、Open knowledge disclosure、Corporate science、scientific knowledge disclosure、Defensive publishing、firms publish、R&D Disclosure、Open source innovation"等关键词的相关下位词和同义词。截至 2024 年 9 月 5 日，共累计获得了 3371篇英文论文。为了全面掌握开放科学相关的外文文献信息，我们使用 Citespace软件的相关功能，以 1996~2024 年的 2 年时间切片为基础，以 Top50 关键词等 LLR 算法[①]支撑分析，以最小生成树[②]模型精简网络，绘制了多个方面的知识图谱用于计量分析，包括论文年度分布、期刊分布、被引分布、作者分布、机构分布、国家分布、关键词共现、关键词聚类、关键词热点、知识基础分布、前沿热点等相关部分。每张知识图谱网络图的左上角展示了各个网络的尺寸、规模、节点、连接度、信度、效度等具体信息。

---

① 　LLR 算法即对数似然比（Log-Likelihood Ratio）算法，是一种假设检验的方法。
② 　最小生成树（Minimum Spanning Tree，MST）是图论中的经典问题之一。

2.2 研究论文的不同维度分布

2.2.1 论文年度分布

图 2-1 展示了这些研究论文的年度分布。我们发现在 3371 篇论文中，最早的论文发表于 1996 年，并经历了两个拐点，分别是 2013 年和 2018 年。这主要由全球政策的推动和企业开放科学的交汇这两大核心力量所促成。一方面，2013 年和 2018 年，全球范围内的重要政策变革和倡导活动极大地推动了开放科学与知识披露领域的研究发展。2013 年，美国白宫科技政策办公室（OSTP）发布了一份具有里程碑意义的备忘录，要求通过联邦政府资助的科研项目必须在一定时间内公开其研究成果。这一政策不仅使学术研究成果变得更加公开透明，还鼓励企业参与其中，将开放知识披露视为一种提升科研效率和社会影响力的方式。在这一背景下，学术界开始更多地研究开放获取如何改变传统的科研模式，这推动了对企业和学术机构合作发表的讨论。2018 年，欧盟发起了"Plan S"计划[①]，该计划要求所有由政府或公共资金资助的科研项目必须在开放获取的期刊上发表。这一计划对全球科研出版产生了深远影响，特别是在欧洲，传统的封闭式出版模式逐渐受到挑战。2018 年，联合国教科文组织积极倡导全球开放科学，推动各国政府和科研机构加速实施开放科学政策，通过全球会议和政策建议推动企业与学术机构的合作。这种全球性倡导进一步促使学术界和企业界关注开放科学与研发披露的结合，从而导致了相关论文发表的增长。

另一方面，科技巨头不断推动开放科学实践。21 世纪 10 年代，越来越多的企业与高校和科研机构建立了紧密的合作关系，特别是在人工智能、生命科学等高科技领域。通过与学术界的合作，企业可以共享最新的研究成果和数据，在推动自身研发的同时，也加速了整个科研生态系统的进步。这种合作不仅限于资助研究，还包括在开放数据、开源软件等领域的知识披露。随着科技企业与学术界的合作不断加深，研究企业如何通过开放科学和知识披露提升

---

① 2018 年 9 月 4 日，法国、英国、荷兰、意大利等 11 个欧洲国家的主要科研经费资助机构，在欧洲研究理事会的支持下联合签署的一项开放获取计划。

创新能力，成为学术界的一个新兴热点。2013 年，谷歌、IBM（国际商业机器公司）、微软等科技巨头加大了对基础研究的投资，并积极推动了开源项目。这些企业不仅在人工智能和数据科学领域开展前沿研究，还通过开源软件和数据集来实现知识与数据共享。例如，谷歌在 2015 年正式发布的 TensorFlow 开源项目[①]，其研发始于 2013 年。微软也在 2018 年开发了其人工智能工具包。科技巨头的行动和企业在基础科学中的作用越来越大，促使学术界在 2013 年和 2018 年对企业知识披露与开放科学行为的研究日益高涨。

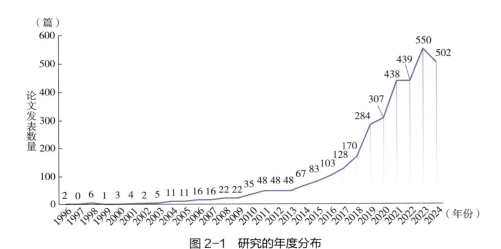

图 2-1　研究的年度分布

2.2.2　论文被引排名

　　表 2-1 列举了这 3371 篇论文中被引频次排名前 20 的论文信息。可以看到，这 20 篇论文涵盖了多个学术领域，但可以大致归类为三大部分：首先，部分论文与开放科学和知识披露相关性非常高，如 *The Astropy Project*、*The Preregistration Revolution* 和 *Scalable Open Science Approach*，这些论文探讨了开放获取、预注册运动以及开源工具如何提升科研透明度和效率。其次，有几篇论文聚焦于开放科学的细分领域，如科研合作、科学出版的增长等，这

---

　　① TensorFlow 是一个端到端的开放源代码机器学习框架，由 Google Brain 团队开发。它提供了一个全面的、灵活的工具、库和社区资源生态系统，使研究人员能够推动机器学习领域的最新技术，并使开发者能够轻松构建和部署基于机器学习的应用程序。

些论文涉及开放科学的某些具体方面，如 *Scientists' collaboration strategies* 和 *Negative results are disappearing*。最后，一些论文属于其他学术领域，如心理学研究标准、实验工具开发以及统计显著性等，这些主题虽然在各自领域具有重要性，但与开放科学知识披露的联系较弱，如 *Journal Article Reporting Standards* 和 *The Psychology Experiment Building Language (PEBL)*。总体来看，这些论文被引频次较高的原因在于论文所涉及的跨学科应用、开放式创新和科研透明度等关键话题，具有较为前沿的引用价值。

表2-1 前20位的论文被引排名

标题	被引频次	发表年份	第一作者
Psychopy 2: Experiments in Behavior Made Easy	2469	2019	Jonathan Peirce
The Astropy Project: Building an Open-science Project and Status of the v2.0 Core Package	1365	2018	Adrian Price-Whelan
Journal Article Reporting Standards for Quantitative Research in Psychology: The APA Publications and Communications Board Task Force Report	1004	2018	Michael Appelbaum
The Preregistration Revolution	958	2018	Brian Nosek
The Mass Production of Redundant, Misleading, and Conflicted Systematic Reviews and Meta-Analyses	906	2016	John Ioannidis
Negative Results are Disappearing from Most Disciplines and Countries	768	2012	Daniele Fanelli
The Psychology Experiment Building Language (PEBL) and PEBL Test Battery	705	2014	Steven Mueller
Scientists' Collaboration Strategies: Implications for Scientific and Technical Human Capital	698	2004	Barry Bozeman
The Death of the Job Plot, Transparency, Open Science and Online Tools, Uncertainty Estimation Methods and Other Developments in Supramolecular Chemistry Data Analysis	672	2016	David Hibbert
The Rate of Growth in Scientific Publication and the Decline in Coverage Provided by Science Citation Index	622	2010	Peder Larsen
Constraints on Generality (COG): A Proposed Addition to All Empirical Papers	611	2017	Daniel Simons
Survey of the Quality of Experimental Design, Statistical Analysis and Reporting of Research Using Animals	598	2009	Clare Kilkenny
Scalable Open Science Approach for Mutation Calling of Tumor Exomes Using Multiple Genomic Pipelines	537	2018	Katrin Ellrott
The Future of Citizen Science: Emerging Technologies and Shifting Paradigms	521	2012	Giorgia Newman

标题	被引频次	发表年份	第一作者
Abandon Statistical Significance	520	2019	Brandon McShane
Large-Scale Evaluation of ANTs and Free Surfer Cortical Thickness Measurements	495	2014	Nicholas Tustison
Bibliometric Indicators: Quality Measurements of Scientific Publication	494	2010	Vincent Durieux
Wiki Pathways: Connecting Communities	473	2021	Michaela Martens
How Can We Conceptualize Behavioural Addiction without Pathologizing Common Behaviours?	448	2017	Daniel Kardefelt-Winther
Do Formal Intellectual Property Rights Hinder the Free Flow of Scientific Knowledge? An Empirical Test of the Anti-Commons Hypothesis	441	2007	Fiona Murray

2.2.3 期刊发文量排名

表2-2展示了3371篇论文所属期刊的发文量排名。其简单分类和总结后包括以下几类：第一，多学科开放获取类期刊，如 *PloS One*、*Royal Society Open Science*、*PEERJ*、*Elife*、*Scientific Data* 等，这些期刊涵盖多个学科领域，主要发表开放获取的研究论文。它们的特点是接受广泛领域的研究，强调数据共享和科研透明度，尤其在开放科学和数据披露领域具有重要地位。第二，专注于特定学科的期刊，如 *Journal of Neurochemistry*（神经化学）、*Journal of Systems and Software*（软件工程与系统开发）、*Ecology and Evolution*（生态学与进化学杂志），这些期刊专注于特定学科，主要刊登相关领域的前沿研究。虽然它们的主题比较集中，但在开放科学的背景下，这些期刊也越来越重视数据开放和知识共享。第三，科学计量学与政策研究类期刊，如 *Scientometrics*、*Research Policy*，这类期刊关注科学计量学、科技创新政策以及科研活动的社会经济影响，特别是研究科研成果的影响力、科研合作和开放科学的政策效果等问题。第四，行为与心理学研究类期刊，如 *Behavior Research Methods*、*Advances in Methods and Practices in Psychological Science*、*Collabra-Psychology*，这些期刊专注于心理学和行为研究方法，关注研究设计、数据分析方法的创新以及在心理学研究中推动开放获取和预注册的实践。第五，医学与健康领域类期刊，如 *BMJ OPEN*，该期刊侧重于医学领域的开放获取研究，

特别是在公共健康、临床试验和医学数据共享方面，推动开放科学的理念。期刊的主题涵盖了从自然科学到社会科学的多个领域，显示了开放获取在各学科中的渗透。

表2-2　发文量前15位的期刊信息

期刊名称	计数（次）	占比（%）
Scientometrics	106	3.1
PloS One	102	3.0
BMJ OPEN	84	2.5
Journal of Neurochemistry	50	1.5
Behavior Research Methods	48	1.4
Royal Society Open Science	48	1.4
Elife	39	1.2
Journal of Systems and Software	36	1.1
Research Policy	36	1.1
Scientific Data	36	1.1
Advances in Methods and Practices in Psychological Science	26	0.8
Collabra-Psychology	25	0.7
PEERJ	24	0.7
Ecology and Evolution	23	0.7

2.2.4　作者排名及合作网络

表 2-3 中"突变"代表着作者发文量突然激增的程度，"突变开始"与"突变结束"的值代表作者发文量激增的年份始末，"首发年份"代表作者第一次在该领域发表论文的年份。根据图 2-2 和表 2-3 中的作者排名以及合作网络，我们发现：第一，开放科学具有多学科的影响力，这些学者分布在不同领域，包括医学、心理学、神经科学和科技政策等，这表明开放科学和知识披露已经成为跨学科的关键主题。无论是基础科学还是应用科学，越来越多的研究者在推动数据共享、预注册和研究透明度的发展。第二，数据驱动的科学发展，许多学者推动了开放数据和开源工具的使用，这反映了大数据和开源项目在开放科学中的重要性。这类研究不仅提升了科学研究的透明度，而且增强了科学

社区的合作与共享的能力。第三，开放科学的全球倡导：这些知名学者的共同点在于他们都在推动开放科学运动的全球化。从开放科学框架到对科研可重复性和透明度的呼吁，开放科学已成为全球科学界不可忽视的趋势。根据这些信息，我们在表2-4中列举了一些代表性的作者。

表2-3 发文量前30名的作者信息

发文量	突变	突变开始年份	突变结束年份	名字	首发年份
21	7.54	2018	2024	Moher, David	2018
15	5.38	2018	2024	Coro, Gianpaolo	2018
14	5.02	2018	2024	Mayo-wilson, Evan	2018
11	3.92	2018	2024	Ioannidis, John P A	2016
10	0			Krumholz, Harlan M	2014
8	3.74	2020	2024	Hripcsak, George	2020
8	3.64	2014	2015	Griner, Erin	2014
8	0			Pagano, Pasquale	2018
8	0			Page, Matthew J	2020
7	0			Naudet, Florian	2017
7	0			Ryan, Patrick B	2020
7	0			Evans, Alan C	2017
6	0			Suchard, Marc A	2020
6	0			Ross, Joseph S	2016
6	0			Das, Samir	2017
6	0			Lagisz, Malgorzata	2021
6	0			Roche, Dominique G	2021
6	0			Shibayama, Sotaro	2012
6	0			Nakagawa, Shinichi	2021
5	0			Bond-lamberty, Ben	2014
5	0			Prieto-alhambra, Daniel	2021
5	0			Nosek, Brian A	2016
5	0			Blacketer, Clair	2021
5	0			Stern, Scott	2007
5	0			Sarafoglou, Alexandra	2020
5	0			Pagliaro, Mario	2023
5	0			Blind, Knut	2012
5	0			Ciriminna, Rosaria	2023
5	0			Wang, Xu	2022
5	0			Owen, Kate	2015

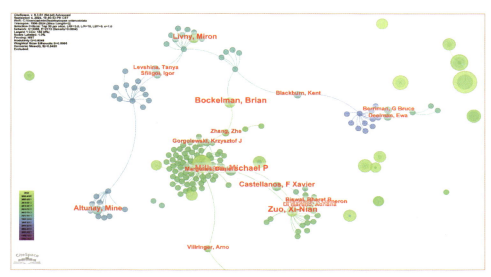

图2-2　作者合作网络

表2-4　代表性作者

作者	领域	贡献
John Ioannidis	医学，研究透明性	Ioannidis 是全球知名的学者，因其对研究透明性和发表偏倚的批评性工作而著名，尤其是《为什么大多数发表的研究结果都是错误的》一文在学术界引发了广泛讨论。他一直呼吁提升科研透明度，以推动开放科学的实践
Brian Nosek	开放科学，可重复性	Nosek 是开放科学框架（OSF）的共同创始人，也是推动开放科学运动的领军人物之一。他推动了预注册、数据共享和科学再现性等关键实践，对开放科学的理念贡献巨大
Harlan Krumholz	医学数据共享，透明性	Krumholz 是开放医学数据倡导者，致力于临床研究数据的开放获取和共享。他的工作推动了健康科学中知识披露的开放性，提升了临床试验数据的透明度
Evan Mayo-Wilson	系统综述，报告标准	Mayo-Wilson 在推动开放科学和透明研究报告标准方面做出了重要贡献，特别是在系统综述和元分析中提倡数据公开
David Moher	系统综述，元分析，出版透明性	Moher 是系统综述和元分析领域的领军人物之一，致力于提升科研透明度和质量，推动发表指南和开放科学的实施
George Hripcsak	医疗信息学，数据共享	Hripcsak 的工作集中在医疗数据的开放获取和共享，尤其在大规模数据分析和开源医学工具的开发方面，他推动了医疗领域的开放科学实践

续表

作者	领域	贡献
Patrick Ryan	临床数据共享，开源医疗工具	Ryan 积极参与开放医疗数据的共享项目，尤其是在 OHDSI（Observational Health Data Sciences and Informatics）开源平台的建设上，他的工作推动了全球范围内的临床数据开放与科学共享
Alan Evans	神经科学，开源数据与工具	Evans 在神经科学领域推动了开放数据的应用，他在脑成像数据共享和标准化方面的贡献极大地推动了这一领域的开放科学实践
Knut Blind	科技创新，标准化，开放科学	Blind 在科技创新和标准化领域的工作与开放科学紧密相连，他探讨了标准化如何推动开放式创新，并在科技政策领域具有很大影响力
Sotaro Shibayama	科学创新，开放科学与知识共享	Shibayama 的研究专注于科学创新和知识共享，探讨了开放科学如何影响科学合作和创新

2.2.5 机构排名及合作网络

图 2-3 和表 2-5 展示了机构发文排名及合作网络。根据发文数量排名的机构列表，以及这些大学的属地和特色，我们可以得出以下几个结论：第一，美国高校在开放科学领域占据主导地位。从列表中可以看到，许多排名靠前的高校都来自美国（如加州大学、哈佛大学、斯坦福大学、耶鲁大学、哥伦比亚大学等），这表明了美国的科研体系在推动开放获取政策和数据共享方面的领先性。第二，欧洲大学科研表现也很强劲。英国（伦敦大学、牛津大学、伦敦大学学院）、德国（马克斯·普朗克学会、赫尔姆霍兹协会）、法国国家科学研究中心、荷兰（阿姆斯特丹大学、乌得勒支大学）等欧洲科研机构和高校在开放科学领域也表现强劲。欧洲在科研政策、特别是开放获取和数据共享方面，通过像 "Plan S" 和 "Horizon 2020"[①] 这样的计划，积极推动开放科学的发展。第三，跨学科和国际合作的提升。例如，加拿大的多伦多大学和麦吉尔大学、德国的马克斯·普朗克学会等机构，积极参与跨国合作，尤其是在共享科研数据和开放科学工具方面，进一步促进了全球开放科学的发展。

---

① "地平线2020"是欧盟第七个科研框架计划，设立的初衷是整合欧盟各国的科研资源，提高科研效率，促进科技创新，推动经济增长和增加就业。

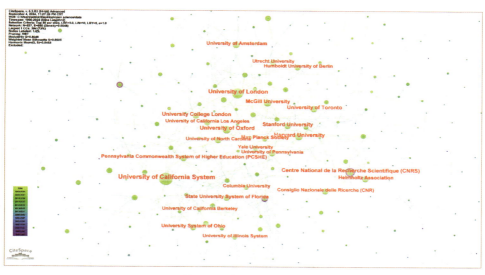

图 2-3　机构合作网络

表2-5　发文量前20名的机构信息

发文量	合作院校数量	大学名称	首发年份
229	14	University of California System	2005
139	13	University of London	2009
98	9	University of Oxford	1998
95	15	Harvard University	2004
86	12	Centre National de la Recherche Scientifique (CNRS)	2001
80	9	University of Toronto	2005
78	11	McGill University	2011
78	6	University College London	2009
75	11	Stanford University	1998
66	7	Helmholtz Association	2012
64	7	University System of Ohio	2008
63	15	University of Amsterdam	2009
60	13	Max Planck Society	2008
60	6	State University System of Florida	2005
59	9	Pennsylvania Commonwealth System of Higher Education (PCSHE)	2007
54	5	Utrecht University	2009
53	6	University of North Carolina	2007
51	12	Yale University	2011

发文量	合作院校数量	大学名称	首发年份
50	11	Columbia University	2003
49	5	Humboldt University of Berlin	2006

2.2.6　国家排名及合作网络

图 2-4 展示了各个国家的发文量与合作强度，颜色越深代表发文数量越多、合作越紧密，图 2-5 展示了国家合作的 5 种聚类，表 2-6 详细展示了发文量前 20 名的国家信息。根据发文量排名和笔者调查出的各个国家的发文量与合作强度网络，我们可以总结出以下几点：

第一，发达国家在科研出版中的主导地位。美国居于榜首，紧随其后的是英国、德国和加拿大。这些国家有长期的科研传统、雄厚的科研投入以及强大的科研机构和大学体系，推动了它们在科学出版中的主导地位。

第二，欧洲国家在开放科学和知识共享中的领先地位。英国、德国、荷兰、法国、瑞士、瑞典、比利时、丹麦、挪威和奥地利等欧洲国家在前 20 名中占据了重要位置，反映了欧洲在科学研究和开放科学领域的集体力量，尤其是欧盟开放科学政策的推动和欧盟成员国强大的科研合作网络，积极推动了科研成果的开放获取，促使它们在国际学术界中占据了重要位置。

图 2-4　国家合作网络（按发文量）

图 2-5　国家合作网络（按国家聚类）

表2-6　发文量前20名的国家信息

频次	合作国家数	国家	首发年份
1394	12	USA	1998
538	15	England	1998
499	15	Germany	2006
380	9	Canada	2005
312	16	Netherlands	2001
262	11	Italy	2004
242	18	Australia	2000
242	14	Spain	2000
228	8	The People's Republic of China	2011
215	17	France	2001
160	15	Switzerland	2004
136	15	Sweden	1998
129	15	Belgium	2005
129	7	Brazil	2004
106	10	Scotland	2010
103	13	Japan	2011

续表

频次	合作国家数	国家	首发年份
100	8	Austria	2009
99	13	Denmark	2008
94	9	Norway	2007
74	9	South Africa	2007

第三，新兴经济体的快速崛起。中国、巴西和南非代表了新兴经济体的崛起，中国的科研投入、国际合作以及科研产出在过去几十年里实现了飞速增长，成为全球科学出版的重要力量。巴西则代表了拉美地区最大的科研力量。中国和巴西政府近年来对科研的高度重视，以及在科技创新方面的持续投入，使各自国家的科研水平不断提升。南非作为非洲大陆的代表，展现了发展中国家在科学出版中的提升。中国通过大规模的基础设施建设和国际合作，成为科学研究和出版的全球中心之一。许多发展中国家通过与发达国家的合作项目和研究网络，分享科研资源和技术，提升了本国科研产出。这种合作为发展中国家科研水平的提升提供了重要支持。

第四，小国在特定领域的科研强势。荷兰、瑞士、瑞典、比利时等国家尽管经济体量和人口规模较小，但它们通过高度集中的科研机构、与国际合作的紧密联系，推动了其科研产出的高质量与高影响力。

第五，科研与创新环境的全球化趋势。在前20名国家中，大多数国家与国际科研合作密切相关。无论是发达国家还是新兴经济体，科研成果的发表越来越依赖跨国合作，尤其在开放科学、数据共享和知识披露的推动下，全球科研网络变得更加紧密。欧盟的开放科学政策、中国的科技创新战略以及美国的科研体制，推动了这些国家的科研产出，并强化了开放科学的全球化进程。

2.3 关键词共现

图2-6的关键词共现展示了一批在1996~2024年该领域论文中非常常见、使用非常多的高频关键词，图2-7为对应的词云图，图2-8的关键词时间区图展示了图2-6中高频关键词的年度分布，图2-9则是带标签的关键词时间区图。在图2-9中，我们可以看到一批在各个年份首次出现的高频关键词。

这些关键词节点越大，表示频次就越高；节点越绿，表示该关键词在近几年出现的频次就越高。在图 2-7 中，我们可以看到有一个节点巨大，即"Open Science"，说明该关键词在该领域具有极其巨大的影响力。在不带标签的图 2-8 中，我们可以较为清晰地看到关键词的整体分布。

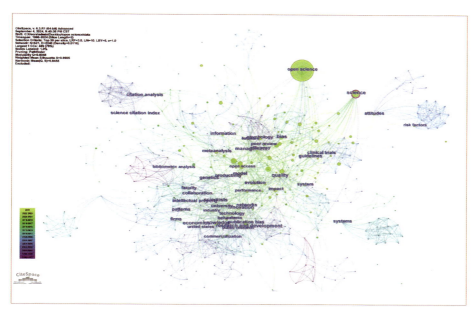

图 2-6　关键词共现

图 2-7　关键词词云

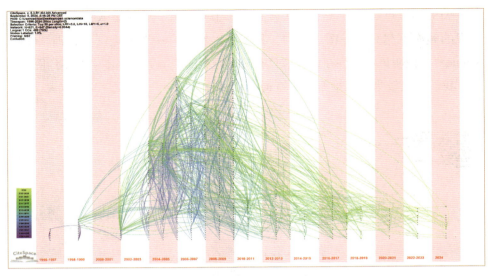

图 2-8 不带标签的关键词时间区图

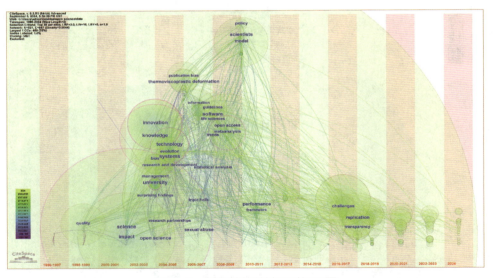

图 2-9 带标签的关键词时间区图

我们发现，在 2003~2010 年，开放科学和知识披露领域的关键词数量呈显著增加的态势，且在这一时期逐年上升，因此我们总结出以下几点：

第一，开放获取和政策倡导的推动。2003 年是开放获取运动的关键年份，《柏林开放获取宣言》发布后，全球学术界开始更加重视科研成果的开放和共享。这一时期，各国政府和科研机构积极推动公共资助研究的开放获取，导致更多研究聚焦于如何实施和优化开放科学的政策。这种政策的推动引发了更多关于"开放获取""知识披露""公共数据共享"等关键词的研究。21 世纪 10 年代中期，多个国家，尤其是美国和欧盟出台了一系列政策，要求通过公共资金资助的研究必须公开分享。美国国家卫生研究院（NIH）于 2008 年强制要求所有由其资助的研究成果必须在开放获取平台发布。这类政策进一步推动了与知识披露和数据共享相关的研究，带动了关键词的爆发式增长。

第二，技术进步与数字化转型的推动。互联网与信息技术的飞速发展极大地改变了科学研究的范式，推动了开放科学的快速发展。信息技术的发展不仅使研究人员能够更方便地共享数据和成果，而且跨国协作也更加便捷。这一技术变革带来了大量新的研究方向，如"开放数据集""开源工具""数字化科研"等相关关键词的频繁出现。2003~2010 年是大数据应用兴起的重要时期，各类开放数据平台和数据库开始普及，推动了生物信息学、气候科学、医学研究等领域的数据共享。这促使越来越多的研究关注如何在这些领域实现知识披露和数据共享，催生了大量的新关键词。同时，各类科研工具和开放平台（如开源软件、开放数据平台）的兴起，推动了研究工具、数据共享和协作创新等新领域的发展，使相关主题的关键词数量明显增加。

第三，跨学科合作与开放式创新的加强。2003~2010 年，跨学科合作在科研中变得更加普遍。开放科学的概念不仅限于单一领域，而是开始渗透到不同学科之间，如生物学、物理学、计算机科学等领域的交叉研究越来越多。这种跨学科的合作促进了多个新兴领域的形成，如"开源创新""开放合作"等，进一步推动了新关键词的产生。这不仅在西方国家兴起，还逐渐传播到全球，包括发展中国家，国际科研合作项目和知识共享平台逐步增加。

第四，学术出版模式的转变。2003~2010 年，开放获取期刊的数量迅速增长，特别是 *PloS One* 等开放获取期刊的崛起，为研究者提供了新的出版途径。这一时期，更多的研究者选择通过开放获取期刊发布研究成果，这不仅推动了开放科学的普及，还带动了相关主题的关键词增加。学术出版模式的转变促使更多的研究者关注如何提高出版透明度和学术成果的开放性，特别是在研究方法、数据共享、审稿透明度等方面。随着更多学术期刊采用开放获取模式，与之相关的关键词如"出版透明度""开放审稿"等也开始大量出现。

第五，开放科学的细分领域逐渐成熟。开放科学的概念在这一时期逐步从宏观的"开放获取"发展到更细化的领域，如"科研透明性""数据再现性""预注册"等。这些新的细分领域不仅扩大了研究范围，还带来了更多新兴的研究议题，推动了关键词的持续增长。

第六，2010 年后高频关键词突然减少。开放科学和知识披露领域在 2003~2010 年经历了快速增长与扩展。随着领域逐渐成熟，相关研究方法和概念趋于稳定，研究者对新兴关键词的需求逐渐减少，因此 2010 年后新关键词的增长速度放缓。2010 年后，随着开放科学政策逐渐成熟、技术平台趋于稳定，开放科学的主流概念和工具已经被广泛接受。这意味着研究者不再频繁引入新的关键词，而是专注于现有概念的深化和应用。

2.4 聚类分析

图 2-10 展示了 3371 篇论文的聚类结果，共包含了 65 个聚类随时间的变化，结果如图 2-11 所示，其中每个聚类的虚线表示研究趋于冷门，节点的数量与大小代表该聚类内相关结果，因为聚类规模的原因，只展示了前 20 个聚类。为了丰富每个聚类的信息，我们以时间线图的方式展示了每个关键词的研究频次，节点偏向绿色则代表相关研究偏向 2010 年后。因为聚类规模，我们依次选取了规模大于 20 的 10 个聚类（#0~#9）展示于图 2-11，并在表 2-7 中展示了每个聚类下面依据 LLR（对数似然比）算法得出的代表性关键词（括号内为算法得分）。依据图 2-11 与表 2-7 中 10 个聚类及其关键词，我们将"开放科学与知识披露"的英文论文分为三个方面：

第一个方面为开放科学与数据共享。其包含聚类 #0 开放数据（Open Data）、#1 开放科学（Open Science）、#3 发表偏倚（Publication Bias）和 #5 科学传播（Science Communication）。这个方面主要涵盖了开放科学的基础框架，开放数据和开放科学是开放科学运动的核心要素，推动科学研究从封闭系统走向开放系统，而发表偏倚和科学传播进一步讨论了开放科学如何改善科学发表中的偏倚问题，并通过科学传播向公众分享研究成果。因此，这些聚类共同反映了开放科学运动的核心议题——透明性、开放性和知识共享。例如，Piwowar 等（2018）研究了开放数据的普及，探讨了数据共享对科研透明性和研究可重复性的影

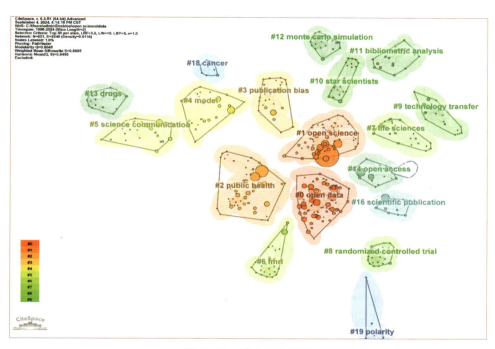

图 2-10 论文聚类结果

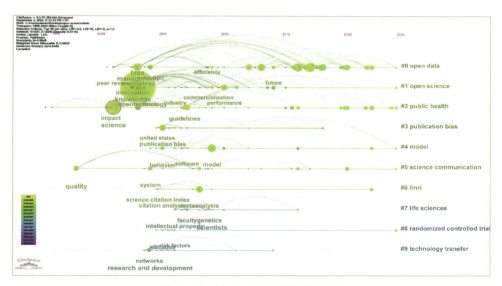

图 2-11 前 10 大聚类的时间线图

响，强调了开放数据在推动全球科研合作中的重要性。Chesbrough（2015）探讨了开放式创新与开放科学的交叉点，提出通过开放式创新框架推动专利和技术转化的重要性，特别是在科技政策和企业合作中。从时间线来看，开放数据、开放科学和科学传播的研究在 2000 年普遍兴起，且是所有聚类中持续不断的研究主题，这主要得益于开放获取政策和数据共享技术的普及。发表偏倚的研究则主要集中于 2005~2020 年前，随后的研究热点有所减少（虚线部分较多）。

第二个方面为生命科学与医学研究。其包含聚类 #2 公共健康（Public Health）、#4 模型（Model）、#6 fMRI（功能性磁共振成像）、#7 生命科学（Life Sciences）和 #8 随机对照试验（Randomized Controlled Trial，RCT）。这一方面的公共健康聚类反映了开放科学在公共卫生政策和全球健康问题中的应用，模型涉及医学和行为干预的数学模型，fMRI 和随机对照试验聚焦于医学和心理学实验方法，生命科学则涵盖了跨学科科学和伦理问题的讨论，特别是在生物医学中的应用。因此，这些聚类共同构成了开放科学背景下生命科学与医学研究的主干。例如，Vos 等（2019）研究了开放科学在公共卫生中的应用，特别是健康指南如何通过数据共享推动公共卫生政策的制定；Holmes 等人（2020）讨论了行为干预模型在医学研究中的应用，即开放科学框架下的行为科学模型如何促进行为干预的设计和测试。在时间变化上，除生命科学以外，其他聚类的研究都较为持续，始终保持一定的研究热度，反映出人在医疗卫生领域大众对开放科学的重视。模型和随机对照试验与开放科学相伴而生，反映出开放科学背后的数学背景与其严谨性。公共健康聚类是所有聚类中持续时间最长的，几乎伴随着该领域的全时间线，反映开放科学与知识披露原始的背景，以及开放科学较早的目的与应用。

第三个方面为科技创新与知识转化。其包含聚类 #9 技术转移（Technology Transfer），这个方面的技术转移聚类讨论了如何通过社交网络、社会资本和学术创业来实现科学知识的转化与技术转移。这一聚类反映了开放科学背景下，学术研究如何通过商业模式和社会网络实现创新成果的转化。因此，知识扩散和技术转移是开放科学的重要组成部分，代表了科研成果走向应用和产业化的路径。例如，Perkmann 等（2013）探讨了学术创业如何通过技术转移促进创新，分析了开放科学对学术创业的影响，尤其是社交网络在知识转化中的作用。在时间发展上，该聚类在 2015 年后逐渐没落，主要是因为互联网与计算机技术的崛起，使越来越多的科技逐步脱离传统制造业的范畴，技术转移的相关概念逐渐冷门。

表2-7　前10大聚类的代表性关键词

聚类	规模	代表性关键词
0	76	open data (42.87, 1.0E-4); reproducibility (35.66, 1.0E-4); preregistration (29.1, 1.0E-4); replication (29.1, 1.0E-4); questionable research practices (22.04, 1.0E-4)
1	64	open science (153.48, 1.0E-4); patents (30.97, 1.0E-4); innovation (29.42, 1.0E-4); open innovation (14.01, 0.001); policy (14.01, 0.001)
2	51	public health (52.91, 1.0E-4); science (19.55, 1.0E-4); impact (16.23, 1.0E-4); women (16.22, 1.0E-4); guidelines (16.22, 1.0E-4)
3	26	publication bias (28.71, 1.0E-4); united states (14.24, 0.001); open science (11.49, 0.001); incentives (11.08, 0.001); intervention (10.48, 0.005)
4	26	model (27.12, 1.0E-4); behavior (14.32, 0.001); open science (13.02, 0.001); beliefs (10.83, 0.005); severity (10.83, 0.005)
5	25	open science (28.45, 1.0E-4); science communication (22.08, 1.0E-4); system (16.54, 1.0E-4); health communication (11.02, 0.001); medicine (11.02, 0.001)
6	24	firm(13.66, 0.001); emotion (13.66, 0.001); adolescence (9.91, 0.005); psychiatry (6.82, 0.01); acceptability (6.82, 0.01)
7	24	life sciences (10.69, 0.005); ethical hazards (8.06, 0.005); comprehensive review (8.06, 0.005); interdisciplinary science (8.06, 0.005); implications (8.06, 0.005)
8	23	randomized controlled trial (19.18, 1.0E-4); attitudes (10.28, 0.005); major depression (9.56, 0.005); peripheral intravenous catheter (9.56, 0.005); group work (9.56, 0.005)
9	21	technology transfer (13.23, 0.001); networks (13.23, 0.001); social capital (11.74, 0.001); academic entrepreneurship (8.99, 0.005); bio-pharmaceuticals (8.6, 0.005)

2.5　热点分析

为了更深入地分析每个关键词在特定年份成为热点的背景，我们不仅需要探讨学术领域的发展，还需要将社会、经济和科技环境的变迁联系起来，结合当时全球重要事件和学术趋势进行解读。表 2-8 为我们展示了前 20 名热点关键词的突变情况，其中，2003 年，专利（patents）、生产力（productivity）成为学术热点关键词，这两个关键词的出现主要与全球经济环境和知识经济的兴起有关。

表2-8　排名前20的热点关键词突变情况

热点关键词	首次出现年份	热点值	热点初始年份	热点结束年份	热点时长可视化
patents	2003	7.69	2003	2017	
productivity	2003	6.54	2003	2017	
networks	2004	6.31	2004	2017	
intellectual property	2006	9.47	2006	2017	
industry	2006	6.81	2006	2019	
innovation	2003	6.53	2006	2015	
impact factor	2004	8.50	2008	2017	
scientific publication	2003	14.60	2010	2019	
journals	2003	11.02	2010	2019	
peer review	2001	6.98	2010	2017	
growth	2010	6.40	2010	2017	
brain	2014	6.73	2014	2019	
publication bias	2005	6.75	2018	—	
incentives	2017	6.66	2018	2021	
replicability	2018	6.27	2018	—	
questionable research practices	2020	9.06	2020	—	
replication	2017	6.92	2020	—	
reliability	2020	6.50	2020	—	
public health	2022	7.85	2022	—	
women	2007	6.49	2022	—	

　　在全球化的快速发展中，知识产权的保护变得尤为重要，尤其是在科技创新与竞争加剧的背景下。欧美国家在这一时期加大了对专利制度的推行，尤其是欧盟推动了更加全面的创新政策，鼓励企业通过技术创新获取专利，以增强其全球市场竞争力。此外，生产力的提升与技术的进步紧密相连，数字化技术在这一时期得到了广泛应用，尤其是在制造业、服务业中的技术革新带来了生产力的大幅提升。学术界和企业界都在关注如何通过开放科学来加快技术传播并提高生产效率。开放科学的早期发展在此背景下起到了推动作用，

特别是通过知识共享和跨国合作，全球的创新能力和生产力显著提升。例如，Chesbrough（2006）探讨了开放式创新的概念，特别是专利如何通过开放科学加速转化为商业成果。Gowers（2003）介绍了通过网络协作提升科研生产力的实践，展示了开放科学在数学领域的应用。2004 年，网络（networks）成为热点关键词，反映了全球科研合作的加深。互联网技术的迅速普及使跨国、跨学科的科研合作比以往任何时候都更为方便和高效。欧盟在 2004 年通过了"第六框架计划"，鼓励成员国之间进行科研合作，这种网络不仅是物理层面的连接，更是知识与技术的高速流动。通过网络的协作，科研成果可以在全球范围内迅速传播和应用，这提升了科研的效率和成果的影响力，展现了开放科学在全球科研合作中的关键作用。例如，Newman（2005）探讨了在网络合作中，科研网络结构中的重要节点如何影响知识传播。2006 年，知识产权（intellectual property）、产业（industry）、创新（innovation）成为学术热点，反映了开放科学与产业合作的深化。

随着全球化进程加速，知识产权的保护变得尤为重要，尤其是在知识共享和开放数据的背景下，产业的出现表明企业与学术界的合作进一步加强。通过开放科学，企业能够更快速地获得前沿的科研成果，并将其应用于产品开发和技术创新中。创新的出现则标志着开放科学在推动技术进步中的关键作用。2006 年，《柏林开放获取宣言》的进一步实施，倡导开放获取科学研究成果，推动了全球范围内的科技创新。尤其是在新兴科技领域，开放科学的推广加快了科研成果的转化，促进了跨学科、跨产业的创新合作。例如，Von Hippel（2005）分析了开放式创新的民主化进程，特别是开放科学如何推动行业和学术界的合作。2008 年，影响因子（impact factor）成为学术界的热点。随着开放获取期刊的快速发展，学术界开始反思影响因子是否仍然是评估科研成果的最佳标准。开放科学推动了学术出版的变革，使更多的研究成果能够通过开放获取期刊向全世界传播。影响因子的局限性在于它过分依赖于期刊的声誉，而忽视了研究本身的实际影响力，如 Larivière（2006）讨论了影响因子的局限性，并分析了开放获取对科研传播的积极影响。2010 年，科学出版（scientific publication）、同行评审（peer review）、成长（growth）表明了学术出版和科研评审机制在开放科学框架下的转型。

科学出版模式的改变反映了开放获取期刊的快速发展。传统的学术出版过程过于冗长且依赖于少数几家大型出版商，而开放获取期刊为研究者提供了更快速和更广泛的传播渠道。与此同时，同行评审也经历了重大变革，开放科学倡导的透明评审机制通过公开评审过程，提升了科研质量和可信度。另外，开放科学提供了更广泛的合作平台，使科研成果能够在全球范围内快速传播，并促进了科研的成长和扩展。Björk（2010）探讨了开放获取对学术出版的影响，特别是自存档对科研传播的促进作用。2014年，大脑（brain）成为研究热点，主要得益于神经科学和脑科学领域的迅速发展。美国的 BRAIN Initiative 项目[①]、欧盟的 Human Brain 项目[②]是推动这一领域研究的两个重要项目。这些项目资金充足、而且规模庞大，旨在通过跨国合作，利用最新的技术手段深入研究人类大脑的结构与功能。开放科学在这些研究中起至关重要的作用，尤其是通过共享大量的脑科学数据，全球研究人员能够更快地获得最新的科研成果和数据，从而推动整个领域的发展。Poldrack（2011）详细探讨了 fMRI 在脑科学研究中的应用，强调了开放数据在脑科学研究中的重要性。2018年，开放科学的透明性需求得到了前所未有的重视，特别是发表偏倚（publication bias）、激励（incentives）、可重复性（replicability）。发表偏倚指的是学术研究者倾向于发表成功的研究结果，而选择性忽略不显著或消极的结果。这种现象导致科研结果的偏倚，影响了科学知识的完整性和公正性。

在开放科学的推动下，学术界开始倡导预注册研究，即在实验开始之前先公开实验设计，确保所有的结果无论是否成功都被如实公开。这一机制大大减少了发表偏倚的可能性，确保了科研成果的全面性和透明性。学术界也开始反思现有的激励机制，特别是如何通过新的方式激励研究者更公开和透明地进行科研工作。传统的科研激励机制依赖于发表高影响因子的文章，但这往往会鼓励研究者追求显著性结果，而忽略那些"中性"或"无效"的实验。2018年，学术界提出了一系列新的激励机制，如奖励数据共享、鼓励公开同行评审，甚至为透明和开放的研究流程设立了专门的激励。同时，越来越多的研究表明，科学研究中的"重复性危机"日益严重，许多研究结果难以被他人

---

① 2013年，美国国立卫生研究院启动了"美国脑计划"，全称为"使用创新神经技术的脑研究计划"（Brain Research through Advancing Innovative Neurotechnologies Initiative, BRAIN Initiative）。
② 欧盟人类大脑计划（Human Brain Project）是一个旨在模拟人类大脑并理解其工作方式的科学研究项目。

成功重复验证。这一问题在心理学、社会科学和生物医学等领域尤为严重。开放科学的推广，特别是数据共享和实验设计的透明化，能够帮助学术界应对这一挑战。通过共享实验数据，研究者可以更容易地验证他人的研究结果，从而提升科研结果的可重复性和可信度。例如，Nosek（2012）深入分析了如何通过新的激励机制提升科研的透明度和可重复性。2020 年，全球科学界的科研诚信问题尤为突出，可疑研究实践（questionable research practices）、可再现性（replication）、可靠性（reliability）成为当年的热点关键词。2022 年，公共健康（public health）、女性（women）成为开放科学的核心议题。开放科学通过共享全球范围内的卫生数据，极大地促进了对病毒的追踪、疫苗的开发和防控策略的制定。在这一背景下，全球科研合作变得尤为重要，科学家依赖开放平台快速分享研究成果，确保政策制定者能够根据最新的科学研究采取有效的公共卫生措施。女性作为关键词的出现，反映了学术界在 2022 年对性别平等的持续关注。开放科学不仅为女性研究人员提供了更多的参与机会，也推动了关于女性健康议题的研究。例如，Vos（2019）探讨了开放科学在公共卫生中的应用；Nosek（2011）探讨了社会性别偏见及其在科学研究中的表现，强调了开放科学框架下的性别平等问题。从 2003 年到 2022 年，开放科学中的关键词热点反映了全球学术、经济和社会背景的变迁。每个年份的关键词不仅受到了学术发展的推动，还反映了全球社会的变化。通过深入分析每个年份的关键词及其背景，我们可以更好地理解开放科学是如何促进全球知识流动的。

2.6　知识基础分析

表 2-9 展示了被引频次前 15 名的文献，包含了文献的被引频次、作者、出版年份、期刊名称与标题。每篇论文中的参考文献构成了这篇论文的知识基础，3317 篇论文的全部参考文献构成了开放科学与知识披露论文的知识基础，我们在其中寻找并分析其高频与共性的知识基础。图 2-12 展示了论文知识基础聚类中规模最大的 6 个聚类和他们的时间线图；知识基础共包含 256 个聚类，其他聚类过小，没有在软件中展示。表 2-10 与图 2-12 相对应，展示了 6 个聚类中包含的重点关键词。我们将开放科学与知识披露论文的知识基础划分为三个核心方面，分别对应不同的聚类，每个聚类反映了该方面在不同时间段的

研究趋势和变化。以下详细分析每个方面的知识基础、相关聚类、关键词及其随时间的变化背后的原因。

表2-9　被引频次前15名的文献

频次	引用文章作者	期刊名称	标题
128	Munafo (2017)	Nature Human Behaviour	A Manifesto for Reproducible Science
127	Nosek (2018)	Proceedings of the National Academy of Sciences of the United States of America	The Preregistration Revolution
94	Aarts (2015)	Science	Estimating the Reproducibility of Psychological Science
91	Nosek (2015)	Science	Promoting an Open Research Culture
81	Wilkinson (2016)	Scientific Data	From Core Referencing to Data Reuse: Two French National Initiatives to Reinforce Paleodata Stewardship
73	Vicente-Saez (2018)	Journal of Business Research	Open science Now: A Systematic Literature Review for an Integrated Definition
62	Kidwell (2016)	PloS Biology	Badges to Acknowledge Open Practices: A Simple, Low-cost, Effective Method for Increasing Transparency
56	McKiernan (2016)	Elife	How Open Science Helps Researchers Succeed
56	Page (2021)	Bmj–British Medical Journal	The PRISMA 2020 Statement: An Updated Guideline for Reporting Systematic Reviews
51	Allen (2019)	PloS Biology	Open Science Challenges, Benefits and Tips in Early Career and Beyond
49	Baker (2016)	Nature	1500 Scientists Lift the Lid on Reproducibility
44	Nelson (2018)	Annual Review of Psychology	Psychology's Renaissance
43	Nosek (2019)	Trends in Cognitive Sciences	Preregistration is Hard and Worthwhile
43	Camerer (2018)	Nature Human Behaviour	Evaluating the Replicability of Social Science Experiments in Nature and Science between 2010 and 2015
42	Klein (2018)	Advances in Methods and Practices in Psychological Science	Many Labs 2: Investigating Variation in Replicability across Samples and Settings

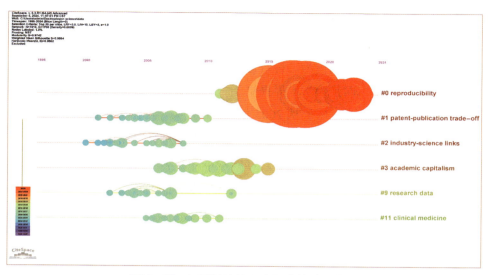

图2-12 知识基础前6大聚类的时间线图

表2-10 知识基础前6大聚类的代表性关键词

聚类	规模	代表性关键词
0	100	reproducibility (19.84, 1.0E-4); preregistration (17.89, 1.0E-4); open science (14.97, 0.001); transparency (11.84, 0.001); replication (11.84, 0.001)
1	87	patent-publication trade-off (9.45, 0.005); bibliometrics (9.45, 0.005); science-technology linkage (9.45, 0.005); star scientists (9.45, 0.005); university patent (6.7, 0.01)
2	81	industry-science links (11.91, 0.001); innovation strategy (11.91, 0.001); cooperation with universities (11.91, 0.001); open science (0.87, 0.5); reproducibility (0.32, 1.0)
3	54	academic capitalism (9.74, 0.005); metadata (9.74, 0.005); preregistration (6.21, 0.05); data sharing (5.12, 0.05); information technology (4.86, 0.05)
9	39	research data (8.53, 0.005); secrecy (8.53, 0.005); intellectual property (8.53, 0.005); anti-commons (8.53, 0.005); academic science (8.53, 0.005)

第一个方面为"科研质量、透明性与公正性",包含聚类 #0 reproducibility、#9research data、#3 academic capitalism,代表性关键词有 reproducibility、preregistration(预注册)、transparency(透明性)、replication、research data(研究数据)、academic capitalism(学术资本主义)等。随着全球科学研究的日益复杂和多样,科研过程透明和结果公正成为科研伦理的核心议题。开放科学的

目标正是通过这些机制来推动科学知识的可靠性与可信度。这些知识基础使开放科学论文能够着力讨论如何通过开放获取和透明的科研流程提高研究质量，减少学术偏倚和科研不端行为。科研透明性和数据公开的推动不仅有助于增强科学发现的可信度，而且为学术界提供了一个更加公平竞争的环境，减少了学术资本主义带来的负面效应。从 2005 年到 2015 年，学术资本主义（#3）和研究数据（#9）成为热点话题，反映了当时学术界对科研商业化的担忧。这一时期，随着科研成果的市场化，科学研究的公正性开始受到学术资本的侵蚀，学术不端行为和发表偏倚逐渐增多。在这种背景下，科研透明性和数据公开性成为全球学术界关注的焦点，因此，许多开放科学的论文引用了这些文献，试图通过科学透明性和公正性来回应这些问题。聚类 #0（reproducibility）在 2010 年后逐渐升温，特别是在 2015 年后，该聚类时间线上的节点较大、较红、较为密集，逐步成为近年来常被引用的知识基础。随着越来越多的科研领域出现可再现性危机，全球学术界对科研质量的讨论进入了新阶段，开放科学通过数据共享和透明化的流程来应对这些挑战。因此，开放科学论文引用这一聚类的文献频率迅速增加，反映了学术界对提升科研质量和可靠性的迫切需求。

第二个方面为"企业开放科学的战略与行为"，包含的聚类有 #1 patent-publication trade-off（专利与出版的权衡）和 #2 industry-science links（产业与科学链接），代表性关键词有 patent-publication trade-off（专利与出版的权衡）、innovation strategy（创新战略）、cooperation with universities（产学合作）、industry-science links（产业与科学链接）等。随着企业在全球创新系统中的角色日益重要，企业意识到参与开放科学能够为其带来巨大的创新机遇。通过开放获取与知识共享，企业可以快速提升其创新能力，并在技术上取得先发优势。这些知识基础为企业开放科学行为提供了战略支持，帮助企业理解如何通过专利保护和开放获取之间的平衡来实现创新。企业的开放科学不仅提高了创新效率，还促进了企业在全球科研网络中的影响力。文献中的理论支持了企业如何在合作中利用开放科学，既推动了技术进步，又保护了自身的知识产权。聚类 #1（patent-publication trade-off）和聚类 #2（industry-science links）在 2005 年到 2015 年研究热度较高。这反映了企业逐渐认识到开放科学在创新中的重要作用，尤其是在知识产权保护与开放获取之间的权衡成为企业战略的关键。但随着企业对开放科学应用的逐渐成熟，企业在这一领域的探索逐渐趋于规范，相关研究的热度在 2015 年后逐渐下降。这一变化的原因在于企业逐渐适应了开放科学的应用模式，找到了一种平衡创新与专利保护的解决方案。因此，这一时期企业开放科学的战略与行为相关文献逐渐减少，研究的焦点开始转向其他领域。

第三个方面为"行业领域的专业知识与开放科学的结合"，包含聚类 #11 clinical medicine，代表性关键词有 clinical medicine（临床医学）、scientific publication indicators（科学出版指标）、h-index（h 指数）等。开放科学不仅在学术界产生了深远的影响，还在特定行业中展现出了广泛的应用，特别是在医学、生物技术等领域。行业开放科学的核心在于通过数据共享、跨国合作和开放出版加速技术及科学的传播与应用。这一方面的知识基础主要涉及特定行业的研究文献，如医学领域的临床研究、科学出版的影响力评估等，因此涉及了各行各业的专业知识，强调了开放科学在特定行业领域的应用。聚类 #11 在 2005 年到 2015 年较活跃，随后逐渐减少。这反映了开放科学在医学领域的应用已经进入成熟阶段，相关的科研机制和标准化逐渐稳定。随着医学领域的开放科学实践逐渐常规化，其研究重点开始向其他行业或基础理论转移。开放科学的知识基础随着时间的推移逐渐呈现出明显的变化趋势。科研透明性和数据开放性从最初的学术资本主义问题，逐渐演变为当下非常重要的提升科研质量的工具。企业战略与行业应用方面的研究在其各自的应用阶段逐渐成熟，反映了开放科学在企业和行业中的具体作用已得到确立。整体来看，这些变化反映了开放科学的理念从萌芽到广泛应用的过程，逐渐推动了全球科研合作和知识共享的标准化与常规化。

2.7 前沿热点分析

表 2-11 展示了 3317 篇论文在 2024 年的高频关键词，揭示了开放科学和知识披露在不同领域中的前沿热点。这些关键词如"系统评价"（systematic review）、"心理健康"（mental health）、"随机对照试验"（randomized controlled trial）、"深度学习"（deep learning）等，显示了科学研究中开放获取、透明度和数据共享的持续影响力，尤其是在医疗、公共健康和人工智能等领域。例如，系统评价和随机对照试验一直是验证科学研究成果可靠性的核心方法。这

两个关键词的高频出现，反映了科研界对证据质量的重视。随着全球性健康危机的爆发，系统评价和随机对照试验为评估治疗方案的有效性与可靠性提供了标准化的工具。开放科学在这个过程中扮演了至关重要的角色，通过数据公开、同行评审透明化，确保研究结果的可再现性和科学严谨性。心理健康作为热点关键词，与近年来全球对心理健康问题的关注日益增加密切相关，包括对老龄群体的关注。通过开放科学平台，研究人员能够更快速地共享心理健康干预的有效性数据。深度学习则反映了人工智能技术在科学研究中的重要性，尤其是在医学和心理健康研究中的应用日益广泛。在社会大众（people）塑造的大数据基础上，开放科学通过提供开放数据集和开放算法，使研究人员能够利用深度学习技术开发出更精准（accuracy）的诊断工具和治疗方案，从而推动了个性化医学的发展效率（efficacy）。

表2-11　前10名前沿热点关键词

频次	前沿关键词	首次年份
12	systematic review	2024
8	mental health	2024
8	randomized controlled trial	2024
7	people	2024
5	accuracy	2024
5	associations	2024
5	care	2024
5	deep learning	2024
5	efficacy	2024
5	older adults	2024

这些关键词的出现不仅展示了开放科学在促进各领域科学合作和数据共享中的关键作用，还反映了当今科学研究的透明性和效率需求。2024年，这些前沿关键词进一步表明，科学界正在以更开放、更协作的方式应对全球性挑战。

2.8 结论与启示

本章经过对3317篇开放科学与知识披露论文的深入分析，结合关键词的变化趋势、聚类结构以及对各领域的研究重点，可以得出一系列系统性的结论和启示：

2.8.1 开放科学在医疗与健康领域的核心作用

以透明性为驱动，以效率为目标。医疗卫生、心理健康领域的研究高度依赖于开放科学的机制。这些领域的高频关键词，如"系统评价"、"随机对照试验"和"心理健康"，显示出研究者对透明性和数据共享的重视。尤其在全球公共卫生危机期间，开放科学推动了科研数据的共享和成果的快速传播这一现象表明，开放科学在医疗与公共卫生领域的应用不仅提升了研究的效率，还大幅度增强了研究的可信度和社会公信力。随着全球健康挑战的增加，开放科学在这些领域的作用将进一步加强，成为科研创新和政策制定的基础工具。

2.8.2 企业层面的开放科学

战略导向明确，动因尚待深究。相较于医疗卫生领域，企业在开放科学中的参与多以战略为导向。企业的开放科学行为更多地体现在理论探索与战略部署层面，较少涉及具体的实证研究。企业尤其是大型科技企业，通过开放数据共享和开放平台推动自身技术创新，如人工智能与大数据的应用。这种现象反映了企业对开放科学的选择更多基于其市场竞争力与创新速度的提升，而非单纯的科研透明性。随着技术的发展，企业在开放科学中的作用有望逐步从"被动接受者"转变为"主动推动者"，推动新兴领域的跨行业创新。

2.8.3 技术驱动下的开放科学

跨领域融合与创新范式的演变。随着人工智能、深度学习等新兴技术的发展，开放科学成为推动技术创新的重要动力。深度学习等技术依赖开放数据集的支持，通过共享数据资源加速了算法的优化与应用。这一现象揭示了开放科学不仅是科研合作的工具，更是技术创新的催化剂。通过开放科学平台，学术界与产业界可以实现跨学科、跨行业的合作，推动了技术创新范式的深刻变革。未来，这一趋势将在生物科技、能源、智能制造等领域进一步加强，促进科学发现与应用落地的快速融合。

2.8.4　开放科学的学术与产业分工

理论深化与实践应用的协同。在学术领域，开放科学已经发展成提升科研质量、确保数据透明的重要机制。但企业对开放科学的应用更多集中在战略层面。企业更多关注的是如何通过开放获取外部知识与资源，从而提升自身的市场竞争力和技术创新能力。学术与企业的分界表现为学术界主要通过开放科学提升科研可信度和成果扩散速度，而企业更多关注如何通过开放科学实现创新路径的多样化与效率提升。这一差异揭示了未来开放科学在学术界与产业界的分工协作潜力。

2.8.5　时间维度下的开放科学演变

传统领域走向成熟，新兴领域蓬勃发展。通过对关键词的时间演变分析，我们发现传统领域（如医疗卫生、心理健康等领域）的开放科学研究已经进入较为成熟的阶段，呈现出系统化和标准化的应用模式。但随着时间推移，新兴领域（如人工智能、深度学习等）技术驱动的开放科学研究迅速崛起。这表明开放科学的重心正在从传统的学术研究转向技术创新与应用。这种转变将推动科研合作模式的演化，形成更加开放、高效的跨领域知识共享生态。

2.8.6　开放科学的应用在医疗与企业领域展现出不同的特征

前者以透明性和效率为驱动，后者则以战略和创新为核心。在医疗卫生、心理健康等领域，开放科学已成为提升科研可信度和应对全球性健康危机的必备工具；而在企业界，开放科学更多地被视为获取竞争优势的战略性资源。随着技术的进步，开放科学将进一步推动跨学科合作，尤其是在人工智能、深度学习等新兴领域。

基于结论部分的分析，政府与企业在推动开放科学中扮演了不同但关键的角色，各自的行动方向与战略重点将直接影响未来开放科学的发展和创新模式。对政府而言，应构建激励机制，推动全球知识共享。发挥政府引导作用，建立开放科学的政策框架，确保数据共享和知识透明化成为标准实践。加大对

跨学科和跨国合作的支持，提供（如税收优惠、资金支持等）激励机制，鼓励
各方积极参与开放科学的建设与合作。通过增强知识产权保护和制定明确的数
据共享标准，为科研合作和创新奠定稳定的基础。对企业而言，应将开放科学
融入创新战略，提升竞争力。企业应意识到开放科学不仅是学术界的工具，更
是推动技术创新的重要途径。尤其在人工智能和生命科学等领域，开放数据和
开放平台的应用将帮助企业在市场中占据先机。企业还可以通过与学术机构
合作，利用开放科学促进知识的流动和资源的共享，以此来推动内部创新。同
时，积极参与开放科学项目也有助于企业塑造良好的社会责任形象，增强品牌
信任度。最后，强化协同创新，深化合作。政府通过政策激励和标准制定推动
开放科学的透明化与国际化，企业通过战略性应用开放数据和平台来推动技术
创新，学术界则负责确保科研透明度和知识的广泛共享。三者的紧密合作将为
全球创新生态系统提供坚实的基础，实现科研创新的最大化效益，推动知识经
济的可持续发展，解决全球共同面临的挑战。

第3章　企业开放科学理论的内涵与演化

企业开放科学行为由来已久，但是其理论研究相对滞后。通常来看，企业对创新知识的处理方式有两种：保密或开放。近年来，在开放式创新的背景下，开放科学已经成为企业重要的创新策略。相关理论主要包括开放创新（Open Innovation）、开放知识披露（Open Knowledge Disclosure）、无偿公开（Freely Reveal）、选择性披露（Selective Revealing）、防御性出版（Defensive Publishing）、创新披露（Disclosure of Innovations）等，本章将重点阐述企业开放科学的研究源起、实践与发展和理论的演进。

3.1　企业开放科学研究的源起、脉络与概念界定

3.1.1　企业开放科学研究的源起

国内外关于企业开放科学与创新的研究尚处于起步阶段，现已成为开放式创新研究的一个新理论视角（Polidoro 和 Theeke，2012；Alexy 等，2013；Simeth 和 Raffo，2013；Henkel 等，2014；Friesike 等，2015）。企业开放科学行为可追溯到 Allen（1983）的开创性研究，他发现在 19 世纪的英国钢铁产业中，相互竞争的企业之间公开了其熔炉设计改良的技术信息以及相关的绩效数据，他将这种现象称之为"集体发明"。例如，19 世纪中叶，贝塞麦转炉法（Bessemer process）的发明就是一个重要的技术突破，它极大地降低了钢铁生产的成本。虽然这项技术最初由亨利·贝塞麦（Henry Bessemer）发明并申请了专利，但随着时间推移，这一工艺得到了广泛的传播和应用。此外，19 世纪英国钢铁工业的技术创新还包括焦炭炼钢、坩埚炼钢等方法的改进，这些技术的进步并非孤立发生，而是通过一系列的技术信息共享和相互交流学习得以实现。

在 19 世纪的英国钢铁产业中，相互竞争的企业之间之所以会公开其熔炉设计改良的技术信息，是因为以下几个方面的原因：一是技术扩散外溢的结果，随着新技术的出现，它们往往会迅速扩散，这是因为技术本身具有一定的公共物品特性，难以完全保密。即使一家企业尝试保密，一旦技术被广泛了解，它就很难维持独家优势。二是促进行业标准的形成，公开技术信息有助于形成行业标准，这对于整个行业来说是有益的，因为它可以简化生产流程，降低成本，并促进市场的健康发展。三是合作的必要性，某些技术改进可能需要多个企业共同努力才能实现，在这种情况下，企业之间可能达成某种默契，以共享技术信息来推动整个行业的技术进步，比单纯保守秘密更有战略意义。

这种相互公开的创新交流在当时近乎常态化，而这些知识主要是通过研究者会议和学术期刊的形式进行披露的，其实这种知识披露现象本质上是企业最初的开放科学行为。由于开放科学行为不能使企业直接获得报酬，因而其被主流经济学认为是不解的难题（Pénin，2005），此后，这一现象引发了众多学者的关注。比如，Hicks（1995）用大量事例描述了企业发表科技论文的事实，揭示了企业开放科学的原因；Polidoro 和 Theeke（2012）从替代与互补产品视角，研究了开放科学作为竞争策略的重要性；Simeth 和 Raffo（2013）研究了企业开放科学行为的动机，以及产学合作的影响，等等。至今，企业开放科学研究呈现出了跨学科、多元化、系统化的特征。

3.1.2　企业开放科学研究的基本脉络

企业开放科学的研究经历了从初步探索到探究企业内部行为，再到揭示开放科学复杂动机和开放科学对企业创新影响的系统性研究四个阶段。每个阶段都有其特点和代表性研究成果，反映了学术界和企业界对开放科学认识的逐步深化。

3.1.2.1　第一阶段：初步探索

Allen（1983）较早研究了企业开放科学行为，Gambardella（1992）注意到成功的制药企业允许他们的科学家出席会议并发表工作成果，企业这种开放政策与学术机构是相同的，这种开放性被认为是进入科学共同体，以获得有价值的外部知识源的必要条件。Hicks（1995）通过实证研究发现，企业会定期在科学期刊上发表论文，如飞利浦、西门子、日立、山德士、罗氏等，大企业发表论文的数量甚至与一个中等规模的研究型大学相当。比如，1991 年，英国企业发表的论文数占英国论文总数的 8%，占美国科学和工程出版物的 9%。Cockburn 和 Henderson（1998）研究了一个由 20 个制药企业组成的样本，发现这 20 家企业在 1980~1994 年发表了 68186 篇论文，认为开放科学行为是一种策略性的选择。

3.1.2.2　第二阶段：探究企业内部行为

Lim（2000）的研究指出，IBM 首先开发了在线路元件之间使用铜连接代替传统的铝连接的半导体生产工艺，不久，IBM 企业向竞争用户和设备供应商公开了这个专有的工艺信息。他还发现 1985~1997 年，IBM 在这一领域发表了 40 篇文章，这是同一时期最富有成效大学发表论文数量（20 篇左右）的两倍。Lerner 和 Tirole（2002）用这种观点详细解释了开源软件开发项目的开放科学现象。他们注意到，高质量源代码的无偿公开，可以提高编程者在同行中的声誉，这种好处还会带来其他收益，如增加编程者在工作市场上的价值。

3.1.2.3　第三阶段：揭示开放科学的复杂动机

Harhoff、Henkel 和 Von Hippel（2003）通过一个博弈模型来研究开放知识披露行为，模型主要包括一个制造商企业和两个用户企业，研究认为用户企业披露知识的目的是使制造企业学习并提高供应给这两个用户企业的产品质量，触发来自制造企业的经济溢出效应。Johnson（2004）指出企业选择披露知识可能是一种防御，以阻止其他企业申请所披露创新的专利。Pénin（2005）强调研发合作早期阶段的逆向选择问题可能促使企业披露部分知识，目的是向其他企业或公共机构表明他们是值得与其开展研发合作的，因为开放科学毫无疑问可以增强企业的声誉（Pénin，2007）。

3.1.2.4　第四阶段：开放科学对创新影响的系统研究

Ding（2011）研究了企业家的教育背景对开放科学策略的选择具有积极的影响；Polidoro 和 Theeke（2012）从市场竞争的视角阐述了企业采取开放科学策略的内在机理，并认为开放科学成为企业技术竞争的新维度。Simeth 和 Raffo（2013）通过计量模型研究了企业采取开放科学策略的根本原因，揭示了开放科学与 R&D 能力和吸收能力之间的关系。Jong 和 Slavova（2014）从实证研究的角度，通过回归分析得出企业开放科学行为对产品创新绩效具有积极的影响。Simeth 和 Lhuillery（2015）的研究认为开放科学不再是标准 R&D 活动的附属品，企业开放科学能力与 R&D 能力同等重要。不仅大企业积极采取开放科学的策略，而且越来越多的中小企业参与到了开放科学的行动中。比如，在纳米科技领域，1990~2009 年，企业所发表论文的总数超过了 54000 篇（Youtie 和 Kay，2014）。Shapira 等（2011）发现在纳米技术最早的探索阶段（1991~2002 年），企业发表纳米技术的论文比专利要多。

由此可见，企业开放科学的研究虽然大体经历了四个阶段，但是针对开放科学对创新影响的研究，是最近（2011 年至今）才开始兴起的，在开放式创新和基于科学创新的大背景下，国际学术界对企业开放科学与技术创新问题的研究正在成为前沿热点问题。

3.1.3 企业开放科学概念的界定

总体来看，企业对创新知识的处理方式通常有两种：保密或开放（Stern，2004；Penin，2007；寇宗来和周敏，2011；张学文和陈劲，2013；Henkel 等，2014）。从研究的基本脉络来看，对企业开放科学概念的界定基本上是趋于一致的，有的学者称之为"开放科学行为"（Hicks，1995；Polidoro 和 Theeke，2012）；有的学者称之为"开放科学策略"（Ding，2011；Simeth 和 Raffo，2013；Jong 和 Slavova，2014）；有的学者称之为"知识披露"（Pénin，2007；Henkel，2006；Harhoff、Henkel 和 Von Hippel，2003）。

开放科学是指企业通过在科技期刊上发表论文、在专业会议上发布报告等方式自愿披露创新知识，目的是满足企业创新活动的特殊需要（Hicks，1995；Stern，2004；Ding，2011；McKelvey 和 Rake，2020）。企业允许他们的科学家在同行评议的期刊上、学术会议上以及开放科学的其他途径，开放披露企业资助的研究成果（Hicks，1995；Cockburn 和 Henderson，1998；Lim，2010）。在科学期刊上发表论文不是一种例外，而是一种频繁发生的常态行为（Simeth 和 Raffo，2013；Li、Youtie 和 Shapira，2015）。开放科学也可以使企业寻求引发网络效应或金钱的外溢（Harhoff 等，2003），但当知识产权保护成本过高时，开放科学还可以作为一种维护所获取知识的防御性策略（Adams 和 Henson-Apollonio，2002）。科学披露也可以向监督机构、专业客户和公共资助机构提供一种积极的信号，在科学期刊上发表论文，可以使企业获得公共资金的资助（Penin，2007；Hicks，1995；Ding，2011）。Simeth 和 Raffo（2013）的研究发现，开放科学不仅起源于制药和生物技术产业，而且几乎包括了所有的产业部门，开放科学行为普遍存在。特别是在通信设备、医疗器械、交通运输设备等部门，采取开放科学行为的企业比例特别高。王建安（2002）认为，企业要从外部获取新知识，作为交换就必须把自己的某些有价值的知识透露给外部；如果企业对自己的知识保守秘密，就意味着断绝与外部的交流，也就不可能得到外部的知识。张学文和陈劲（2013）指出，开放科学是指创新者对创新知识不采取保密的方式，为了实现特定的战略目标而进行的知识开放披露行为，从研究和商业化维度可将其划分为基于研究与商业目标的开放科学行为，这意味着开放科学具有"科学—商业"二元价值（张学文，2014）。

企业开放科学是指企业在其研究与开发（R&D）活动中采用开放科学的原则，以促进知识共享、加快技术创新，并增强企业与外部伙伴之间的合作。这种开放不仅体现在技术或数据的共享上，还体现在研究过程的透明度、研究成果的开放获取以及与外部利益相关者的合作等多个方面。这通常意味着企业不仅局限于自身的研究能力，而且寻求与其他企业、学术机构、政府机构乃至公众的合作，以共同推进科学知识的发展和技术的应用。以下几个方面是企业可以开展开放科学研究的方式：

3.1.3.1　数据共享

企业可以分享其研究过程中产生的数据，这些数据可能对于其他研究者来说是非常有价值的。例如，在医药行业，临床试验数据的共享可以加快新药的研发进程。

3.1.3.2　开放获取出版物

企业可以支持其员工在开放获取期刊上发表研究成果，而不是仅限于传统的订阅制期刊，这有助于扩大企业研究成果的影响范围。

3.1.3.3　合作研究项目

企业可以与高校、研究机构等合作，共同承担研究项目的部分工作。这种方式不仅可以减轻单方面的研究负担，还可以促进知识的交叉融合。

3.1.3.4　开源技术平台

企业可以将其开发的技术平台开源，允许其他开发者在此基础上进行二次开发，这种方式有助于企业形成一个围绕特定技术领域的生态系统。

3.1.3.5 公民科学计划

一些企业可能会发起或参与公民科学计划，邀请公民参与到科学研究的过程中，如环境监测、生物多样性调查等。

3.1.3.6 标准化与协议

在某些行业中，企业可以共同制定开放的标准和协议，以促进不同系统之间的兼容性和互操作性。

3.1.3.7 知识产权策略调整

企业可能需要重新考虑其知识产权策略，以适应开放科学的要求。例如，通过许可协议开放部分专利，或者采用更为灵活的知识产权保护方式。

通过这些方式，企业不仅能够促进自身的创新发展，还能对整个社会的科技进步做出贡献。但实施开放科学研究也面临着一些挑战，如如何保护敏感信息、处理知识产权问题以及如何在开放合作的同时保持竞争优势等。

综上所述，开放科学是企业为了实现特定的战略目标，而以科技论文、研究报告、互联网、专业会议、人员交流等多种方式自愿无偿公开创新知识的行为。企业的开放科学行为无法获取任何直接的报酬，但是，对技术创新却能带来众多间接收益，最新研究显示开放科学成为企业竞争的新维度，但开放科学作为企业竞争方式与策略的选择问题有待深入研究。

3.2 企业开放科学的实践与发展

开放科学能为企业带来多方面的潜在好处，主要包括以下几方面：第一，加快创新的进程，通过与外部伙伴的合作，企业可以更快地获取新技术和知识，加快产品研发的进程。第二，降低成本，共享资源和技术可以减少重复投资，降低研发成本。第三，提升声誉，开放科学的做法有助于树立企业的社会责任形象，提高企业的品牌知名度和社会影响力。第四，促进生态系统建设，通过开放合作，企业可以构建一个包含多种利益相关者的生态系统，共同推动行业发展。

一些知名企业在开放科学方面已经有所实践。例如，IBM 通过开源项目贡献了大量的软件代码，并参与了多项开放标准的制定。谷歌推出了多个开源项目，如 TensorFlow[①] 等，极大地促进了人工智能领域的发展。微软通过 GitHub[②] 平台支持开源项目，并积极参与开放标准的制定。总之，企业开放科学不仅是企业技术创新的一种新模式，还是推动社会整体科技进步的重要力量。通过开放科学实践，企业不仅能够促进自身的持续发展，还能为整个社会带来积极的影响。整体来看，企业开放科学的实践经历了如下发展阶段：

3.2.1 封闭式研究阶段

在这一阶段，企业的研究活动主要依靠内部资源，对知识和技术严格保密，以维护企业的竞争优势。企业通常会设立自己的研发中心，并严密控制知识产权。例如，早期的贝尔实验室等企业内部研究所，贝尔实验室汇集了物理学家、化学家、数学家、工程师等多个领域的专家，形成了多学科交叉的研究团队。其重视基础研究和长期项目的投入，允许研究人员有足够的时间和自由度进行探索性研究。1945 年，IBM 成立了第一个研究实验室，开发了关系数据库管理系统，对现代数据库技术产生了深远影响；开发了 Watson（沃森）超级计算机，在医疗、金融等多个领域应用广泛。1970 年，由施乐企业创立帕克研究中心（Xerox PARC），开发了第一台个人计算机奥托（Alto），虽然没有商业化，但其设计理念影响了苹果和微软等企业的产品。1900 年，通用电气企业成立了第一个研究实验室，1913 年，开发了第一台商用 X 射线管，推动了医学影像技术的发展，20 世纪 40 年代，开发了喷气发动机技术，对航空工业产生了重大影响。

早期的贝尔实验室和其他企业内部研究所为现代企业开放科学与创新提供了宝贵的经验及启示，它们的成功模式和实践方法至今仍具有重要的参考价值。这一阶段的特点包括以下几方面：一是多学科交叉，这些研究所汇集了多个学科的专家，促进了跨学科的合作和创新。二是长期投入，企业愿意在基础研究和长期项目上进行大量投资，为科学家和工程师提供了充足的时间与资源。三是自主性，研究人员享有较高的自主权，可以自由选择研究方向，进行

---

① TensorFlow 是一个端到端开源机器学习平台，它拥有一个全面而灵活的生态系统，其中包含各种工具、库和社区资源。

② GitHub 是一个面向开源及私有软件项目的托管平台，因为只支持 Git 作为唯一的版本库格式进行托管，故名 GitHub。GitHub 拥有 1 亿以上的开发人员，400 万以上组织机构和 3.3 亿以上资料库。

探索性研究。四是技术转移，将研究成果转化为商业产品和服务，推动了技术的广泛应用和产业的发展。五是人才培养，这些研究所培养了一大批优秀的科学家和工程师，为后续的科技创新提供了人才支持。

3.2.2　有限合作阶段

随着市场竞争的加剧和技术复杂性的增加，企业开始意识到仅靠内部资源难以应对所有挑战，因此开始寻求与大学、研究机构以及其他企业的有限合作，合作形式包括联合研究项目、技术许可协议等。有限合作的形式主要包括以下几方面：一是合同研究，企业与学术机构签订合同，委托其进行特定的研究项目。二是联合实验室，企业与学术机构或行业伙伴共同建立联合实验室，进行合作研究。三是技术许可，企业通过技术许可的方式，获取外部的专利技术和研究成果。比如，IBM 在 21 世纪 10 年代初期积极参与开源软件社区，贡献代码并使用开源技术，通过参与开源项目，与全球开发者社区合作，共同开发和改进软件技术，IBM 通过开源项目提升了自身的技术能力和行业影响力，同时推动了 Linux 等开源技术的广泛应用。

有限合作阶段是企业开放科学的重要起点，通过与外部合作伙伴的初步合作，企业能够探索开放式创新的潜力和可行性，积累经验和教训。这一阶段的成功经验为后续的全面开放式创新打下了坚实的基础，推动了企业创新能力和市场竞争力的提升。

3.2.3　开放式创新阶段

企业逐渐认识到外部知识和技术的重要性，开放式创新理论逐渐成熟，企业开始积极寻求与外部伙伴的合作，以促进内部创新。开放式创新强调企业与外部世界之间的双向知识流动，既包括从外部引入知识，也包括将内部的知识和技术向外部开放。企业不仅在特定的技术领域进行合作，还在多个业务领域和功能部门（如市场营销、供应链管理等）开展开放式创新。合作对象不仅限于学术机构，还包括其他企业、初创企业、非营利组织、政府机构等多种类型的外部伙伴。企业内部逐渐形成开放的文化氛围，鼓励员工分享知识和资源，积极参与外部合作。企业内部各部门之间的壁垒被打破，形成跨部门的协作机制，共同推动开放式创新。合作形式越来越多样化：一是开放数据平台，企业通过开放数据平台，共享数据资源，吸引外部开发者和研究人员进行数据分析与应用开发。二是开源技术，企业参与或发起开源项目，共享技术代码和标准，促进技术的发展和广泛应用。三是众包和竞赛，企业通过众包平台和创新竞赛，征集外部创意和解决方案，解决特定的业务问题。四是联合研发项目，企业与外部伙伴共同承担研发项目，共享研发成本和成果。五是孵化器和加速器，企业设立或参与孵化器和加速器项目，支持初创企业的发展，获取前沿技术和创新思维。

比如，谷歌通过开放其部分数据和API[①]，吸引了大量的开发者和研究人员，促进了技术创新和新产品的开发。通过 Google Cloud Platform（谷歌云端平台，GCP）和 Google Maps（谷歌地图）API 等平台，提供丰富的数据资源和开发工具。众多开发者利用谷歌的数据和 API 开发了各种创新应用，如地图导航、数据分析工具等，推动了相关产业的发展。微软在 2018 年收购了 GitHub，将其作为开放式创新的重要平台，支持全球开发者社区的合作和创新。GitHub 是一个开源代码托管平台，企业可以通过 GitHub 共享代码、管理项目、协作开发。例如，微软通过 GitHub 吸引了大量的开发者和合作伙伴，推动了开源技术的发展，提升了自身的技术能力和行业影响力；宝洁企业的"连接＋发展"（Connect ＋ Develop）计划，通过外部合作来推动新产品和服务的开发。

开放式创新阶段是企业开放科学发展的关键时期，企业通过广泛的合作和多样化的形式，将开放科学的理念和方法全面融入到其业务流程中。这一阶段的成功不仅提升了企业的创新能力和市场竞争力，还推动了整个行业的技术进步和发展。随着开放式创新的不断深化，企业将逐步进入系统整合阶段，形成更加系统和完善的开放式创新体系。

3.2.4　开放科学实践阶段

进入 21 世纪后，随着互联网技术的发展，企业开始探索更加开放的科学研究模式，即开放科学。开放科学不仅是开放式创新的延伸，更强调科学研究的透明度、可重复性和协作性。企业通过开放数据、开放代码、开放获取出版

---

① 　API 数据指的是通过应用程序接口获取的数据。

物等形式，促进知识的广泛传播和应用。这一阶段的特点是合作范围广泛、合作形式多样化，企业通过多种渠道和平台促进内外部知识的交流与共享。

例如，辉瑞企业与多家学术机构合作，建立了开放科学实验室，共同开展药物研发，加快了新药上市的步伐；通过联合实验室和研究项目，与外部伙伴共同承担研发任务，共享研究成果。该合作模式帮助辉瑞加快了新药的开发进程，推出了一系列重要的药物，提高了研发效率和成功率。谷歌的 TensorFlow 项目，通过开源机器学习框架来促进人工智能技术的发展。

3.2.5 生态构建阶段

在开放科学的基础上，企业开始构建围绕特定技术或研究领域的生态系统，通过多方合作来共同推动某一领域的进步。生态构建阶段是企业开放科学发展的高级阶段，企业不仅在多个业务领域和功能部门广泛开展开放式创新，还通过构建开放式创新生态系统，与多种类型的外部伙伴建立长期合作关系，形成互利共赢的局面。生态系统内的参与者不仅限于企业，还包括学术界、政府机构、非营利组织等。这一阶段的特点是合作网络庞大、合作机制成熟、生态系统完善。企业内部形成开放的文化氛围，鼓励员工分享知识和资源，积极参与外部合作。企业建立完善的伦理和治理框架，确保开放科学实践中的数据安全和隐私保护，遵守相关法律法规。

比如，阿里巴巴达摩院成立于2017年，是阿里巴巴集团的全球科研机构，致力于前沿科技研究和创新。达摩院与全球多所顶级高校和研究机构建立合作，共同开展前沿技术研究。同时，通过开放数据平台和开源技术，吸引外部开发者和研究人员参与创新，达摩院在人工智能、量子计算、自动驾驶等领域取得了多项重要成果，推动了相关技术的发展和应用。

3.2.6 可持续开放科学阶段

可持续开放科学阶段是企业开放科学发展的一个高级阶段，这一阶段不仅强调开放科学的广泛合作和生态系统构建，还特别关注开放科学的可持续性，确保开放科学实践能够长期、稳定地为社会和环境带来积极影响。最近的发展趋势显示，企业越来越重视开放科学的可持续性，这意味着其不仅要促进短期的技术创新，还要考虑到长期的社会影响和可持续发展目标。企业通过开放科学实践，致力于解决全球性问题，如气候变化、公共卫生等。企业积极履行社会责任，确保开放科学实践符合伦理和道德标准，保护数据安全和隐私。随着可持续开放科学实践的不断深化，企业将形成更加系统和完善的开放科学体系，为未来的可持续发展奠定坚实的基础。

例如，中国科学院研制的"可持续发展科学卫星1号"是全球首颗专门服务联合国2030年可持续发展议程的科学卫星，于2021年11月发射升空。卫星数据面向全球开放共享，为全球科研人员提供高质量的科学数据，支持可持续发展目标的监测和评估。全球开放科学云（GOSC）是一个国际项目，旨在通过开放科学和数据共享，推动全球科学研究和创新，它在多个领域（如健康、环境、教育等）推动了开放科学实践，提高了科研效率和创新能力，促进了全球可持续发展。IBM的"AI for Good"计划旨在利用人工智能技术解决社会和环境问题，该计划成功推动了多个社会公益项目的实施，如利用AI技术改善教育质量、保护野生动物等，为社会和环境带来了积极影响。

通过这样的基本脉络，我们可以看到企业开放科学研究经历了从封闭到开放，再到构建生态系统的过程。随着技术和社会的发展，开放科学在企业中的应用将会更加广泛和深入。

3.3 企业开放科学理论的演进

企业开放科学作为开放式创新理论的重要延伸，呈现出多元化的概念和理论视角，主要理论包括开放式创新（Open Innovation）、开放知识披露（Open Knowledge Disclosure）、无偿公开（Freely Reveal）、选择性披露（Selective Revealing）、防御性出版（Defensive Publishing）、创新披露（Disclosure of Innovations）如表3-1所示。

表3-1　企业开放科学的相关理论与基本观点

相关理论与概念	基本观点	代表性学者与文献	评价
开放式创新（Open Innovation）	· 创新越来越依赖于外部知识源 · 开放知识源与产权保护要平衡 · 开放策略与知识搜索	Chesbrough（2003）；von Hippe（2005）；Dahlander和Gann（2010）；Laursen和Salter（2014）	开放式创新是开放科学的理论基础，开放科学是开放式创新研究的新视角

续表

相关理论与概念	基本观点	代表性学者与文献	评价
选择性披露 (Selective Revealing)	·自愿放弃知识的法律排他权 ·有目的选择性披露部分知识 ·开放式创新的一种有效策略	Henkel（2006）；Alexy、George 和 Salter（2013）；Henkel、Alexy（2014）	选择性披露是企业开放科学的一种典型形式，也是开放式创新的策略之一
无偿公开 （Freely Reveal）	·自愿无偿公开产品或工艺信息 ·披露可以获得更好的创新收益 ·无偿公开具有特定条件	Harhoff、Henkel 和 Von Hippel（2003）；Von Hippel 和 Von Krogh（2006）	无偿公开本质上就属于企业的开放科学行为
开放知识披露 （Open Knowledge Disclosure）	·知识披露必须是自愿的 ·知识披露必须是免费的 ·知识披露必须是开放的 ·无法获取任何直接的报酬	Pénin（2003）；Mulle 和 Pénin（2006）；Pénin（2007）	开放知识披露与开放科学两者的核心观点是一致，只是披露形式存在一定的差异
防御性出版 (Defensive Publishing)	·保证创新成果专利化的一种防御型策略 ·通过率先披露而进行战略性防御	Johnson（2004）；Bar（2006）；Henkel 和 Panger（2008）；Johnson（2014）	防御性出版是基于专利保护战略而提出的，属于开放科学的一种特殊形式
创新披露 （Disclosure of Innovations）	·包括知识、技术、R&D投入、财务、融资等信息的披露 ·基于自愿和免费的原则 ·重点考虑对企业价值的影响	Gu 和 Li（2003）；Anton 和 Yao（2004）；Hughes 和 Pae（2014）；Boudreau 和 Lakhani（2015）	创新披露的概念更加宽泛，它与开放科学研究目标具有趋同性

资料来源：笔者整理。

3.3.1 开放式创新

开放式创新已成为组织和管理创新的新范式，Chesbrough 在其 2003 年的开创性著作中对此进行了特别介绍。开放式创新范式建议企业应利用外部和内部资源、开发流程和市场渠道来推动其创新与技术进步（Chesbrough，2003）。在过去 20 年中，随着全球经济转向更加开放的创新形式，开放式创新变得越来越重要，也越来越多样化（Love 等，2014）。Chesbrough 和 Brunswicker（2014）对开放式创新模式的两个方面描述了领先的实践：由外到内的实践，侧重于将外部理念、观点和技术融入企业的创新流程；由内到外的实践，旨在将未使用的内部理念、技术和资产转移到其他组织。虽然其中一些活动已在市场上存在了几十年，但过去十年，开放式创新活动的强度、数量和多样性以及全面性都显著增加。此外，开放式创新工具的重点也发生了显著转变，从针对其他成熟企业和机构转向优先考虑初创企业与创业生态系统。此外，越来越多的企业将各种开放式创新活动整合和协调到其总体战略中，以实现多样化目标。

Chesbrough（2006）的开放式创新模型的核心是创意漏斗的概念，它引导创新过程从研发到将新产品和服务推向市场。与封闭式创新模式相反，Chesbrough（2003，2006）强调从外部来源获取知识与从内部获取知识同样重要。例如，一个组织向外部参与者发出行动号召，然后将可行的想法整合到其商业模式中，从而进行技术内包（Afuah 和 Tucci，2012）。一家企业还可以通过将知识产权许可给其他市场的其他企业，或创建技术衍生产品来探索新市场（Dahlander 和 Gann，2010），从而利用由内到外的知识流。我们对开放式创新采取了广泛的视角，涵盖了企业在内部和外部创新与研发背景下开展的所有活动。

全球化创新时代，企业越来越依靠外部知识，以补充他们内部知识的不足（Chesbrough，2003；Dahlander 和 Gann，2010），开放式创新的新模式认为企业应该制定更加重要的利用外部知识的战略，这可能会引发开放式创新研究的新维度（Chesbrough，2003，2006）。因此，开放式创新的一个重要原理就是，通过有目的的知识流入和流出来促进企业内部创新（Chesbrough，2006）。很多学者认为从外部主体中为创新寻找帮助已经成为一项重要的战略，同时创新过程也越来越开放、分散与民主（von Hippel，1988；Chesbrough 等，2006）。Enkel 等（2009）提出了开放式创新的三个过程："由外到内""由内到外""内外耦合"，具体表现为知识外流、知识内流、知识内外流耦合三种状态。一些研究显示，当企业进行正式的外部合作时，一项重要的工作就是保护自己的知识（Cassimanand 和 Veugelers，2002；Heiman 和 Nickerson，2004）。企业会开放他们的组织边界，从外部挖掘和搜索知识，在 R&D 合作中为了吸引合作伙伴必须向伙伴展示知识的价值，但是又必须保护好披露的知识，这就是（Arrow，1962）所提出的传统问题"披露困境"（disclosure dilemma）或"信息悖论"（information paradox）。Bogers（2011）提出在 R&D 合作的开放式创新中会出现一种天然的悖论，即知识共享与保护之间的矛盾和关系，以及企业应该如何平衡两者的关系，为了解决这一矛盾，他提出了开放知识交换策略。Laursen 和 Salter（2014）主张为了获得外部知识，企业必须披露部分知识给外部伙伴。一方面企业通过开放策略在创新过程中广泛地与外部伙伴合作，另一方面企业要保护自己的知识不被竞争者所复制。这就出现一个明显的悖论：开放的同时必须进行更多的保护，这也类似于 Arrow（1962）的观点，我们称之为开放的悖论。

综上所述，开放式创新理论强调创新过程的开放性，并指出创新越来越依赖于外部知识源和外部合作，这就引发了知识开放与产权保护的问题。许多研究发现，在开放式创新过程中企业对外流的知识逐渐放弃了保密（甚至是知识产权的保护）。从这个角度来看，企业开放科学研究其实本质上就是开放式创新理论的一个新延伸或新的视角，它是以开放式创新理论为基础的。

3.3.2 选择性披露

很多学者认为加强知识产权制度对开放式创新是有益的甚至是必需的（Arora 和 Gambardella，1994；Chesbrough，2003），有趣的是，即使是那些认为加强知识产权制度会促进开放式创新，企业若自愿地放弃部分知识产权也能够获益（Chesbrough 和 Appleyard，2007；Pisano，2006）。企业有目的的、选择性地将知识披露给公众（竞争者），而不是保持专有权，这种策略被称为"选择性披露"（Henkel，2006；Henkel 等，2014；Alexy 等，2013）。选择性披露是指企业在开放科学实践中，根据战略目标和实际需求，有选择地向外部伙伴披露信息和资源的一种策略。这种策略旨在平衡开放合作带来的创新机会和保护企业核心竞争力的需求（Henkel，2006；Henkel 等，2014）。具体来说，选择性披露是指企业或个人有选择性地公开其部分创新成果、技术信息或研究成果，而不是公开所有细节。这种选择性公开的目的是保护企业的核心竞争力，同时促进技术的共享和发展。这种策略旨在平衡开放共享与保护核心知识产权之间的关系，以达到利益最大化的目的。

企业选择性披露的目的主要包括以下几方面：第一，保护核心竞争力，保留最为核心的技术细节不公开，以防止竞争对手模仿或超越；通过选择性披露，企业可以保护其核心技术和商业秘密，防止竞争对手获取关键信息。第二，促进合作，通过部分信息的公开，吸引潜在的合作伙伴或投资者的兴趣，共同解决特定的技术和业务问题，加快创新进程。第三，建立信任，通过适度的信息公开，增强客户、合作伙伴和社会公众的信任感。第四，推动创新，通过共享部分信息，激发更多人的创新灵感，促进整个行业的技术进步。第五，防止风险，通过有选择地披露信息，企业可以更好地控制合作风险，避免不必要的法律和商业纠纷。

企业选择性披露的特点具体包括以下几方面：第一，策略性，企业根据自身的战略需求，有选择性地决定哪些信息可以公开，哪些信息需要保密。第二，可控性，通过选择性披露，企业可以更好地控制信息的流向和使用范围。第三，灵活性，企业可以根据市场和技术的变化，随时调整哪些信息可以公开，哪些信息需要继续保密。第四，针对性，针对不同的受众和目的，企业可以选择不同的信息披露方式，明确企业在开放科学和创新中的战略目标，如加快技术研发、拓展市场、提高产品质量等。

企业选择性披露的具体过程如下：首先，识别企业在实现这些目标过程中需要的外部资源和专业知识。其次，将企业拥有的信息和资源进行分类，区分哪些是可以公开的，哪些是需要保密的。最后，对每一类信息和资源进行风险评估，确定披露的风险和收益。比如，辉瑞制药的选择性披露，在进行新药研发时，其需要外部研究机构的支持，但又担心完全公开研究数据会泄露核心技术和商业秘密，因而辉瑞企业选择性地披露部分研究数据和实验结果，邀请外部研究机构参与特定环节的研发工作，同时保留关键技术细节。通过选择性披露，辉瑞企业成功吸引了多家顶尖研究机构的参与，加快了新药的研发进程，同时保护了核心技术和商业秘密。再如，特斯拉选择性地开放部分专利技术，允许其他企业免费使用，同时保留核心专利技术。这一策略不仅促进了电动汽车行业的技术进步，还提升了特斯拉的品牌形象和市场地位。

开放和协作的创新过程普遍存在。私人集体创新模式（Von Hippel 和 Von Krogh，2003）在商业环境中也有效。我们发现，无偿公开的模式与利润最大化行为一致，关键是要明白什么该披露，什么该保护，也就是说，以与私人利润一致的方式将创新活动重新划分为开放部分和受保护部分。

选择性披露策略可以促进其他伙伴一起参与到共同解决问题和互补性投资中来（Alexy 等，2013）。从本质上来看，创新者保护或独占创新知识的方法有两种：保密和法律排他权，在法律保护无效或创新者自愿放弃的情况下，就会产生无法律排他条件下的开放式创新（Henkel，2006）。各种研究表明，在开放式创新过程中企业自愿地放弃部分知识产权可以获得较好的收益（Chesbrough和 Appleyard，2007；Pisano，2006；West，2003）。企业如果采用选择性披露策略将会产生多种不同的预期收益，包括市场或营销的相关收益、降低生产成本、增加可靠性、使用标准零部件、进入新的市场并识别和成功获得创造价值的新机会等。特别是选择性披露能够降低交易成本（Alexy 等，2013；Baldwin和 Von Hippel，2011；Henkel，2006；Henkel 和 Baldwin，2011）。Henkel 和 Alexy（2014）对计算机零部件产业进行了实证研究，发现顾客的需求拉动是企业选择性披露的初始原因，并观察到如果在随后设计一个积极的反馈回路，将导致选择性披露的使用逐渐增加。

选择性披露是企业在开放科学和创新过程中的一种重要策略，通过有选择地向外部伙伴披露信息和资源，企业可以在保护核心竞争力的同时，充分利用外部资源和智慧，推动创新。在可持续开放科学阶段，选择性披露不仅有助于企业实现长期的战略目标，还能为社会和环境带来积极影响。通过明确战略目标、评估信息和资源、选择合适的伙伴、制定披露策略以及监控和评估，企业可以有效地实施选择性披露策略，实现双赢或多赢的合作目标。由此可见，选择性披露只是开放式创新的一种有效策略，它强调的是企业有目的、选择性地披露部分知识，前提条件是法律保护无效或创新者自愿放弃。因此，我们可以看出选择性披露是企业开放科学的一种典型表现，是一种基于战略目的的知识披露行为。

3.3.3 无偿公开

无偿公开是指企业在开放科学和创新过程中，无条件地向外部伙伴或公众披露信息和资源的一种策略，包括数据、技术、研究成果等。这种策略旨在最大化合作和创新的机会，通过共享知识和技术，推动整个行业的进步和发展。

企业采取无偿公开策略的目的主要包括以下几方面：第一，促进创新，通过无偿公开信息和资源，吸引更多的外部伙伴和公众参与创新，加快新技术和新产品的开发进程。第二，提升品牌形象，通过开放和透明的做法，提升企业的社会责任感和品牌形象，增强公众和市场的信任。第三，推动行业发展，通过共享知识和技术，推动整个行业的技术进步和标准化，促进公平竞争和可持续发展。第四，解决社会问题，通过开放科学实践，解决社会和环境问题，如气候变化、公共卫生、教育平等。

企业采取无偿公开策略的具体过程包括以下几方面：第一，明确企业在开放科学和创新中的战略目标，如加快技术研发、拓展市场、提高产品质量等。第二，识别企业在实现这些目标过程中需要的外部资源和专业知识。第三，将企业拥有的信息和资源进行分类，确定哪些是可以免费公开的。第四，对每一类信息和资源进行风险评估，确保无偿公开不会损害企业的核心竞争力和商业利益。第五，选择合适的开放平台，如开源代码托管平台、开放数据平台、科研成果发布平台等。第六，建立有效的合作机制，确保外部伙伴和公众能够方便地访问与使用企业披露的信息及资源。

大量研究表明，产品和流程的用户是许多重要创新的开发者，这些创新后来由制造商生产和销售（Freeman，1968；Von Hippel，1988；Franke 和 Shah，2003）。对这些创新过程的分析常常显示出一个令人费解的现象：创新的用户往往不把自己的创新出售或授权给制造商，相反，他们向其他用户和制造商无偿公开其创新细节（Von Hippel 和 Finkelstein，1979；Allen，1983；Lim，2000；Lakhani 和 Von Hippel，2003）。无偿公开也是"开源"软件开发项目的一个重要特征。此类项目的贡献者在平等的条件下，向其他创新者和搭便车者免费公开他们开发的新颖的软件代码（如 Raymond，1999；Lerner 和 Tirole，2002）。

当我们说创新者"自由披露"专有信息时，意思是创新者自愿放弃该信息的所有现有和潜在知识产权，并允许所有相关方访问该信息——该信息成为公共物品。因此，我们将拥有者自由披露信息定义为向所有相关方授予访问权限而不收取任何直接费用。例如，将非专利信息放置在期刊或公共网站等可公开访问的网站上，就属于我们所定义的无偿公开（Harhoff，Henkel 和 Von Hippel，2003）。

按照这种定义，无偿公开并不意味着接收者必须免费获得和利用披露的信息。例如，接收者可能需要支付期刊订阅费、互联网连接费或实地考察费才能获得无偿披露的信息。此外，有些人可能必须获得补充信息或其他资产才能充分理解或利用该信息。但是，根据我们的定义，如果信息拥有者没有直接从信息采用者的任何此类支出中获利，则信息本身仍属于无偿披露。相反，请注

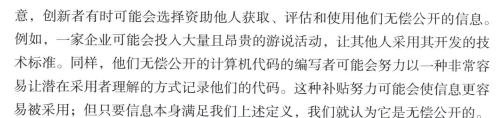

意，创新者有时可能会选择资助他人获取、评估和使用他们无偿公开的信息。例如，一家企业可能会投入大量且昂贵的游说活动，让其他人采用其开发的技术标准。同样，他们无偿公开的计算机代码的编写者可能会努力以一种非常容易让潜在采用者理解的方式记录他们的代码。这种补贴努力可能会使信息更容易被采用；但只要信息本身满足我们上述定义，我们就认为它是无偿公开的。

对于经济学家来说，无偿公开令人吃惊，因为它违背了创新经济理论的核心原则。根据这一传统观点，独占创新收益需要代理人对创新背后的知识保密或通过专利（其他方式）保护它。毕竟，创新相关信息的无偿披露会给创新者带来一定程度的损失，那么，我们为何会观察到创新者将部分创新信息无偿披露呢？因为无偿披露行为会影响到使用创新成果的内部用户。原则上，这类用户可以在三个选项中进行选择：将创新成果保密，以便在内部使用；授权；无偿披露。

到目前为止，无偿公开的研究主要集中于企业或个人，他们期望从使用而非销售其创新中获益。用户的无偿披露已发现于许多领域，如化学分析仪（Von Hippel，1988）、铁生产（Allen，1983）、图书馆信息系统（Morrison 等，2000）和体育用品（Franke 和 Shah，2003）。无偿披露者这样做的动机可能是期望从用户社区（Franke 和 Shah，2003）或制造商（Harhoff 等，2003）的开发支持中获益。此外，在同行中建立声誉可能是一个强大的激励因素，正如 Raymond（1999）针对用户开发的情况所论证的那样。此外，用户通常缺乏通过销售来利用其创新的手段，因为所需的功能角色变化通常很难实现（Von Hippel，1988）。

例如，谷歌的开放数据平台，通过开放 Google Maps API 和其他数据资源，吸引了大量的开发者，推动了地图导航和地理信息服务的发展。Linux 操作系统，通过开源模式，吸引了全球数以万计的开发者参与开发，成为世界上非常成功的操作系统。企业在开发软件产品时，希望通过开源模式，吸引更多的开发者和用户参与软件的开发与改进。企业可以将部分或全部软件代码开源，允许外部开发者自由使用、修改和分发。例如，微软通过 Azure Open Datasets 平台，免费提供大量的数据集，吸引外部数据科学家和开发者进行分析与建模。这一平台吸引了大量的开发者，推动了数据分析和人工智能技术的发展，为微软带来了更多的商业机会。再如，IBM 生产"铜互连"半导体的设备，IBM

率先开发出一种半导体制造工艺，该工艺在电路元件之间采用铜互连，而非传统使用的铝互连。这项创新大大提高了半导体性能，而 IBM 向竞争对手用户和设备供应商"无偿公开"了越来越多的专有工艺信息。披露与创新相关的信息以确保 IBM 流程方法成为行业标准符合 IBM 的最佳利益。因此，IBM 有动力"公开披露"其创新，以激励制造商改进并制定有利于创新者用户的标准（Lim，2000；Harhoff，1996）。又如，美国 Technicon 公司临床化学分析仪设备和测试的改进。这是一种用于测定血液化学成分水平的医疗设备。其产品的基本设计取自实验室临床医生（此类设备的用户）先前开发和使用的系统。这种用户开发的设计是模块化的，非常适合有意愿的其他用户以低成本进行修改。在基本分析仪商业化推出后，许多用户开发了测试和硬件创新，并通过出版物和其他方式免费公开这些创新。Technicon 公司通过企业支持的研究出版物和企业赞助的研究研讨会系列鼓励用户公开披露创新（Von Hippel 和 Finkelstein，1979）。该领域用户公开披露创新有助于促进制造商改进。

无偿公开研究发现与创新知识的行为通常被学者们称为"开放的科学"（Dasgupta 和 David，1994；David，1998）；而无偿公开创新产品和工艺设计信息的行为（Von Hippel 和 Von Krogh，2006）被称为"开放式创新"的一种策略，Von Hippel 和 Von Krogh（2006）基于"私人—集体"创新模型对无偿公开行为进行了解释。无偿公开被定义为企业自愿放弃专有的知识和信息，而且知识和信息一旦免费开放，任何主体都可以平等获取，这被称为"具有公共物品的特征"，即具有非排他性和非竞争性（Harhoff 等，2003；Von Hippel 和 Von Krogh，2006）。创新者也可以通过共享知识（放弃保密）、构建创新知识的法律排他权等方式获得收益，Harhoff 等（2003）把这种行为称为"无偿公开"。这个概念有时被用来理解和描述利他性、具有内在动机的信息共享行为。这种无偿公开行为通常发生在开源软件产业，然而，后来许多实证研究显示，无偿公开现象已在其他行业中得到了广泛的应用。无偿公开行为是在特定条件下的有效策略，企业是可以从无偿公开中获得收益的，这一点被众多学者所证实，Allen（1983）和 Nuvolari（2004）研究均指出无偿公开一项新设计能够显著提高集体学习的效率，从而促进设计的开发。

由此可见，无偿公开理论在本质上也是一种基于开放式创新的竞争策略，它强调产品或工艺信息的无偿公开，所有外部主体都可以平等获取，即披露的知识或信息具有公共物品的性质，从这一角度来看，无偿公开是企业的开放科学行为。

3.3.4 开放知识披露

开放知识披露（Open Knowledge Disclosure）是指企业和组织主动公开其拥有的知识资产，包括但不限于研究成果、数据集、方法论、软件代码等，以促进更广泛的使用、再利用和创新，这种做法旨在促进知识的广泛传播和应用，从而促进技术创新和社会进步。开放知识披露是开放科学和开放式创新理念的一部分，它强调知识共享、透明度和协作，以克服传统知识管理中封闭和保守的弊端。

Mulle 和 Pénin（2006）、Pénin（2007）认为，知识的生产与创新是一个集体的过程，一个创新的企业必须与其他许多主体进行交互，在此基础上他们提出了开放知识披露的概念，即企业自愿披露部分创新知识给其他企业（竞争对手），而它无法从中获取任何直接的报酬，也无法阻止任何一家企业获取这些披露的创新知识。开放知识披露有三个基本特征：第一，披露必须是自愿的（尽管企业有能力保密这些创新知识）；第二，披露必须是免费的（没有任何形式的直接报酬）；第三，披露必须是开放的（无法限制某些特定的接收者）。根据定义可以看出，开放知识披露不涉及任何披露者和接收者之间明确的合同协议，这意味着接收者可以使用披露知识而无须任何直接支付，然而，这并不意味着创新披露者不会从中获利，虽然不能获得自己的报酬，但可以获得大量的间接收益（Simeth 和 Lhuillery，2006）。

开放知识披露不涉及提供者和接收者之间的任何明确的合同协议。这意味着后者无须支付任何直接费用即可获取公开的知识，或者公开的知识公开并不直接获得报酬。从某种意义上说，公开的知识披露具有天然的属性，但这并不意味着它不会给披露者带来利润。开放式知识披露必须与封闭式知识披露区分开来。两者之间的基本区别在于获取所公开知识的方式。当披露者可以选择他打算向其公开其知识的人群时，该公开被认为是关闭的。相反，当披露者不能排除任何人访问所披露的知识时，该披露被认为是公开的。封闭式知识披露行为类似于合作研究与开发或专有技术交易的模式（Von Hippel，1987）。它们不涉及纯粹的知识披露，而是在发送者和接收者之间达成协议的基础上实现的交换。例如，研究合资企业框架内的常见做法、培训其他企业的员工、人员交流、私人会议、参观工厂、交换材料（如软件）等。

Allen 是较早研究开放知识披露的学者，他研究了 19 世纪末高炉行业的技术演变。Allen（1983）指出，在这个特定行业中，1850 年至 1875 年，克利夫兰（英国）工业区内的企业之间发生了许多知识交流。他指出，这些交流导致了熔炉尺寸（从 50 英尺到 80 英尺）及其温度（从 600 ℉ 到 1400 ℉）等方面的重要技术改进，从而显著降低了生产成本。这一发现令人费解，因为与当时的普遍看法相反，它表明企业可能会自愿向竞争对手披露知识。此外，Allen 解释说，知识是通过非正式（研究人员会议）和正式（学术出版物）渠道传递的。Lim（2000）研究的铜互联技术的特殊案例证实了这一点，他发现 IBM 于 1985 年至 1997 年在这一领域发表了 40 篇论文，是同期最有生产力的大学出版数量的两倍。公开披露知识需要付出代价，其中最重要的是向潜在竞争对手传达信息，竞争对手企业可以吸收和使用所发布的知识与信息，这可能使他们改进技术并与披露企业进行更激烈的竞争。其他成本涉及对所披露的知识进行编纂，必须将其阐明、表达成一种语言并呈现出来，因而传播手段不是免费的。那么企业为什么要开放披露创新知识？一方面，无限期保密太困难且成本太高，研究人员的流动性、逆向工程、员工之间的非正式接触等原因，严格的保密很难长期保持。即使企业愿意进行大量投资，通常也无法阻止所有知识泄露。另一方面，开放知识披露不会降低产品创新的利润（Nelson，1992）。当一家企业在使用某种特定技术方面取得了显著的领先优势时，披露它的影响不大，因为模仿需要时间，而当模仿完成时，最初的创新者可能已经取得了进一步的改进并扩展了技术前沿。或者披露企业可能由于无可争议的专利而占据垄断地位。在这种情况下，披露不会直接影响企业的利润，因此做出披露知识的决定也就不足为奇了。

另外，企业开放知识披露的途径是多元的，具体包括科学期刊发表、学术会议、专利申请、互联网等。王钦和高山行（2010）认为知识披露会增加自己的成本，这些知识会传递给潜在的竞争者，他们可以吸收和利用这些知识，提高自己的技术，并可能因此带来激烈的竞争。Hughes（2011）采用博弈分析方法证明，竞争强度越大，企业创新披露的可能性越高。任声策等（2016）对企业战略性知识披露的动机和影响因素进行了系统的文献梳理，这里的战略性知识披露其实本质上也属于开放科学的范畴，同时他们将"申请专利"和"公开发表"作为了企业知识披露的两种基本类型。

企业采取开放知识披露策略将带来如下好处：一是促进创新，通过分享知识和技术，企业可以加快创新过程，其他组织和个人可以在此基础上进行进一步的研究与开发。二是降低成本，开放知识披露可以避免重复研究，降低整个行业的研发投入成本。三是增强信任，通过公开透明的操作，企业可以加强与客户、合作伙伴以及公众的信任关系。四是社会贡献，开放知识披露有助于解决社会面临的重大问题，如环境保护、健康医疗等。五是建立生态系统，通过开放知识，企业可以吸引更多的参与者加入其生态系统，共同推动行业的发展。

尽管开放知识披露带来了诸多好处，但也面临一些挑战和限制：一是知识产权保护，企业在开放知识的同时，需要权衡如何保护自己的核心技术和商业机密。二是利益冲突，企业开放知识可能会引发与竞争对手之间的利益冲突，特别是在核心技术方面。三是文化障碍，企业内部的文化可能不支持开放知识的做法，需要逐步改变观念。四是合规风险，企业开放知识披露需要遵守相关的法律法规，特别是在数据隐私和安全方面。

综上所述，开放知识披露也属于开放式创新的一个理论分支，更强调企业自愿、免费、开放的知识披露行为，虽然该理论指出企业知识披露的途径比开放科学的途径更多，但是两种理论的核心观点在本质上是一致的。开放知识披露是企业和社会迈向更加开放、透明和协作方向的重要步骤。通过合理的策略和实施方式，企业可以在促进自身发展的同时，为社会带来更大的价值。

3.3.5 防御性出版

防御性出版是一种策略，主要用于保护创新者或企业免受未来的专利侵权诉讼。这一策略的核心思想是在创新的早期阶段，通过公开发布详细的描述来披露新的发明或技术解决方案，以确保这些发明或技术能够进入公共领域。这样一来，即使其他企业或个人试图为这些已公开的技术申请专利，由于存在"现有技术"（Prior Art），他们的专利申请也可能会被拒绝，或者已授予的专利可能会无效。

企业防御性出版的主要目的是：第一，防止专利滥用，将技术创新公开发布到公共领域，可以阻止其他人利用这些创新申请专利，并以此来阻止或限制他人使用这些技术。第二，促进知识共享，这种做法有助于促进技术信息的自由流通，鼓励创新和合作，而不是技术垄断。第三，节省成本，对于一些企业而言，选择防御性出版而非申请专利可以节省大量的时间和金钱的成本，因为专利申请过程既耗时又昂贵。第四，避免不必要的法律纠纷，确保技术成为公共领域的一部分，可以减少未来因专利权属不清而引发的法律纠纷。实施防御性出版时需要注意的是，一旦选择了这种方法，该技术就无法再获得专利保护，因此企业在决定采用此策略之前，必须仔细评估技术和商业上的考虑。此外，为了确保发布的材料可以作为有效的现有技术，通常需要详细记录并以适当的方式公开，如通过专业的科技期刊、在线数据库或是专门的防御性出版平台。

企业保护或独占自己 R&D 成果的方式有多种：商业机密、专利、领先时间优势、互补性资产等（Cohen 等，2000；Hall 等，2014）。其实，防御性出版也是经常采用的重要战略之一（Bar，2006；Henkel 和 Panger，2008；Johnson，2014）。为了阻止其他企业对所披露的创新知识申请专利，企业经常会选择披露知识作为一种防御手段（Parchomovsky，2000；Johnson，2004）。防御性披露主要是为了避免另一个企业专利化某项创新的风险，同时节约专利申请费用。James 和 Shaver（2010）指出创新披露可以作为企业显示其技术优势的有效手段，目的是阻止其他企业的 R&D 竞争。如果企业对创新知识采取保密的策略，结果就会出现保密的知识反而增加了被竞争对手的专利排斥在外的风险（Cohen 等，2000）。

根据 Johnson（2014）的观点，选择防御性出版策略主要有三个原因：第一，当一项创新不太具有技术挑战性，也就是竞争对手可以轻易规避专利时，投资专利昂贵又低效；第二，专利太容易被专利审查员接受，缺乏不合标准的新颖性和非显而易见性；第三，竞争对手对通过专利诉讼获益感兴趣，企业就不愿进行昂贵和漫长的诉讼程序来执行一项专利。Baker 和 Mezzetti（2005）的研究发现，IBM 在 1958~1998 年出版了标志性的技术披露报告 TDB（IBM Technical Disclosure Bulletin），主要目的是发表防卫性的创新知识与公开数据，多年来，TDB 披露的文章成为美国专利中常被引证的参考资料，引证次数超过了 48000 次。可见，企业利用防御性出版策略可以加大竞争对手申请专利的难度，从而有效遏制竞争对手的专利围攻策略。

总之，防御性出版是一种有效的手段，可以帮助企业和个人保护自己的创新成果，同时有利于推动技术进步和社会发展。但是，在具体操作过程中企业和个人需要谨慎行事，确保既能达到预期效果又能规避可能的风险。由此可见，防御性出版是与专利策略紧密相关的，是为了获得创新成果的专利化而采取的一种防御性战略，这一点与开放科学策略的目标是一致的，即为了保护或独占创新成果而采取的一种开放性策略。由此可见，防御性出版只不过是开放科学的一种特殊形式。

3.3.6　创新披露

创新披露是指将新发明、技术改进或其他形式的创新公之于众的行为。这种披露可以通过多种方式进行，包括但不限于发表学术论文、在专业会议上演讲、通过互联网发布信息、向专利局提交专利申请等。披露创新的目的和方式根据不同的背景与需求会有所不同，创新披露的目的主要包括以下几个方面：第一，获取法律保护，通过专利申请等方式，确保创新成果得到法律上的独占权保护。第二，促进技术交流，通过学术论文、技术报告等形式，与其他专业人士分享研究成果，促进知识的交流和技术的进步。第三，吸引投资与合作，向潜在投资者、合作伙伴展示创新成果，吸引资金支持和商业合作机会。第四，建立品牌形象，通过展示企业的创新能力，提升企业的品牌形象和市场竞争力。第五，遵守法律义务，在某些情况下，创新披露可能是履行法律规定的义务，如政府资助的研究项目可能需要公开研究成果。

常见的创新披露形式主要包括以下几方面：第一，专利申请，向专利局提交详细的发明描述和权利要求书，请求获得专利保护。第二，学术论文，在科学期刊上发表研究结果，供同行评审和引用。第三，技术报告，撰写详细的技术报告，提供给客户、合作伙伴或内部团队。第四，会议演讲，参加行业会议、研讨会等场合，现场介绍最新的研究成果。第五，网络发布，通过企业网站、社交媒体平台等线上渠道发布创新信息。第六，产品发布会，举办新产品发布会，向媒体和公众展示最新产品与技术。第七，标准制定，参与行业标准的制定工作，将创新技术纳入标准规范。

许多学科领域的学者都将创新视为一个累积过程，通过成功解决一系列问题，知识和生产可能性的边界得以拓展（Kuhn，1962；Sahal，1985）。在很大程度上，新知识、创新和技术进步是重组过程的产物（Weitzman，1998；Fleming，2001），其中现有的"上游"知识建立在持续不断的累积创新流之上并重新组合，包括改进原始应用的创新和开辟新用途的创新（Basalla，1988）。例如，在学术科学领域，这表现为在现有出版物、会议和研讨会上的报告与交流等基础上取得新进展并加以引用（Dasgupta 和 David，1994）。例如，在产业创新方面，竞争对手可以通过许可、非自愿知识溢出、员工流动等方式学习和借鉴其他企业的知识与技术（Marx 等，2009；Rosenkopf 和 Almeida，2003）。同样，开放式创新系统的各种实例都依赖于参与者在尝试解决当前问题和创造新发明时能够重新使用先前贡献者的知识与技术（Chesbrough，2003；Von Hippel，2005）。

当创新个人或组织拥有独特的比较优势时，让多方参与到累积创新链中来创新有时会很有成效（Green 和 Scotchmer，1995）。因此，累积创新的核心需要公开上游知识和技术，以便下游创新者可以重复使用和在此基础上继续发展。我们在这里使用的"披露"一词应理解为实施更广泛框架的理念的简写，在这个框架中，不仅上游知识和技术被披露，而且后续创新者也被授予了访问权（Boudreau，2010）。例如，专利披露了公共领域的发明设计，但专利也赋予了专利所有者排他权，正是通过许可，下游创新者才被授予访问权以供重复使用。

专利的防御性不完善还可能引发"泄露"和非自愿知识溢出导致的事实上的获取。类似地，"用户创新"不仅要求披露原创技术和创意，还要求用户拥有获取和重复使用的权利，通常是通过"首次销售原则"，该原则赋予了发明者在没有法律障碍的情况下调整、更改和修改现有产品的权利。此外，除了通过合同框架提供获取之外，对于实物材料，其可能需要投资设施和基础设施，以实现转移和下游重复使用（Stern，2004；Furman 和 Stern，2011）。披露和获取通常会附加某些条件与规定，包括与使用、共享、进一步开发、修改和商业化有关的条件与规定（如 Gans 和 Murray，2011）。规定可能涉及付款、归属、责任以及各种限制等问题。将上游知识或技术的控制权全部下放可能会消除此类限制和条件性（Boudreau，2010）。但控制权的完全下放并不常见，即使是开源软件，获取和再利用的权利也只有通过加入通用公共许可证或类似协议才能建立，而这些协议对共享、进一步开发、修改和商业化施加了大量条件（Raymond，1999）。

企业通常会自愿披露从研发中获得的创新信息（又称研发创新披露），尽管知识溢出可能会让竞争对手搭便车。例如，福特汽车企业披露其移动装配线系统的信息（Anton 和 Yao，2004），IBM 披露使用铜替代铝生产半导体的工艺（Harhoff 等，2003）。

创新披露理论认为在开放式创新背景下，企业的创新披露不仅包括知识的开放，还包括 R&D 投入、创新产出、融资信息和财务信息等的披露（Gu 和 Li，2003；Anton 和 Yao，2004；Boudreau 和 Lakhani，2015）。Gu 和 Li（2003）研究发现未来收益不确定或会计数据不利于评估企业价值时，企业会积极采取创新披露的策略，同时指出年轻的企业会更加倾向于创新披露，而且 R&D 强度与企业创新披露成正相关关系。企业经常自愿披露能从中获利的 R&D 信息，这也是企业之间激烈的竞争所导致的结果（Hughes 和 Pae，2015）。在开放式创新背景下，创新披露包括中间披露和最终披露，由于在累积创新链条中涉及多个创新企业，因此鼓励中间披露对于提升创新绩效具有积极的影响作用（Boudreau 和 Lakhani，2015）。国内学者刁丽琳、马亚男（2012）研究了自愿性创新披露的概念，他们认为自愿性创新披露具有两个典型特征：其一，自愿性创新披露并不是出于硬性规定或技术交易的需要，而完全是基于自愿和免费的原则；其二，自愿性创新披露是面向公众的，没有具体的对象范围，这也就意味着任何一方都可以自由地获取相关的创新信息，包括竞争者在内。韩鹏和岳园园（2016）以我国创业板 2012~2014 年的上市企业为研究对象，考察了企业创新披露行为的经济后果，发现自愿性创新披露对提升企业价值具有积极的正向影响。

由此可见，创新披露是技术创新过程中的一个重要环节，它不仅能保护创新者的合法权益，还能促进技术的广泛应用和社会进步。正确把握披露的时机和方式，是实现创新价值最大化的关键。创新披露理论对信息披露的界定更加宽泛，不仅包括技术、知识的披露，还包括 R&D、融资、财务等重要信息的披露。虽然创新披露理论更加注重创新信息的披露对企业价值的影响，但与开放科学理论相比仍然存在许多共性的问题：都强调知识或信息披露对创新的重要性。

3.4　小结

开放科学已成为创新的重要策略。通过对相关理论观点的分析可以看出，开放式创新是开放科学研究的重要理论基础，而开放科学又是开放式创新研究兴起的一个新视角，重点阐释的是创新过程前段的开放性，强调将企业竞争延伸到了创新前端的科学领域。从概念和基本观点的比较上来看，开放科学与开放知识披露、无偿公开、选择性披露、防御性出版、创新披露等理论具有很高的相似性。首先，它们都是以开放式创新为理论基础的；其次，它们在核心观点上都强调"企业为了某种目标、战略而进行的创新知识或信息的开放披露行为，这对创新的成功具有重要的影响"，它们之间的差异主要表现在应用条件和披露形式上。

第 二 篇
企业开放科学的理论框架

第4章 企业开放科学的证据：
中国企业的数据分析

企业开放科学行为由来已久，随着新一轮科技革命和产业变革的深入发展，越来越多的企业积极采取开放科学策略。开放科学作为新的创新竞争策略正得到企业的普遍重视，本章的主要内容是在大数据分析的基础上，分析我国企业开放科学的基本情况，探寻我国企业开放科学的行业证据。

4.1 数据来源

企业开放科学的测量依据主要以发表科技论文为主，为全面揭示我国企业开放科学的基本情况及发展态势，本章进行了系统性的数据统计，我们以 2004~2023 年的《中国科技统计年鉴》数据、2006~2023 年中国知网（CNKI）数据库、2006~2023 年 Web of Science 数据库、国泰安（CSMAR）数据库为基础，结合 2017~2024 年的《中国科技论文统计与分析：年度研究报告》，着重分析了企业发表科技论文的整体情况，内容包括 2007~2021 年企业发表论文数量分布、2007~2021 年企业发表论文内容分布、2007~2021 年企业发表论文基础科学情况分布。最后，我们聚焦于两个开放科学异常活跃的行业——医药制造与人工智能行业，统计分析了 2007~2021 年医药制造企业论文的总体数据、2007~2021 年医药制造企业的产学合著论文及占比、2007~2021 年医药制造企业论文加权影响因子和篇均影响因子、2007~2021 年医药制造企业论文篇均影响因子、2007~2021 年发表论文总数前 10 名的医药制造领军企业及相关信息、2007~2021 年篇均影响因子前 10 名的医药制造领军企业及相关信息、2007~2021 年 Nature（《自然》）和 Scienc（《科学》）发表情况，以及 2007~2021 年人工智能企业论文的总体数据、2007~2021 年人工智能企业的产学合著论文及占比、2007~2021 年发表论文总数前 10 名的人工智能领军企业及相关信息、

2007~2021 年发表英文论文数前 10 名的人工智能领军企业及相关信息。

数据来源方面，中国科学技术信息研究所自 1987 年开始从事中国科技论文统计与分析工作，自行研制了"中国科技论文与引文数据库（CSTPCD）"，并利用该数据库的数据，每年对中国科研产出状况进行各种分类统计和分析，以年度研究报告和新闻发布会的形式定期向社会公布统计分析结果，公开出版《中国科技论文统计与分析》年度研究报告、《中国科技期刊引证报告》，为政府管理部门和广大高等院校、研究机构和研究人员提供了丰富的信息与决策支持。"中国科技论文与引文数据库"选择的期刊称为"中国科技核心期刊"，又称"中国科技论文统计源期刊"。"中国科技核心期刊"每年对文章进行遴选和调整，选取经过了严格的同行评议和定量评价，是中国各学科领域较重要的、能反映本学科发展水平的科技期刊。同样地，自 1987 年以来，中国科学技术信息研究所在承担"中国科技论文统计与分析"工作的同时，将相关宏观统计数据编入国家统计局和科技部编制的《中国科技统计年鉴》，统计和分析研究成果被科技管理部门和学术界广泛关注与应用。

在搜索医药制造行业与人工智能行业的企业论文时，我们主要从中国知网和 Web of Science 这两个权威数据库获取企业论文数据。这两个平台在学术界的广泛认可和长期积累，确保了数据的高信度和效度。中国知网是中国最大的学术资源集成平台，涵盖多种类型的文献资源，数据更新及时且经过严格审核。Web of Science 是全球领先的科学引文索引数据库，收录了世界各地的高质量学术期刊，具备强大的引文分析功能。这些数据不仅数量丰富，质量也得到了广泛认可，能够全面反映学术研究的最新进展。通过这些权威数据，我们能够更全面、准确地呈现我国企业开放科学的现状和发展趋势，为相关部门提供有价值的洞见。

4.2　我国企业开放科学基本情况分析

4.2.1　数量分布

在这一部分，我们深入分析了企业在 2007~2021 年的论文发表情况，结合上文对总体论文发表趋势的讨论，进一步探索了企业作为论文发表主体的特殊性。与高校和科研机构相比，企业在论文发表数量上呈现出上升的趋势，与总体论文数量的下降形成了鲜明对比。企业论文发表的总体分布如图 4-1 所示。

图 4-1　2007~2021 年企业论文数量分布

该图展示了 2007 年至 2021 年中国企业在科技核心期刊上的论文发表数量变化趋势，从 2007 年至 2021 年，企业论文发表量从 14785 篇增加至 31876 篇，总体增长了 115.5%，年均增长率约为 5.5%。在 2012 年达到 33886 篇后，2013 年至 2018 年的年均发表量为 23956 篇，增长趋缓。2012 年企业论文数量达到 33886 篇，2020 年达到 43087 篇，分别为该阶段的第一个峰值和第二个峰值。这些峰值显现出企业在特定年份的科研活动激增，与政策推动、技术发展和市场需求高度相关。2012 年后，企业发表量从 33886 篇逐渐回落到 2018 年的 25129 篇，回落幅度达 25.9%。类似地，2020 年达到 43087 篇的峰值后，2021 年回落至 31876 篇，降幅为 26%。在两次峰值出现后，论文发表量都经历了回落，这种波动反映了企业科研活动的周期性特征以及政策、技术和市场环境变化对其影响的多维性。在 2013~2018 年，企业发表量在 20000 篇至 25000 篇之间波动，最大波动幅度接近 25%。这一时期企业逐渐从高强度科研投入回归稳定状态，说明政策和资源分配的调整影响了其科研活动的持续性。我们通过趋势线可以看出，尽管企业发表量在峰值后有所回落，但整体趋势依然是上升的。这表明企业在中国科技核心期刊中的学术贡献逐步增长，并且在特定年份受到政策、技术和市场等因素的推动显著加速。

首先，2012 年峰值的出现是因为政策的推动。在"十二五"规划（2011~2015 年）期间，中国政府大力支持企业创新，强调企业在技术创新中的主体地位。《国家中长期科学和技术发展规划纲要（2006—2020年）》等政策引导了企业的科研投入，使2012年企业论文发表量达到33886篇的峰值。其次，2012年，中国企业研发支出占全国研发总投入的74.7%，为企业科研活动提供了坚实的资金基础。这一投入的增加不仅促进了企业内部的创新，还推动了知识产出。峰值之后的回落主要反映了企业对科研资源的重新配置。随着成果转化的需求上升，企业将重心从基础研究逐步转向实际应用，导致发表量下降。此外，部分企业在该阶段通过专利申请等方式保护知识产权，而非学术论文发表。

2020年峰值的原因首先是新兴技术的崛起。2020年是人工智能、5G（第5代通信技术）、大数据等创新技术高速发展的关键年份，这些技术推动了新一轮的产业升级，企业在这些领域的科研产出增加，发表量随之提升。其次，2020年企业加大了在医疗、疫苗研发、远程办公等领域的投入，相关科研成果迅速转化为论文发表，进一步提高了企业的科研产出。当然，随着全球科技竞争加剧，中国企业也更加重视通过发表论文展示技术能力，以争取国际合作资源和提升市场竞争力。在2020年峰值之后，相关研究需求减少，企业发表量有所回落，部分企业的研究方向逐渐从学术发表转向成果转化。

综合这些统计指标分析，我们可以看出企业在科技核心期刊论文发表中的波动既反映了其对技术创新的重视，也反映了其受政策、市场和技术环境的影响。峰值出现的背后是政策支持、技术爆发和市场需求的集中体现，而随后的回落反映了企业在不同发展阶段的战略调整。这些数据的量化分析，进一步地揭示了企业在开放科学生态系统中的角色转变。

4.2.2　内容分布

在对企业论文发表的总体分布进行了解之后，我们对企业在不同学科领域的论文发表情况进行了细致分析，涵盖基础学科、医药卫生、农林牧渔、工业技术及其他领域的发表量和占比情况。这一分析旨在帮助我们理解企业科研活动的学科分布特征及其随时间的变化规律。通过不同学科领域的发表数量变化及峰值的深入探究，我们可以更好地了解政策导向、市场需求、重大事件等因素对企业科研投入方向的影响，揭示中国企业在开放科学中的多元参与方式。表4-1展示了企业在不同学科领域的论文发表的数值、占比，图4-2展示了企业在不同学科领域论文发表的时间序列数据。

表4-1 2007~2021年企业发表论文的内容分布

年份	基础学科		医药卫生		农林牧渔		工业技术		其他	
	数量（篇）	占比（%）	数量（篇）	占比（%）	数量（篇）	占比（%）	数量（篇）	占比（%）	数量（篇）	占比（%）
2021	1873	5.88	1075	3.37	860	2.70	27659	86.77	409	1.28
2020	1784	4.14	14135	32.81	914	2.12	25868	60.04	386	0.90
2019	1671	5.98	1109	3.97	812	2.90	24025	85.91	349	1.25
2018	1480	5.89	1128	4.49	832	3.31	21279	84.68	410	1.63
2017	1237	5.41	1046	4.58	824	3.61	19294	84.45	447	1.96
2016	1184	5.21	1111	4.89	791	3.48	19205	84.55	424	1.87
2015	1307	5.93	1070	4.85	790	3.58	18602	84.33	289	1.31
2014	1224	5.21	1048	4.46	740	3.15	19591	83.40	886	3.77
2013	1651	6.60	1045	4.18	751	3.00	20871	83.46	690	2.76
2012	1929	5.78	1367	4.09	888	2.66	28482	85.31	720	2.16
2011	921	4.35	1040	4.91	714	3.37	17621	83.26	868	4.10
2010	671	3.37	1020	5.12	757	3.80	16781	84.22	696	3.49
2009	608	3.34	916	5.04	804	4.42	15377	84.55	481	2.64
2008	725	4.56	769	4.84	1215	7.64	13142	82.68	44	0.28
2007	520	3.52	866	5.86	513	3.47	12239	82.78	647	4.38

图4-2 2007~2021年企业论文的内容变化

从总体结构来看，工业技术领域的论文数量始终处于主导地位，在所有年份中占比均保持在 60%~80%。工业技术的领先地位与中国在推动制造业升级、实施"工业 4.0"和"中国制造 2025"战略的背景密切相关。尤其是近年来自动化、人工智能、先进制造等领域的科技需求增长，企业在工业技术领域的科研投入也相应增加。2021 年，工业技术的论文数量达到了 27659 篇的高点，较 2007 年的 12239 篇翻了一倍多，年均增幅约为 4.5%。这一数据表明，企业在工业技术方面的科研投入持续稳定增加，这不仅反映了工业技术在企业创新战略中的核心地位，还表明了国家政策在推动企业科研投入中的引导作用。

2012 年，工业技术领域的论文发表量达到 28482 篇，成为一个显著的峰值。这一峰值背后，可能受以下更为具体的因素影响：首先，技术转型与"工业 4.0"理念的初步引入，2012 年前后，全球制造业领域开始掀起"工业 4.0"浪潮。尽管这一概念由德国在 2013 年正式提出，但在 2012 年之前，全球制造业已经在广泛讨论智能制造、数字化工厂和自动化技术。这种技术转型的需求直接带动了企业在智能制造、物联网、自动化控制等相关技术领域的科研投入，许多企业试图在工业技术研究中抢占先机，以便在全球制造业中获得竞争优势。其次，有战略性新兴产业的推动。2010 年，国务院发布《关于加快培育和发展战略性新兴产业的决定》，明确提出包括高端装备制造在内的七大战略性新兴产业发展方向。2012 年正处于这一政策落地的关键时期，各类高端装备制造技术（如智能机器人、增材制造等）逐渐成为研究热点，企业加大了对这些技术的研发力度。高端装备制造业要求较高的技术积累，企业通过学术论文发表分享其研发进展，这种现象在 2012 年形成了一个高峰。

在医药卫生领域，论文的发表量呈现出显著波动，并在 2020 年达到了峰值。2020 年，医药卫生领域的论文发表量激增至 14135 篇，占当年企业总发表量的 32.81%。这主要是因为在此期间大量企业加大了对疫苗研发、诊断技术、药物开发等公共卫生相关领域的科研投入，带动了医药卫生领域论文数量的快速增长。这一领域的发表量在 2021 年迅速回落至 1075 篇，反映出企业科研投入的敏捷性和应急性。2020 年的数据波动也表明，重大公共卫生事件能够显著影响企业科研投入的结构和方向。

基础学科的论文发表量虽远低于工业技术，但在过去 10 年中保持了稳步增长，从 2007 年的 520 篇增至 2021 年的 1873 篇，年均增幅约为 5%。企业对基础学科的投入增多，反映了在高新技术快速发展的背景下，企业对基础研究的需求逐步提升。这种趋势也表明，企业在特定技术应用领域逐渐意识到基础学科研究的重要性，开始积极参与材料科学、物理、化学等基础学科的研究。随着我国科技创新体系的不断完善，企业在科研投入中逐渐拓展基础研究的比重，为长远的技术突破打下了基础。2012年，中国政府积极推进"十二五"规划，强调科技创新和基础研究的重要性。《国家中长期科学和技术发展规划纲要（2006—2020年）》明确指出，企业应在技术创新中发挥主体作用，鼓励企业加大基础科学领域的投入。这一政策导向促使在2012年企业增加在基础研究方面的投入，推动了当年论文发表量峰值的出现。

农林牧渔领域的论文发表量则相对较低，占企业总发表量的2%~7%，但基本保持稳定。2013年至2021年，该领域的发表量维持在800篇左右。尽管数量不高，农林牧渔领域的科研投入仍具有重要意义，尤其是在中国强调可持续发展和生态环境保护的政策背景下。近年来，许多企业在农业科技、食品安全、生物资源开发等方面投入增加，以适应绿色发展和乡村振兴的需求。这一稳定增长的趋势反映了中国在农业技术创新和环境保护方面的政策导向，企业在相关领域通过科研投入来响应市场和政策的双重需求。

"其他"类别的论文数量变化较小，整体波动较为平稳，受新冠疫情影响，近年来的发表数量有所上升，2021年达到了409篇占比1.28%。这一变化可能是由于部分企业在应急管理、社会服务技术等方面的研究投入增加，带动了其他领域的科研产出。该类别论文在其他年份的数量和占比较低，反映了企业的科研资源主要集中在工业技术、医药卫生和基础学科等领域。

综上所述，这一部分的分析展示了企业在不同学科领域的科研投入特点，揭示了企业科研活动的多样性及其动态调整机制。工业技术的持续增长反映了国家政策和市场需求对企业创新的引导，而医药卫生领域的峰值和回落凸显了企业对突发公共卫生事件的敏捷响应能力。同时，基础学科的稳步增长、农林牧渔的相对稳定和"其他"类别的偶发波动共同构成了企业科研活动的复杂结构。这些数据不仅展示了企业在各领域科研产出的变化趋势，还说明了政策、市场和突发事件在塑造企业科研投入结构中的作用。企业在开放科学中的多元参与和战略性科研投入，为推动中国科技创新体系的多层次发展提供了重要支撑，也为未来的政策制定提供了参考。

4.2.3 学科分布

基础科学是指以探索自然界基本规律为目的的科学研究，涵盖数学、物理、化学、生物等学科。它为应用科学和技术创新提供理论支撑，是科技进步和经济社会发展的基石。我们对企业在基础科学领域发表的具体内容进行了详细的统计分析。这部分数据不仅可以帮助我们理解企业在基础研究中的投入与战略选择，还可以展示基础学科如何作为应用技术和创新发展的支撑，成为企业科研布局的重要环节。企业对基础科学的投入在技术创新和国家科技战略中具有深远的意义，因此，这一分析对于探究企业如何在开放科学中分担基础科学研究的责任具有现实意义。

图4-3 2007~2021年企业论文基础学科内容分布

表4-2展示了2007~2021年企业论文发表的基础学科分布，图4-3展示了2007~2021年企业论文发表基础学科分布的时间序列。

从数据来看，企业在基础科学领域的论文发表量主要集中在地学、化学、物理等学科领域，而在数学、力学、信息与系统科学、天文学等领域的发表量相对较少。以下是各学科的具体数据特征及变化趋势：

（1）地学。地学是企业在基础科学领域发表量最多的学科，绝大部分年份占比超过50%。例如，2012年地学论文数量达到1047篇，占当年基础科学总发表量的54.28%。这种高占比可能与地学的广泛应用性密切相关，尤其是在

表4-2 2007~2021年企业论文的基础学科内容分布

年份	数学		力学		信息与系统科学		物理学		化学		天文学		地学		生物学	
	数量（篇）	占比（%）	数量（篇）	占比（%）	数量（篇）	占比（%）	数量（篇）	占比（%）	数量（篇）	占比（%）	数量（篇）	占比（%）	数量（篇）	占比（%）	数量（篇）	占比（%）
2021	15	0.80	53	2.83	3	0.16	70	3.74	522	27.87	3	0.16	1082	57.77	125	6.67
2020	26	1.46	45	2.52	4	0.22	72	4.04	472	26.46	2	0.11	1026	57.51	137	7.68
2019	24	1.44	40	2.39	5	0.30	46	2.75	493	29.50	4	0.24	919	55.00	140	8.38
2018	13	0.88	41	2.77	6	0.41	52	3.51	491	33.18	1	0.07	751	50.74	125	8.45
2017	7	0.57	37	2.99	2	0.16	41	3.31	331	26.76	1	0.08	697	56.35	121	9.78
2016	22	1.86	31	2.62	4	0.34	48	4.05	327	27.62	0	0.00	590	49.83	162	13.68
2015	16	1.22	26	1.99	1	0.08	55	4.21	432	33.05	0	0.00	629	48.13	148	11.32
2014	16	1.31	31	2.53	1	0.08	44	3.59	400	32.68	2	0.16	606	49.51	124	10.13
2013	17	1.03	24	1.45	6	0.36	35	2.12	400	24.23	1	0.06	1028	62.27	140	8.48
2012	13	0.67	64	3.32	24	1.24	105	5.44	521	27.01	3	0.16	1047	54.28	152	7.88
2011	20	2.17	29	3.15	14	1.52	27	2.93	264	28.66	3	0.33	437	47.45	127	13.79
2010	5	0.75	50	7.45	9	1.34	27	4.02	146	21.76	17	2.53	345	51.42	72	10.73
2009	20	3.29	30	4.93	17	2.80	62	10.20	180	29.61	2	0.33	212	34.87	85	13.98
2008	28	3.86	11	1.52	2	0.28	39	5.38	234	32.28	1	0.14	345	47.59	65	8.97
2007	7	1.35	8	1.54	4	0.77	11	2.12	144	27.69	1	0.19	278	53.46	67	12.88

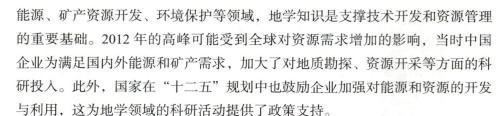

能源、矿产资源开发、环境保护等领域，地学知识是支撑技术开发和资源管理的重要基础。2012 年的高峰可能受到全球对资源需求增加的影响，当时中国企业为满足国内外能源和矿产需求，加大了对地质勘探、资源开采等方面的科研投入。此外，国家在"十二五"规划中也鼓励企业加强对能源和资源的开发与利用，这为地学领域的科研活动提供了政策支持。

（2）化学。化学也是企业基础科学发表的一个重要领域，常年占比在 25%~35%，2013 年达到峰值 521 篇，占比 27.01%。化学研究对于材料科学、医药、能源等产业具有基础性支撑作用。例如，随着新材料和新能源技术的兴起，化学研究的重要性更加凸显。2012 年前后，中国化工产业快速发展，企业在新材料、高性能材料等方面的投入显著增加，推动了化学领域的科研发展。此外，化学在医药制造中的应用也十分广泛，与生物医药领域的需求相辅相成，进一步推动了企业在该领域的研究活跃度。

（3）物理学。物理学领域的企业论文数量在基础科学中占比为 5%~10%，2013 年达到 105 篇的峰值，占比 5.44%。物理研究通常为高新技术提供理论支撑，特别是在电子、光学、磁性材料等领域。2012 年以后，随着中国在新兴技术领域（如量子通信、半导体技术等）的快速发展，物理学的理论研究需求增加，许多企业通过物理研究来推动自身在高科技产业中的技术进步。此外，国家在这一时期推动科研成果的自主创新和技术转化，物理学的基础研究为技术创新提供了科学依据，许多企业将其视为提升核心竞争力的战略领域。

（4）生物学。生物学研究领域的论文虽然发表量相对较低，但在基础科学领域中仍保持稳定增长，2012 年达到 152 篇，占比 7.88%。生物学在制药、农业、生物技术等产业中具有重要应用价值。特别是在医药和生物技术领域的快速发展下，企业对基因编辑、疫苗研发、细胞治疗等生物科学前沿技术的需求日益增加。例如，在 2012 年前后，中国的生物医药产业发展迅速，许多企业加大了对生物研究的投入，以推动生物技术创新并抢占市场。国家对医药卫生领域的政策支持，也进一步推动了生物学研究的论文发表量增长。

（5）数学和信息与系统科学。数学和信息与系统科学领域的发表量较少，但它们在基础科学中扮演着不可或缺的角色。例如，数学作为科技研究的"工具学科"，在优化算法、人工智能、数据分析等领域具有核心支撑作用。2012年，数学和信息与系统科学领域的企业发表数量虽较低，但随着大数据、人工智能等技术的兴起，企业对数学和信息科学的需求逐渐增加，为后续的学术增长奠定了基础。近几年，随着数据科学和计算技术的快速发展，数学和信息科学的研究在企业内部的战略地位得到提升。

（6）力学。力学在工业工程、建筑、材料等应用领域具有重要地位。2012年，力学发表量达到 64 篇，占比 3.32%。这一增长与中国制造业转型升级密切相关，尤其在高端装备制造业中，力学是结构设计、机械强度等领域的重要基础。例如，随着对工业机器人、智能装备等技术需求的增长，企业加强了在力学方面的研究，推动了相关成果的发表。

（7）天文学。天文学领域的企业发表量极少，仅在个别年份有少量论文发表。虽然天文学与产业结合较少，但在一些特殊情况下，企业也可能因技术探索或基础科学支持而进行相关研究，如空间科技产业中的导航、卫星通信等技术，这些技术需求可能间接推动了天文学领域的少量研究。

综上所述，2012 年企业在基础科学领域的论文发表出现峰值，反映了企业在不同学科中的研究布局和战略选择。地学和化学等应用性强的学科获得了企业更多的投入，尤其在资源、材料、能源等产业需求的带动下，这些学科成为企业科研活动的重点。物理、生物等领域的增长则体现了企业对高科技和生物技术的重视。相比之下，数学、力学等学科的低发表量反映了企业在不同技术阶段的科研重心差异，但其潜在应用价值也开始受到关注。国际上对资源的需求、全球科技竞争、低碳经济发展等因素共同作用，推动了中国企业在基础科学研究中的活跃度，使这一年成为企业基础科学论文发表的高峰节点。这种投入不仅是企业在产业技术提升中的战略布局，还是对国家基础科学发展的积极响应，为中国科技创新提供了多层次的支撑。

4.3 行业证据

近年来，人工智能和医药制造行业在开放科学领域表现出显著的活跃度，企业积极参与学术论文发表，推动了技术进步和行业发展。人工智能行业的发展让全球科技企业在开放科学中的角色越发重要。由斯坦福大学发布的《2023人工智能指数报告》是全球人工智能领域的权威数据来源，涵盖了学术研究、产业发展等多个方面。该报告显示，2022 年全球人工智能相关论文发表量达到 334497 篇，同比增长 19.6%，其中企业主导的论文占比明显上升。谷歌、微软、Facebook（脸书）等科技巨头在顶级人工智能会议上积极发表研究成果。例如，谷歌在 2022 年 NeurIPS 会议上发表 200 多篇论文，微软和 Facebook 分别发表了 150 多篇与 100 多篇。这些数据不仅来自行业领先机构的实证分析，而且得到了学术界和产业界的广泛认可，体现了企业在人工智能研究中的主导性和开放性。同时，类似 OpenAI（美国人工智能研究公司）等企业的实践在人工智能领域的学术会议和期刊中频繁出现，代表了前沿技术企业对开放科学的持续支持。

医药制造行业的开放科学实践同样引人注目，但其驱动力有所不同。在制药行业，研发成本高、周期长，且直接关系到公共健康，因此在开放科学中表现出与人工智能行业不同的活跃度。传统制药企业，如辉瑞、罗氏和葛兰素史克等，不断通过发表学术论文与行业和公众共享其最新研究进展，在顶级生物医学期刊上频繁发布研究成果，反映了其在公共健康和新药研发领域的开放科学投入。制药行业的开放科学实践具有明显的社会意义，药物研发的进展和知识的开放共享对于全球公共卫生具有直接的积极影响。2020 年，制药企业在疫苗和抗病毒药物研发中主动发表了大量研究成果，通过开放科学推动抗疫药物的开发，这一过程展现了行业的社会责任感和学术贡献。

但是，鲜有文献对这两个重要且前沿的企业主体进行过开放科学的量化统计。对此，我们进行了大量的手动检索，分别构建了两个全新的开放科学数据库，获得了比较全面系统的企业开放科学论文的数据库。

4.3.1 医药制造行业的证据

为了获取医疗制药行业的权威性，我们依据 2012 年版证监会的行业分类，选取了国泰安数据库中行业代码为 C27 医药制造业的 360 家 A 股上市企业。经去除 ST 企业① 等清洗数据环节，共得到具有开放科学行为的企业 224 家。我们在中国知网和 Web of Science 中手动搜索了 700 余次企业论文的信息，并校对了多次这 224 家企业的曾用名、英文名和子企业关键词，构建了一个全新的开

---

① ST 企业是指在中国证券市场中被特别处理的公司，通常是因为其财务状况或其他重要事项出现异常，如连续亏损、资产重组等。

放科学数据库。其涵盖了企业开放科学的中英文论文数量、论文的作者所属组织、加权影响因子和部分预印版文献。中国知网涵盖了约 8500 种中文期刊，Web of Science 涵盖了 10000 多种英文期刊。224 家医药制造企业 2007~2021年共发表论文 7301 篇，其中，中文论文 4057 篇，英文论文 3244 篇。表 4-3和图 4-4 展示了 2007~2021 年医药制造企业的论文总数、英文论文、中文论文的相关数据以及时间趋势。

表4-3 2007~2021年医药制造企业论文的相关数据

年份	论文总数（篇）	英文论文（篇）	中文论文（篇）
2007	138	30	108
2008	193	43	150
2009	213	66	147
2010	250	78	172
2011	291	90	201
2012	350	102	248
2013	476	137	339
2014	583	220	363
2015	670	210	460
2016	636	262	374
2017	610	291	319
2018	627	341	286
2019	708	376	332
2020	725	428	297
2021	831	570	261
总计	7301	3244	4057

图4-4 2007~2021 年医药制造企业论文的相关数据

如表 4-3 和图 4-4 所示，从 2007 年至 2021 年，医药制造业的年度论文发表情况显示出显著的增长趋势，总体上反映了该行业在科研投入和开放科学实践方面的积极发展。医药制造业的总论文数从 2007 年的 138 篇增长到 2021 年的 831 篇，15 年间累计达到 7301 篇。这一增长趋势显示出该行业在技术创新和学术贡献上的逐年投入增加。英文论文的数量从 2007 年的 30 篇逐年增加，到 2021 年达到 570 篇，约占当年总论文数的 68.6%，显示出医药制造业在国际学术交流中的显著提升。15 年内，英文论文共发表 3244 篇，占总论文的约 44.4%，这反映了企业在全球化过程中通过学术发表来增强国际影响力的意图。中文论文的数量从 2007 年的 108 篇稳步增加至 2015 年的最高点 460 篇，之后整体保持在较高水平。中文论文的稳定增长反映出国内市场对医药研发的需求以及政策支持下的本土化科研环境。15 年间，中文论文累计达到 4057 篇，占总论文的 55.6%，说明医药制造业在国内的产学研合作和科研支持方面保持活跃，为本地市场提供了技术支撑。

自 2015 年以来，中国医药制造业的论文发表趋势发生了显著变化，中文论文数量呈下降趋势，而英文论文数量逐年上升。2015 年 8 月，国务院发布《关于改革药品医疗器械审评审批制度的意见》，提出加快创新药物审评审批，鼓励药物创新。这一改革提高了对药品研发的要求，推动企业加强了与国际同行的交流和合作，增加了英文论文的发表数量。2016 年 3 月，国务院办公厅发布《关于开展仿制药质量和疗效一致性评价的意见》，要求仿制药与原研药在质量和疗效上保持一致。为满足这一要求，企业需要参考国际标准，开展相关研究，并将成果以英文形式发表，以获得国际认可。2017 年 6 月，国家食品药品监督管理总局（CFDA）正式加入国际人用药品注册技术协调会（ICH），标志着中国药品监管标准与国际接轨。这促使医药企业更加注重符合国际标准的研究和开发，倾向于将研究成果以英文形式发表，以满足国际市场准入要求。

在医药制造业 2007~2021 年的产学研合著论文发表情况中，总体呈增长趋势，尤其是英文产学研合著论文发表的占比不断上升，反映了该行业在国际学术合作中的活跃程度和国际化发展。表 4-4 展示了 2007~2021 年医药制造企业的产学研合著论文及占比。

表4-4　2007~2021年医药制造企业的产学研合著论文及占比

年份	产学研合著总数（篇）	占总数比（%）	英文产学研合著（篇）	占英文比（%）	中文产学研合著（篇）	占中文比（%）
2007	70	50.72	26	86.67	44	40.74
2008	106	54.92	32	74.42	74	49.33
2009	134	62.91	60	90.91	74	50.34
2010	155	62.00	70	89.74	85	49.42
2011	201	69.07	85	94.44	116	57.71
2012	226	64.57	96	94.12	130	52.42
2013	281	59.03	112	81.75	169	49.85
2014	344	59.01	188	85.45	156	42.98
2015	367	54.78	187	89.05	180	39.13
2016	389	61.16	225	85.88	164	43.85
2017	393	64.43	259	89.00	134	42.01
2018	439	70.02	302	88.56	137	47.90
2019	478	67.51	330	87.77	148	44.58
2020	506	69.79	364	85.05	142	47.81
2021	668	80.39	530	92.98	138	52.87
总计	4757	65.16	2866	88.35	1891	46.61

　　从表4-4的产学研合著论文的总数来看，2007年仅有70篇，2021年增长至668篇，15年间累计达到4757篇，显示出产学研合著论文在该行业中越来越重要的地位。产学研合著论文占总论文总数的比例从2007年的50.72%逐步上升，2021年达到80.39%，反映了医药制造业对外部科研资源的依赖性逐年增强，特别是在创新药物和生物技术的研发中，产学研合著论文成为不可或缺的支撑。英文产学研合著论文数量在整个数据区间内持续增长，从2007年的26篇增至2021年的530篇，15年累计达到2866篇，占所有产学研合著论文的60%左右。此外，英文产学研合著论文占比在2010年达到89.74%，并在2021年继续保持高位，达到92.98%。这一增长趋势表明，随着行业的国际化进程加快，企业通过英文产学研合著扩大其国际学术影响力和合作伙伴网络，特别是在进入国际市场和满足国际标准的背景下，英文产学研合著已成为企业提升学术权威性的重要方式。相比之下，中文产学研合著论文数量虽然总

体上也有所增加，从 2007 年的 44 篇增长到 2021 年的 138 篇，但增长幅度较小，中文产学研合著占比从 2007 年的 40.74% 高涨到 2011 年的 57.71%，又在 2021 年跌落至 52.87%。这一趋势反映了国内市场在本土科研合作方面的持续需求，但与国际化带来的英文产学研合著论文增长相比，中文产学研合著的地位逐渐弱化。尽管国内合作依然活跃，但医药制造业的企业逐步将资源和精力转向了符合国际标准的研究合作。2019 年和 2020 年是合著总量的高峰年份，分别达到 506 篇和 668 篇，这与当时的行业发展和社会背景密不可分。2020 年，全球对疫苗和抗病毒药物的需求激增，推动了医药企业与国际学术界的深度合作，从而使得英文产学研合著的论文篇数显著增长。

我们通过计算企业发表论文的可变加权影响因子来衡量企业的开放科学水平，以捕获共享知识的质量和有用性。基于影响因子计算得出可变加权影响因子数据。例如，一个企业共发表 a + b 篇论文，其中在影响因子为 A 的学术期刊上发表科学论文 a 篇，在影响因子为 B 的学术期刊上发表科学论文 b 篇，则该企业开放科学水平为（A×a + B×b）。15 年来，我国医药制造业的总影响因子达到了 32011.35，中文影响因子达到了 4623.11，英文影响因子达到了 27388.24，总的篇均影响因子为 4.38，中文篇均影响因子为 1.14，英文篇均影响因子为 8.44。表 4-5 和图 4-5 展示了 2007~2021 年医药制造企业论文加权影响因子和篇均影响因子的相关数据。

表4-5　2007~2021年医药制造企业论文加权影响因子和篇均影响因子

年份	总影响因子	篇均影响因子	英文影响因子	英文篇均影响因子	中文影响因子	中文篇均影响因子
2007	223.78	1.62	128.78	4.29	95.00	0.88
2008	292.88	1.52	147.66	3.43	145.22	0.97
2009	788.05	3.70	621.88	9.42	166.18	1.13
2010	1359.74	5.44	1174.28	15.05	185.46	1.08
2011	684.01	2.35	394.20	4.38	289.82	1.44
2012	872.12	2.49	562.86	5.52	309.26	1.25
2013	1052.41	2.21	659.56	4.81	392.85	1.16
2014	1578.37	2.71	1159.05	5.27	419.32	1.16
2015	1787.63	2.67	1151.06	5.48	636.57	1.38
2016	1901.76	2.99	1457.00	5.56	444.75	1.19

续表

年份	总影响因子	篇均影响因子	英文影响因子	英文篇均影响因子	中文影响因子	中文篇均影响因子
2017	2603.84	4.27	2285.85	7.86	317.99	1.00
2018	3019.61	4.82	2733.56	8.02	286.05	1.00
2019	3473.07	4.91	3139.61	8.35	333.46	1.00
2020	4892.80	6.75	4584.69	10.71	308.10	1.04
2021	7481.29	9.00	7188.21	12.61	293.08	1.12
总计	32011.35	4.38	27388.24	8.44	4623.11	1.14

图4-5 2007~2021年医药制造企业论文篇均影响因子

影响因子是衡量学术影响力的重要指标，数据的增长反映出该行业在国际学术界的影响力逐步提升。从2007年至2021年，医药制造业企业论文的影响因子数据呈显著的增长趋势，尤其是英文论文的篇均影响因子和总体影响因子。总影响因子从2007年的223.78逐步增加至2021年的7481.29，15年间总累计影响因子达到32011.35。这一上升趋势表明医药制造业的学术贡献和影响力持续增强。同时，篇均影响因子也呈逐年上升的态势，从2007年的1.62增长至2021年的9.00，反映出论文质量的提升。英文论文的篇均影响因子在2007年仅为4.29，到2010年达到15.05的峰值，之后保持在较高水平，并在2021年达到12.61。这显示出英文论文在国际期刊中的引用率较高，反映了医药制造业在全球学术界的影响力不断提升。英文论文的高影响因子表明企业的研究成果逐渐被国际同行认可，推动了企业在全球医药市场中的学术地位。中文论文的篇均影响因子增长较为缓慢，从2007年的0.88上升至2021年的1.12，尽管有所增加，但整体波动较小。这表明，中文论文的学术影响力虽然在国内保持一定的稳定性，但与英文论文相比，其国际学术认可度相对较低。

医药制造业的高水平论文通常对医疗卫生领域意义重大，因此在这224家上市企业中，我们关注到了一些开放科学十分活跃并且论文质量极高的领军企业。图4-6展示了2007~2021年发表论文总数前10名的医药制造领军企业及相关信息，图4-7展示了2007~2021年篇均影响因子前10名的医药制造领军企业及相关信息。

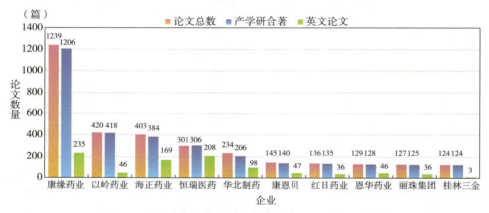

图4-6　2007~2021年发表论文总数前10名的医药制造领军企业及相关信息

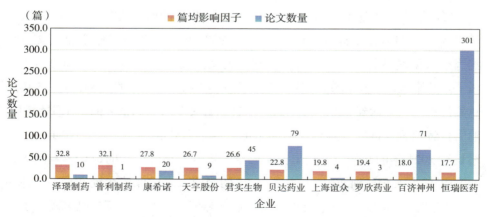

图4-7　2007~2021年篇均影响因子前10名的医药制造领军企业及相关信息

如图4-6所示，从总论文发表量来看，康缘药业和以岭药业分别以1239

篇和 420 篇位居前两位，领先于其他企业。这些企业的学术产出量较高，反映了它们在研发投入和学术成果产出方面的积极性，表明了国内医药制造业在近年来重视研发创新的趋势。在前 10 名企业中，产学研合著的比例普遍较高，如康缘药业和以岭药业的产学研合著数量几乎接近总论文量（超过 97%），显示出这些企业在学术成果产出中对科研合作的依赖。前 10 名企业的论文合著比例平均达到 80% 以上，表明产学研合作在该行业中已成为推动技术研发的重要方式。这种合作模式有助于企业快速获取学术资源和技术支持，尤其在创新药物、仿制药以及生物制药等领域，产学研合作的深入推动了技术突破和成果转化。在国际化程度上，不同企业间表现出显著差异。恒瑞医药和海正药业的英文论文发表数量较多，分别达 208 篇和 169 篇，反映了它们在国际市场上提升学术影响力的战略。这些企业的英文论文数量占总论文数的比例较高，说明它们更加注重在国际学术期刊上发表，以扩大全球学术影响力。但康缘药业和以岭药业等企业尽管论文发表量领先，但英文论文占比相对较低，分别为 235篇和 46 篇。这表明它们的研究成果主要集中于国内市场，国际化程度较低。

如图 4-7 所示，我们可以从篇均影响因子和论文数量两个角度分析这些企业的学术影响力。篇均影响因子是衡量单篇论文影响力的重要指标。泽璟制药和普利制药的篇均影响因子分别达到 32.8 和 32.1，在所有企业中较高，显示出这两家企业的研究成果具有较高的学术影响力。尽管它们的论文总数较少（泽璟制药 10 篇，普利制药 1 篇），但它们的研究成果集中在高影响力的领域或期刊，获得了较多的引用，增强了企业的学术影响。康希诺和君实生物的篇均影响因子分别为 27.8 和 26.6，且它们的论文数量相对较多（康希诺 20 篇，君实生物 45 篇），反映出这两家企业在疫苗和生物制药等高技术领域的研究具有较高影响力。康希诺在疫苗研发上具有全球知名度，特别是在新冠疫苗领域的研究带来了高影响力的学术成果。从论文数量来看，恒瑞医药以 301 篇论文数远超其他企业，显示出其在国内医药企业中显著的学术产出能力。但其篇均影响因子为 17.7，相对较低，表明其研究成果的学术引用率不及一些高影响力的企业。恒瑞医药主要集中于抗癌药物的研发，论文数量多且分布较广泛，但整体学术影响力集中度不如泽璟制药和康希诺。贝达药业和百济神州的论文数也较高，分别为 79 篇和 71 篇，篇均影响因子分别为 22.8 和 18.0。这表明它们在抗癌药物和免疫治疗领域的研究得到了一定的学术认可，但仍低于泽璟制药等篇均影响因子较高的企业。

综上所述，篇均影响因子较高的企业，如泽璟制药和康希诺，虽然论文数量不多，但在高影响力期刊发表的研究成果获得了广泛关注。这类企业往往专注于创新药物和生物制药领域，力求通过高质量的科研成果提升学术声誉。与此相对，恒瑞医药、贝达药业和百济神州等企业则通过数量较多的学术论文保持其行业影响力，但篇均影响因子略低，表明其学术影响力更偏向数量而非单篇质量。这些差异反映出不同企业在科研战略上有所不同，一些企业选择高影响力的发表策略，另一些则侧重于整体科研产出，通过学术发表来支持其市场地位和技术领先性。

最后，我们收集了该行业的顶刊数据。在医药制造行业，一共有 45 家企业于 2007~2021 年在学术期刊 *Nature* 和 *Science* 及其子刊上共发表了 86 篇论文。其中，恒瑞医药以 10 篇论文稳居首位，显示出其在创新药物研发领域的强大科研实力。复旦张江紧随其后，发表 7 篇，凸显其在生物医药研究中的重要地位。特宝生物以 5 篇论文位列第三，反映了其在生物制药领域的前沿探索和学术影响力。此外，万泰生物、众生药业和君实生物各自发表了 4 篇，这些企业在疫苗、抗体药物和生物制剂领域的研究获得了国际学术界的认可。其他进入前 10 的企业还包括步长制药、华熙生物和振东制药，各自发表 3 篇，东北制药则发表了 2 篇。这些企业虽然在发表数量上不及恒瑞医药和复旦张江，但在特定的细分领域，如中药、生物活性成分和基因工程药物上取得了重要突破。这些数据体现了中国医药企业在国际顶尖学术平台上的不断突破，反映出国内企业通过高质量科研成果提升其在全球医药和学术界的影响力。

4.3.2　人工智能行业的证据

为了获得人工智能行业的权威性，我们使用了同花顺 iFind 金融数据终端中的人工智能概念股作为企业样本的全集，该概念股列出了 475 家 A 股上市企业。其成分股涵盖多个行业，本章依据 2012 年版证监会的行业分类，着重选取了计算机、软件、互联网、通信等相关行业的企业 313 家。经去除 ST 企业等清洗数据环节，共得到具有开放科学行为的企业 279 家。我们在中国知网和 Web of Science 中手动搜索了 1500 余次企业论文的信息，并校对了多次这279 家企业的曾用名、英文名和子企业关键词，构建了一个全新的开放科学数据库。其涵盖了企业开放科学的中英文论文数量、期刊和会议论文数量、论文的作者所属组织和部分 ArXiv[①] 预印版文献。2007~2021 年，279 家人工智能企业共发表论文 19112 篇，其中，中文论文 17317 篇，英文论文 1795 篇，会议论文 1923 篇。值得注意的是，本研究并没有去除会议论文，这是因为在人工智能领域，不少会议的地位通常高于多数期刊（Vardi，2009；Freyne 等，2010）。此外，大企业也常会选择通过赞助并参加会议这一战略举措，来吸引有才能的研究人员并扩展自己的影响力（Baruffaldi，Poege，2020）。同时，本小节并未统计分析各年份或各企业的加权影响因子，因为有相当数量且内容优异的人工智能论文发表在了 ArXiv 等没有影响因子预印本平台上，故仅统计正式期刊中的加权影响因子会失之偏颇。图 4-8 和表 4-6 展示了 2007~2021 年人工智能企业的论文总数、英文论文、中文论文和会议论文的相关数据以及时间趋势。

表4-6 2007~2021年人工智能企业论文的相关数据

年份	论文总数（篇）	英文论文（篇）	中文论文（篇）	会议论文（篇）
2007	763	15	748	85
2008	824	19	805	80
2009	892	27	865	119
2010	936	25	911	85
2011	931	25	906	115
2012	1089	45	1044	105
2013	1290	59	1231	126
2014	1311	69	1242	126
2015	1296	101	1195	126
2016	1343	99	1244	153
2017	1481	158	1323	155
2018	1670	212	1458	147
2019	1893	290	1603	175
2020	1733	285	1448	140
2021	1660	366	1294	186
总计	19112	1795	17317	1923

① ArXiv 是一个收集物理学、数学、计算机科学与生物学论文预印本的平台，始建于 1991 年 8 月 14 日，由美国国家科学基金会和美国能源部资助，在美国洛斯阿拉莫斯（Los Alamos）国家实验室建立，由美国康奈尔大学管理，旨在促进科学研究成果的交流与共享。

图 4-8　2007~2021 年人工智能企业论文的相关数据

从 2007 年至 2021 年，人工智能行业企业在科技核心期刊上的论文发表量呈显著的增长趋势，反映出该行业在开放科学中的日益活跃。从数据来看，论文总数从 2007 年的 763 篇逐年攀升至 2019 年达到峰值 1893 篇，随后在 2021 年略有回落至 1660 篇。整体来看，15 年间该行业累计发表论文 19112 篇，年均增长率约为 8%。这一增长趋势不仅表明人工智能企业对学术开放的重视，还反映出人工智能行业快速发展的技术需求和学术产出的紧密联系。

英文论文的发表量从 2007 年的 15 篇起步，到 2021 年增长至 366 篇，年均增幅远超其他类型论文。这种增长显现出企业在国际学术交流中的逐步加深，特别是在 2021 年达到历史最高点。随着人工智能在全球范围内的广泛应用和研究，英文论文的增加意味着企业逐步迈向国际市场，意图在全球学术界和产业界中占据一席之地。中文论文数量在所有年份中占据主导地位，从 2007 年的 748 篇增长到 2020 年的 1448 篇，随后在 2021 年降至 1294 篇。尽管中文论文的年均增速较平稳，但占总数的比例始终保持在较高水平，即 70% 以上。这表明国内市场需求和学术交流的推动作用强劲，且企业在国内科技生态中的知识共享依旧活跃。15 年间会议论文的数量显著增长，从 2007 年的 85 篇增至 2021 年的峰值 186 篇。会议论文的增多反映出企业积极参与学术会议，通过开放的学术交流来展示自身的研究成果与技术进展。这种趋势特别是在 2015 年后显著增强，或与人工智能技术在各行业的应用加深和企业在技术展示方面的需求增加有关。

从数据上可以看到，人工智能行业的论文发表量在 2010 年至 2019 年快速增长，这与人工智能技术的关键突破期和行业政策支持的增加密切相关。尤其在 2017 年后，人工智能迎来了产业化的热潮，企业纷纷加大研发投入，并通过发表学术论文展示其技术创新。2019 年是一个重要的峰值年，这主要因为人工智能行业的成果转化。在 2021 年，所有类型的论文均出现一定程度的下降，总量回落至 1660 篇。这与行业的调整、技术趋于成熟有关，企业可能逐步从基础研究向应用研发转移，致使学术发表数量出现短暂波动。对比不同类型论文的增幅，英文论文的增长最为显著，年均增幅约为 20%，显示出人工智能企业的国际化步伐加快。中文论文虽然占比高，但增长相对稳定，说明国内市场和中文学术界对人工智能研究的需求较为持续。此外，会议论文的逐步上升显示出企业对开放科学的重视程度，通过学术会议分享技术成果逐渐成为一种趋势。

在 2007 年至 2021 年，人工智能行业企业在产学研合著方面展现出显著的增长趋势，且合著论文在整体发表数量中的占比逐步提升，反映出企业在开放科学中与高校、科研机构的合作逐年加深。表 4-7 展示了 2007~2021 年企业的产学合著论文数量及各自的占比。

表4-7 2007~2021年企业的产学合著论文及占比

年份	产学合著总数（篇）	占总数比（%）	英文产学合著（篇）	占英文比（%）	中文产学合著（篇）	占中文比（%）
2007	253	33.16	15	100.00	238	31.82
2008	275	33.37	19	100.00	256	31.80
2009	267	29.93	27	100.00	240	27.75
2010	306	32.69	24	96.00	282	30.95
2011	297	31.90	25	100.00	272	30.02
2012	318	29.20	45	100.00	273	26.15
2013	319	24.73	59	100.00	260	21.12
2014	303	23.11	68	98.55	235	18.92
2015	340	26.23	96	95.05	244	20.42
2016	343	25.54	99	100.00	244	19.61
2017	429	28.97	155	98.10	274	20.71
2018	529	31.68	209	98.58	320	21.95
2019	627	33.12	284	97.93	343	21.40

续表

年份	产学合著总数（篇）	占总数比（％）	英文产学合著（篇）	占英文比（％）	中文产学合著（篇）	占中文比（％）
2020	614	35.43	278	97.54	336	23.20
2021	708	42.65	351	95.90	357	27.59
总计	5928	31.02	1754	97.72	4174	24.10

从整体数据来看，产学研合著数量从 2007 年的 253 篇逐步增加到 2021 年的 708 篇，累计合著总数达到 5928 篇，年均增长率约为 8%。从合著在总发表量中的占比来看，2007 年合著论文占总数的 33.16%，此后占比在逐年波动中上升，到 2021 年达到了 42.65% 的最高占比。这种增加表明，随着人工智能技术的快速发展，企业越来越依赖与高校和科研机构的合作，共同推动学术研究和技术进步。英文产学研合著数量从 2007 年的 15 篇增至 2021 年的 351 篇，累计合著量达到 1754 篇，占所有英文论文的 97.72%。这一比例说明，几乎所有的英文论文都是产学研合著，这一现象表明企业在国际学术场合中更倾向于通过合作来提升研究的权威性和影响力。随着人工智能技术在全球范围内的普及和应用，企业对国际合作和学术交流的重视度也随之上升，尤其在 2015 年后，英文合著数量加速增长。中文合著数量从 2007 年的 238 篇增加到 2021 年的 357 篇，累计达到 4174 篇，占所有中文论文的 24.10%。中文合著数量始终在合著总量中占据主要份额，但占中文论文的比例低于英文合著。这一趋势反映了国内企业在产学研合作中依然偏向本土化合作，但随着国内外交流的加深，中文产学研合著数量也在逐步增长。

从表 4-7 中可以看到，2017 年之后，产学研合著数量和占比显著提升，在 2020 年达到 35.43%，而其在 2021 年更是达到 42.65% 的峰值。这种变化与人工智能技术的快速产业化以及政策支持下的产学研协同创新战略密不可分。例如，2017 年中国发布《新一代人工智能发展规划》，将人工智能列为国家重点发展领域，进一步推动了企业与高校、科研机构的深度合作。这些政策推动不仅加快了人工智能技术的研究进展，还显著增加了产学研合著论文的数量。

在这 279 家上市企业中，我们关注到了一些开放科学十分活跃的领军企业。图 4-9 展示了 2007~2021 年发表论文总数前 10 名的人工智能领军企业及相关信息，图 4-10 展示了 2007~2021 年发表英文论文数前 10 名的人工智能领军企业及相关信息。

图 4-9　2007~2021 年发表论文总数前 10 名的人工智能领军企业及相关信息

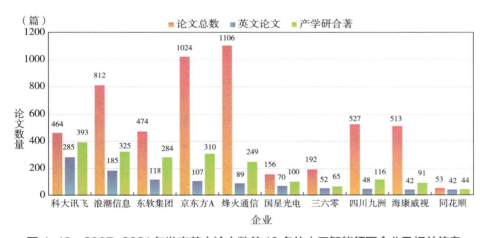

图 4-10　2007~2021 年发表英文论文数前 10 名的人工智能领军企业及相关信息

　　整体来看，排名前 10 的企业中论文发表总量相对较高的企业，集中在人工智能产业链的上游。中兴通讯以 2841 篇总论文数位居首位，其中 880 篇为产学研合著，显示了其在通信技术研发中对学术合作的重视。烽火通信、京东方 A、浪潮信息等企业也在论文发表和产学研合著方面表现活跃，产学研合著占比均在 25% 以上。这些企业在国内市场保持高合作度，表明它们通过与高校和科研机构的合作推动技术创新，以应对日益激烈的市场竞争和技术需求。大多数企业在产学研合著中的参与度较高，如京东方 A 和东软集团的合著数量分别为

310 篇和 284 篇，占总数的约 30%~60%，体现了这些企业在显示技术、医疗健康和 IT（信息技术）服务等领域对产学研合作的依赖性。这些企业利用产学研合作加快技术研发步伐，推动学术成果的应用转化，以增强市场竞争力。

图 4-10 中，按英文论文发表总量排序的前 10 名领军企业反映了人工智能领域在国际化和产学研合作方面的差异。通过对比图 4-9 总论文发表量排序的前 10 名企业，我们可以观察到一些关键的行业趋势和战略选择：科大讯飞在英文论文发表数量上排名首位，共 285 篇，占其总论文数的 61.4%，显示出其强烈的国际化倾向。科大讯飞在语音识别和自然语言处理领域的全球影响力较强，注重通过英文论文提升国际学术地位。浪潮信息紧随其后，英文论文数为 185 篇，展现出其在云计算和人工智能基础设施领域的全球合作策略。东软集团、京东方 A 等企业的英文论文数量也在 100 篇以上，显示出这些企业在技术、医疗健康等领域的国际化尝试。相比之下，按总论文数排名前列的中兴通讯和烽火通信在此榜单中则未进前 10。这表明，总论文数较高的企业未必在国际学术界同样活跃，反映出部分企业更注重本土市场需求，而不是通过英文论文提升国际知名度。

在产学研合作方面，科大讯飞和浪潮信息依旧表现突出，分别拥有 393 篇和 325 篇产学研合著。京东方 A 的产学研合著数量达到 310 篇，占总数的 30% 以上，显示出其在技术等领域与学术界的深度合作。东软集团在医疗健康领域与学术界合作密切，合著数量达 284 篇。与总论文数排名前 10 的企业相比，按英文论文排序的企业在产学研合著上的活跃度更为显著，特别是科大讯飞和浪潮信息，这些企业通过学术合作在国内和国际市场间寻找平衡。相对而言，烽火通信、四川长虹等在总论文排名中较高的企业，在英文论文和产学研合著方面表现相对平稳，显示出其主要在国内市场发展技术合作。

总体而言，英文论文发表量高的企业多集中在科大讯飞、浪潮信息、东软集团等具备国际化优势的企业。这些企业在人工智能细分领域（如语音技术、云计算、医疗健康等）有较强的技术创新驱动力，通过英文论文和产学研合作增强在国际学术界的影响力。总论文数排名靠前的企业则倾向于更多地服务国内市场需求，主要通过中文论文和国内产学研合作推动技术进步。这样的差异反映出不同企业在人工智能技术布局中的多样化策略，也凸显出国际化和本土化在人工智能行业中并行发展的重要性。

4.4 小结

本章通过系统性数据分析，发现中国企业开放科学行为异常活跃，从2007年至2021年，企业论文发表量从14785篇增加至31876篇，总体增长了115.5%，年均增长率约为5.5%。2012年企业论文数量达到33886篇，2020年达到43087篇，分别为该阶段的第一个峰值和第二个峰值。这些峰值显现出企业在特定年份的创新活动激增，与政策推动、技术发展和市场需求高度相关。2012年峰值的出现首先是因为政策的推动。在"十二五"规划（2011~2015年）期间，中国政府大力支持企业创新，强调企业在技术创新中的主体地位。2020年峰值的原因首先是新兴技术的崛起。2020年是人工智能、5G、大数据等技术高速发展的关键年，这些技术推动了新一轮的产业升级，企业在这些领域的科研产出增加，发表量随之提升。

从发表科技论文的结构看，企业在基础科学领域的论文发表量主要集中在地理学、化学、物理学等学科领域，而在数学、力学、信息与系统科学、天文学等领域的发表量相对较少。国际上对资源需求、全球科技竞争、低碳经济发展等因素共同作用，推动了中国企业在基础科学研究中的活跃度。

从行业结构数据来看，中国企业开放科学最突出的是医药制造业和人工智能产业。2007年至2021年，医药制造业的年度论文发表显示出显著的增长趋势，医药制造业的总论文数从2007年的138篇增长到2021年的831篇，15年间累计达到7301篇。这一增长趋势显示出该行业在创新投入和开放科学实践方面的积极发展。自2015年以来，中国医药制造业的论文发表趋势发生了显著变化，中文论文数量呈下降趋势，而英文论文数量逐年上升。这促使医药企业更加注重符合国际标准的研究和开发，倾向于将研究成果以英文形式发表，以满足国际市场准入要求。从2007年至2021年，人工智能行业企业在科技核心期刊上共发表论文19112篇，年均增长率约为8%，呈现出显著的增长趋势，不仅反映出该行业在开放科学中的日益活跃，还反映出人工智能行业快速发展的技术需求和学术产出的紧密联系。整体来看，医药制造业和人工智能产业中领军企业开放科学行为极其活跃，而且产学合作行为更为突出，这体现出领军企业引领科技前沿和积极开展产学研合作行为的战略布局。

第5章   企业开放科学行为研究：
一个分析框架

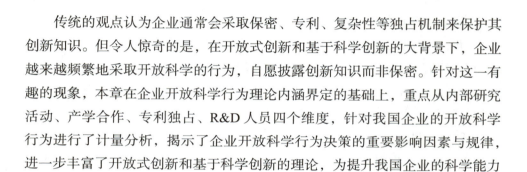

传统的观点认为企业通常会采取保密、专利、复杂性等独占机制来保护其创新知识。但令人惊奇的是，在开放式创新和基于科学创新的大背景下，企业越来越频繁地采取开放科学的行为，自愿披露创新知识而非保密。针对这一有趣的现象，本章在企业开放科学行为理论内涵界定的基础上，重点从内部研究活动、产学合作、专利独占、R&D 人员四个维度，针对我国企业的开放科学行为进行了计量分析，揭示了企业开放科学行为决策的重要影响因素与规律，进一步丰富了开放式创新和基于科学创新的理论，为提升我国企业的科学能力提供了重要的理论依据与实践指导。

5.1   问题的提出

随着全球化、网络化、信息化与新一轮科技革命的飞速发展，创新上升到了企业竞争的层面，竞争异常激烈，由于创新本身具有高投入、高回报和高风险的特征，使任何企业（创新者）都会想方设法保护他们的创新成果。这意味着，对企业来讲，不仅 R&D 能力很重要，而且对创新成果的保护或独占能力同样重要。传统的观点认为：由于知识具有公共物品的特性，创新知识容易出现非自愿性的外溢，为了获得持续的竞争优势，企业通常会采取保密、专利、设计的复杂性等专有性机制来保护或独占其创新知识（Arrow，1962；Teece，1986；Cohen 等，2002）。但令人惊奇的是，在开放式创新和基于科学创新的大背景下，越来越多的企业一反常态，经常自愿地披露创新知识而非保密（Hicks，1995；Pénin，2007；Ding，2011；Jong 和 Slavova，2014；Simeth 和 Lhuillery，2015）。无论是有着独立实验室的大企业（如 AT&T、IBM、谷歌、特斯拉等），还是众多科技型中小企业，都在积极地采取开放科学的行为（Astebro 等，

2012），特别是生物医药、新能源、新材料等新兴产业部门，企业的开放科学行为非常活跃，如 1976~2008 年，美国基因工程技术企业（Genentech）（现已被罗氏企业收购）在科学期刊上共发表基因技术方面的论文 5038 篇。不仅如此，近年来，我国的华为、中兴、海尔、格力等著名的创新型企业也积极采取了开放科学的策略。可见，企业的开放科学行为，这种反传统的做法几乎普遍存在于所有产业部门，成为一种新的常态行为（Alexy 等，2013；Simeth 和 Raffo，2013；Simeth 和 Lhuillery，2015）。这便引申出重要的研究问题：企业为什么会违背常理，自愿采取开放科学的策略或行为？为此，本研究将试图探究企业开放科学行为的理论边界，揭示企业开放科学的行为逻辑，并对中国企业的开放科学行为进行计量分析，目的是寻找企业开放科学行为的逻辑规律。

5.2　文献综述与理论基础

5.2.1　企业开放科学行为的相关证据

有很多证据表明产业部门中的开放科学行为由来已久。Allen（1983）较早发现了以盈利为目的的企业经常有意地采取开放科学的行为，他从始于 19 世纪英国制铁业的历史记录中注意到了这个现象，并称之为集体发明。Hicks（1995）研究发现，一些企业经常广泛地在科学期刊上发表论文，如飞利浦、日立、ICI（英国化学工业企业）、西门子、罗氏企业（瑞士制药企业）、山德士（手表）和东芝等，他们对科学的贡献相当于中型大学的贡献。Lim（2000）发现在铜互联技术研究这个特定领域，IBM 从 1985 年到 1997 年，在这一领域发表了 40 篇文章，是同一时期大学发表数量的两倍。Bar（2006）指出，世界上 90% 的行业领先企业在 R&D 过程中都存在知识与信息披露现象，但令人惊讶的是，通过在技术论坛上的报告、在学术期刊上发表文章、新闻发布会以及对专利机构的"针对性披露"（Targeted Disclosures）等方式，企业披露了数量巨大的研发信息。近年来，企业的开放科学行为几乎存在于所有产业部门（Pénin，2007；Alexy，2013；Simeth 和 Raffo，2013；Simeth 和 Lhuillery，2015）。

当前，我国正在实施建设科技强国的伟大战略，这必然会对我国企业科学能力的提升提出极大的战略需求。创新的实践证明开放科学不再是 R&D 活动的附属品（Simeth 和 Lhuillery，2015），企业科学能力的提升越发重要，而企业的科学能力不仅仅包括 R&D 能力，科学披露的能力同样重要。进入 21 世纪以来，我国的很多企业也积极地进行了开放科学的伟大实践，在科学能力的提升方面做出了很大的努力。如图 5-1 和图 5-2 所示，2007~2022 年，中国企业发表科技论文以及发明专利申请与授权的数量持续增加，国内科技论文发表数量从 2007 年的 14785 篇逐步上升到了 2022 年的 39124 篇，平均增长率为 8.92%；国内发明专利申请数量从 2007 年的 73893 件快速上升到 2022 年的 1042541 件，平均增长率为 20.19%；国内发明专利授权量从 2007 年的 12851 件快速上升到 2022 年的 457968 件，平均增长率为 28.72%。除此之外，我国企业的合作 R&D、知识共享等行为也越来越活跃。

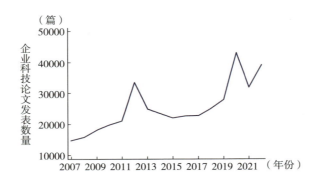

图 5-1　2007~2022 年企业科技论文的发表数量

数据来源：中国科技统计年鉴 2007~2024。

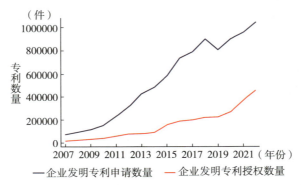

图 5-2　2007~2022 年企业国内专利的申请数与授权数

数据来源：中国科技统计年鉴 2007~2024。

5.2.2 理论内涵与界定

通过对国内外相关文献的认真梳理和总结，当前，关于企业开放科学行为界定的研究主要表现为四种典型的观点或理论（见表5-1）。

表5-1 企业开放科学行为界定的几种典型观点

典型观点或理论	定义	特征	代表性学者
开放科学策略（Open Science）	通过在学术期刊上发表文章、在技术论坛上发布报告等方式披露创新知识	· 自愿性披露 · 科技论文、研究报告	Allen（1983）；Hicks（1995）；Ding（2011）；Simeth 和 Raffo（2013）
开放知识披露（Open Knowledge Disclosure）	以科技论文、报告、互联网等方式，自愿披露部分知识给其他企业，而企业无法从这种披露中获取任何直接的报酬	· 披露必须是自愿的 · 披露必须是免费的 · 披露必须是开放的	Julien 和 Pénin（2006）；Pénin（2007）；Lhuillery（2006）；刁丽琳和马亚男（2012）
选择性知识披露（Selective Revealing）	将创新知识选择性地披露给竞争对手，这是商业利弊权衡的一种必然结果	· 自愿性披露 · 选择性披露 · 开放式创新的策略	Henkel（2006）；Alexy、George 和 Salter（2013）；Henkel、Schöberl 和 Alexy（2014）
防御性出版（Defensive Publishing）	为了避免竞争对手将某一创新专利化，而采取的防御性措施	· 战略性防御 · 主动性披露	Parchomovsky（2000）；Johnson（2004，2014）；Baker 和 Mezzetti（2005）；James 和 Shaver（2010）

资料来源：笔者整理。

（1）开放科学策略。开放科学策略是指企业通过在学术期刊上发表文章、在技术论坛上发布报告等方式自愿地披露创新知识，目的是满足创新活动的特殊需要（Hicks，1995；Stern，2004；Ding，2011）。Hicks（1995）通过经验研究发现，在美国科学杂志上发表的文章中有9%来自企业，大企业发表论文的数量与一个中等规模的研究型大学相当。Cockburn 和 Henderson（1998）研究了一个由20个制药企业组成的样本，发现这20家企业从1980年到1994年发表了68186篇论文，认为这种开放科学行为是一种策略性的选择。Hicks（1995）和 Ding（2011）强调开放科学不仅表明企业做了优秀的基础研究，而且通过科学出版物可以把有价值的知识提供给其他企业，包括他们的竞争对手。Simeth 和 Raffo（2013）的研究发现，具有较高研发强度的企业开放科学的频率更快，数量也比较多，如果与学术机构交互的知识源被认为非常重要，那么企业的开放科学行为也将比较活跃。由此可见，开放科学已经成为企业创新的一项重要策略与行为。

（2）开放知识披露。Mulle 和 Pénin（2006）、Pénin（2007）提出了开放知识披露的定义，是指某一企业自愿披露部分知识给其他企业，而它无法从这种披露中获取任何直接的报酬，也不能阻止某一个特定的企业获取这些披露的知识。开放知识披露有三个维度特征：①披露必须是自愿的（披露企业有能力保密这些知识）；②披露必须是免费的（没有任何直接的报酬）；③披露必须是开放的（不能限于某些特定的接收者）。开放知识披露行为并不意味着披露者不会从中获利，相反，披露者可以获得大量的间接收益（Lhuillery，2006）。Hughes（2011）采用博弈分析方法证明，竞争强度越大，企业创新披露的可能性越高。由此可见，开放知识披露的观点本质上与企业开放科学行为的概念是一致的，更加强调自愿性和免费性。

（3）选择性知识披露。Harhoff、Henkel 和 Von Hippel（2003）从用户的角度提出了免费披露的概念，研究指出很多用户都在公开披露技术信息，目的是激励其他企业在整体经济和行业前景的刺激下进行相关投资与研发，并分享其研究成果。在此基础上，Henkel（2006）在研究开放式创新时提出了选择性披露的概念，认为对于创新知识的披露，一种是法律保护无效情况下的非自愿性披露，另一种是将创新知识选择性地披露给竞争对手，这种跨企业边界的知识共享行为，并不意味着企业放弃了知识的所有权；相反，这进一步强化了对知识产权的保护（Alexy、George 和 Salter，2013）。选择性的披露行为是企业在创新生态系统中重新塑造与其他创新者合作新局面的战略性机制（Henkel、Schöberl 和 Alexy，2014）。选择性披露行为的焦点并不在于知识披露本身，而在于它是商业利弊权衡的一种必然结果。由此可见，选择性披露行为强调的是根据企业战略的需要对创新知识进行部分的披露，这与开放科学行为的观点在本质上是相同的。

（4）防御性披露。企业经常将知识披露作为一种防御性策略，目的是阻止其他企业申请所披露创新的专利（Johnson，2004）。James 和 Shaver（2010）认为，企业将创新披露作为一种显示技术优势的信号以阻止其他企业的 R&D 竞争。企业通过披露创新保留了将创新市场化的自由，如果创新者一直保密创新，结果可能就并非如此了。事实上，未披露的知识增加了被竞争对手的专利排斥在行业外的风险（Cohen 等，2000）。防御性披露实际上是企业为了独占和保护创新成果而采取的一项战略性防御工具，这种行为本质上也属于开放科学的范畴。

综上所述，开放知识披露、选择性知识披露、防御性披露这三种观点本质上与开放科学理论是一致的，反映的都是企业为了特定目的而进行的知识披露行为。我们认为企业的开放科学行为是指企业为了获得对创新知识的保护和独占或为了实现特定的战略目标，对创新知识不采取保密的方式，通过科技论文、专利披露、研究报告、公开试验数据与过程、会议报告、人员交流等多种形式所进行的知识披露行为（张学文和陈劲，2013），其中，发表科技论文是常见的披露方式，这是本研究对企业开放科学行为概念的基本界定。

5.3 企业开放科学的一个分析框架

企业 R&D 决策的目的不仅是培养知识生产与吸收能力，还包括知识的披露能力（Simeth 和 Lhuillery，2015）。企业可以将科学出版物作为市场竞争的战略武器，并支持他们的创新商业化（Polidoro 和 Theeke，2012）。

对于企业来讲，科学的开放性作为一个成本较高的策略，除了潜在的外溢效应和对一般研究不确定性成果的控制成本之外，还有一些深层次的原因。由于自愿的披露可以使竞争对手获取和使用所披露的知识，所以企业的开放科学行为是一种反常态的行为（Arrow，1962）。但是企业的科学披露行为确实存在潜在性的收益，涉及了知识的创造和扩散，Hicks（1995）所强调的开放科学的几个潜在收益，为我们分析企业的开放科学行为提供了一个重要的出发点。其原因之一是企业很希望与学术科学家建立密切的联系，也非常希望成为科学共同体的一部分。企业通过开放科学可以逐步构建自己的声誉，同时获得进入科学共同体的机会（Rosenberg，1990；Hicks，1995）。

鉴于企业开放科学潜在动机的多样性，我们提出一个更加具体的分析框架，重点考虑了影响企业开放科学决策的四个维度：①内部研究活动；②产学合作；③基于专利的独占机制；④ R&D 人员。

5.3.1　内部研究活动

我们考察了内部研究活动对企业开放科学行为的影响。知识生产是披露的前提，拥有较多资源的企业致力于内部研发，特别是基础研究，使许多成果都适于科学发表（Adams 和 Clemmons，2008）。但必须注意的是，企业具有异质性的研究能力或具有不同的研究导向，这些都可能会影响到企业科学披露的数量。由于企业的研发结果具有较高的不确定性，产生了不同的投入—产出。此外，由于基础研究的结果对于科学共同体具有更大的兴趣，因此具有更强的"可发表性"，但是应用研究能提供原理性的知识，因而也适合在科学期刊上发表论文（Stokes，1997；Murray，2002）。这意味着企业的研究与大学相比更加倾向于应用导向的研究（Aghion 等，2008）。

5.3.2　产学合作

许多创新型企业在创新过程中不仅依赖于内部知识的创造，还注重外部知识源的整合。供应商、消费者、公共科学机构等都可以作为创新项目的重要信息来源（Chesbrough，2003）。尤其在知识密集型产业中，对于发明的创造来讲，学术科学代表着一个重要的知识来源（Cohen 等，2002）。不同的知识来源或途径都是有效的、重要的，包括从被动的科学文献到基于交互的联系（Arundel 和 Geuna，2004）。科技期刊的利用只不过是访问公共图书馆，或订阅相关的期刊，可以为企业的科学家理解某一篇文章的内容和方法提供一定的知识基础。事实上，被动的知识来源本质上并没有给企业带来任何的开放性。另外，来源于学术机构的知识源模式是基于交互式的，从本质上讲，与科学伙伴之间的科学交互对企业是非常有利的。常见的动机有获得互补的通用知识、降低成本（Cassiman 等，2010）、激励企业的 R&D（Fleming 和 Sorenson，2004）、在更加聚焦的方向内寻找发明（Cockburn 和 Henderson，1998）等，这些交互行为能够影响企业的科学开放性。

学术和产业科学的融合在开放科学层面也表现得尤为突出。企业将科学发表作为开放的一种手段，使得任何特别感兴趣的伙伴都可以获得开放披露的知识，同时，企业也向科学共同体发出了遵守标准规范的信号（Dasgupta 和 David，1994；Hicks，1995），这种信号可以吸引大学与企业的合作。在学术和产业科学融合的背景下，信息的共享和组合被认为是知识创造的核心过程。对于学术界和产业界的科学家来说，合作和交流的可能性取决于所需求信息的竞争价值与研究者的共同体遵守"开放科学规范"的程度。学术规范可以有效地促进互惠性知识的交换，如果研究人员没有对科学共同体做出贡献，那么他将会从信息网络中被排除在外（Hicks，1995；Cockburn 和 Henderson，1998）。

5.3.3 基于专利的独占机制

我们检验了专利独占机制对企业科学披露的成本—收益评价的影响。更加具体地说，我们研究了与企业发明相关的专利独占性机制是否会影响到企业开放科学的成本。由于知识具有非竞争性的属性，因此知识的外溢或流出可能会威胁到企业从他们的私人投资中获得足够利润回报的能力（Arrow，1962），因此，企业自愿性的科学披露虽然会产生潜在的收益，但这可能是一个代价巨大的策略。在某一产业中知识保护的有效手段、知识外溢和科技竞争的适度的整体水平，都会对科学披露的相关成本产生积极的影响（Gans 等，2017；Lacetera 和 Zirulia，2012）。

现有的知识保护的工具总体上可分为两大类：法律和战略，这两大工具的应用都取决于企业层面的战略和部门特征。法律保护主要包括专利、商标、效用模型、设计和版权，而战略性保护主要包括保密、概念的复杂性和技术优势。通常情况下，基于专利的独占机制是企业非常常见的手段或方法，但是专利申请也将导致创新知识的披露，而且很多创新项目所产生的知识同时具有基础性和应用性两大属性，所以相同的知识可以同时申请专利与发表论文，这被称为创新知识的二元属性（Stokes，1997；Murray，2002），在这样的情况下，在专利中未被披露的许多附加知识，在科学发表中也未必包含。此外，专利还限制所披露知识的使用，从而防止知识被竞争对手盗用，以及减少知识溢出所带来的伤害（Gans 等，2017）。

5.3.4 R&D 人员

许多产业界的科学家也关心声誉与自治权的学术价值观，表现出了与他们的学术同僚们相类似的动机（Stern，2004）。从这个意义上说，企业研发的相对重要性不仅包括可以捕捉到研究结果开放发表的数量，还包括科学开放性的程度、对科学训练研发人员的影响。例如，最近的证据显示：在生命科学领域，70%~80% 的博士毕业生在陈述他们的工资预期时，都表现出了对开放科学权利的向往（Sauermann 和 Roach，2014）。从企业层面来看，企业的科学家对科学披露的影响其实反映了一种事实，即能力较强的科学家（更加倾向于开放科学）却以较低的工资被雇用（Stern，2004；Sauermann 和 Roach，2014）。

受过博士训练的产业研究人员通常具有丰富的知识、较强的知识再组合能力及广泛的网络关系（Dasgupta 和 David，1994），他们作为科学边界的管理者和贡献者，常常推动着科学方法的应用。受过博士训练的研究人员在博士期间建立了良好的学术网络，这些研究人员更有可能和他们的学术合作者分享与发表过程相关的任务。换句话说，企业将科学披露看作了有利于雇用具有较高学历和学术思维的研究人员的一种方法。

5.4　研究设计

5.4.1　数据来源与变量

为了探寻中国企业开放科学与创新行为的规律，我们选择部分中国企业作为样本进行了实证测量。共发放调查问卷 600 份，回收有效问卷 405 份。按照文章第 3 部分所提出的企业开放科学决策的四个维度，在文献分析与总结的基础上，共选取了 10 个变量，我们设定的因变量分别为科学开放性和科学披露，其中科学开放性是从定性角度测量企业是否采取基于科学披露的策略（Yes=1，至少发表过 1 篇科技论文；No=0，没有发表过科技论文）；科学披露表示企业发表科技论文的数量。我们设定的自变量主要包括基础研究、应用研究、产学合作、基于专利的独占机制、博士比例、R&D 人员规模等，分别是针对文章第 3 部分，即企业开放科学决策四个维度的测量，其中，针对企业内部研究活动维度我们选择了两个测量变量——基础研究和应用研究对开放科学的重要性；针对 R&D 人员维度我们主要选择了两个变量——R&D 人员规模和博士比例。

具体变量的定义和文献来源如表 5–2 所示。

表5-2 变量选择与描述

变量名称	变量定义	文献来源
因变量		
科学开放性	企业是否采取开放科学的策略：Yes=1（至少发表过 1 篇科技论文），No=0（没有发表过科技论文）	
科学披露	自企业成立至 2017 年发表科技论文的数量（存量）	Dasgupta 和 David（1994）；Hicks（1995）；Murray（2002）；Stern（2004）；Pénin（2007）；Ding（2011）；Simeth 和 Raffo（2013）；Sauermann 和 Roach（2014）；Henkel、Schöberl 和 Alexy（2014）；Simeth 和 Lhuillery（2015）；张学文和陈劲（2013）；Jong 和 Slavova（2014）
自变量		
基础研究	企业基础研究活动对开放科学策略的影响作用（李斯特五点量表法：1= 很不重要、2= 比较不重要、3= 一般、4= 比较重要、5= 很重要）	
应用研究	企业应用研究活动对开放科学策略的影响作用（李斯特五点量表法：1= 很不重要、2= 比较不重要、3= 一般、4= 比较重要、5= 很重要）	
产学合作	将大学作为重要的科技信息来源和创新合作伙伴（李斯特五点量表法：1= 很不重要、2= 比较不重要、3= 一般、4= 比较重要、5= 很重要）	
专利独占	企业拥有的有效发明专利存量（2017 年之前）	
博士比例	企业拥有的博士 R&D 人员占全体员工的比例（2015 年）	
R&D 人员规模	企业 R&D 人员的数量（2017 年）	
控制变量		
企业年龄	企业自创办至今的时间（2017 年）	
产业类型	企业所处的产业类别或领域（0= 传统产业，1= 新兴产业）	

资料来源：笔者整理。

5.4.2 研究方法

由于因变量科学开放性为（0，1）二分类变量，而且对于基础研究、应用研究、产学合作、专利独占、博士比例、R&D 人员规模等自变量，以及企业年龄、产业类型等控制变量来说，通过数据分析得知连续型变量较多，且都服从正态分布，所以选择 Probit 回归模型；对于因变量科学披露，我们采取了一般的多元线性回归模型。

5.4.3 描述性统计与相关性分析

从描述性统计结果（见表 5-3）可以看出，样本企业中采取科学披露策略

（科学开放性 =1）的有 295 家，占样本总量的比例为 72.84%，没有采取科学披露策略（科学开放性 =0）的企业 110 家，占样本总量的比例为 27.16%。总样本中科学披露论文的均值达到了 6.66 篇；认为基础研究、应用研究、产学合作对开放科学具有重要的影响作用，影响均值也比较高，分别为 3.58、3.27 和 3.32。从分样本比较来看，采取科学披露策略的企业与没有采取该策略的企业相比，基础研究、应用研究、产学合作、博士比例、专利独占等指标的值都高出很多。但是，从总样本来看，R&D 人员中博士比例非常低，均值只有 0.04，即博士比例只有 4%。

表5-3　描述统计量

变量	样本企业（405）				科学披露（295）		未科学披露（110）	
	平均值	标准差	最小值	最大值	平均值	标准差	平均值	标准差
科学开放性	0.73	0.45	0.00	1.00	1.00	0.00	0.00	0.00
科学披露	6.66	6.51	0.00	35.00	9.14	5.96	0.00	0.00
基础研究	3.58	0.92	1.00	5.00	3.89	0.75	2.75	0.80
应用研究	3.27	0.97	1.00	5.00	3.66	0.74	2.24	0.70
产学合作	3.32	0.99	1.00	5.00	3.64	0.88	2.46	0.73
专利独占	6.98	4.88	0.00	23.00	8.31	4.85	3.39	2.61
博士比例	0.04	0.05	0.00	0.21	0.06	0.048	0.01	0.02
R&D 人员规模	16.40	6.15	5.00	38.00	17.72	6.05	12.87	4.90
企业年龄	14.49	5.34	3.00	28.00	16.43	4.61	9.28	3.27
产业类型	0.63	0.48	0.00	1.00	0.62	0.49	0.65	0.48

从表 5-4 的相关性分析结果可以看出，科学开放性、科学披露、基础研究、应用研究、产学合作、专利独占、博士比例、R&D 人员规模、企业年龄、产业类型之间均存在较高的相关性，除了产业类型与其他变量之间存在负相关之外，其他均为正相关。这表明各变量对企业开放科学行为的影响比较明显。

表5-4　相关性分析

变量	1	2	3	4	5	6	7	8	9	10
科学开放性	1									
科学披露	0.625	1								

续表

变量	1	2	3	4	5	6	7	8	9	10
基础研究	0.553	0.359	1							
应用研究	0.653	0.467	0.435	1						
产学合作	0.529	0.234	0.299	0.445	1					
专利独占	0.449	0.669	0.253	0.365	0.204	1				
博士比例	0.445	0.857	0.214	0.321	0.145	0.561	1			
R&D 人员规模	0.351	0.433	0.228	0.293	0.265	0.639	0.324	1		
企业年龄	0.596	0.743	0.294	0.404	0.260	0.799	0.633	0.532	1	
产业类型	−0.032	−0.059	0.176	0.076	0.121	−0.026	−0.047	0.155	−0.126	1

5.5　计量结果

5.5.1　对科学开放性的回归结果

由于科学开放性是根据科学披露进行赋值的，因此，Probit 回归模型没有考虑科学披露变量，但是考虑了专利独占对科学开放性的影响。表 5-5 的 Probit 回归结果显示，模型 1 放入了基础研究、专利独占、R&D 人员规模三个变量，模型 2 在模型 1 的基础上增加了一个变量：博士比例，模型 3 放入了全部自变量和控制变量。回归结果显示，在模型 1 至模型 3 中，R&D 人员规模对企业科学开放性的影响结果均不显著，而博士比例具有非常显著的影响，模型 2 至模型 3 中的边际效应分别达到了 4.789 和 1.448，因此博士比例对企业开放科学的影响作用最大。这是因为受过博士训练的产业研究人员通常具有较强的知识再组合能力和广泛的网络关系，他们开放科学的偏好比较大（Dasgupta 和 David，1994）。模型 1 至模型 2 中专利独占对科学开放性的影响作用比较显著，边际效应为 0.195，但是在全模型中专利独占机制的影响却不太显著，而且它的边际效应为 −0.002，这意味着当同时考虑基础研究、产学合作、专利独占、R&D 人员规模等变量的时候，企业科学开放性的决策与专利之间虽然可能会存在相互替代的影响作用（Simeth 和 Lhuillery，2015），但回归结果并不显著。

表5-5　对科学开放性的Probit回归结果

科学开放性	模型1		模型2		模型3	
	系数	边际	系数	边际	系数	边际
基础研究	0.987*** (0.120)	0.179	1.119*** (0.140)	0.156	1.158*** (0.268)	0.060
应用研究					1.643*** (0.331)	0.085
产学合作					0.954*** (0.236)	0.049
专利独占	0.189* (0.036)	0.034	0.140* (0.045)	0.0195	−0.043 (0.104)	−0.002
博士比例			34.25*** (5.399)	4.789	27.99*** (10.260)	1.448
R&D 人员规模	0.0216 (0.026)	0.004	0.0304 (0.026)	0.0043	0.0424 (0.049)	0.002
企业年龄					0.206* (0.071)	0.011
产业类型					−0.976* (0.381)	−0.051
Constant	−4.068*** (0.485)		−5.016*** (0.588)		−13.75*** (2.001)	
Log likelihood	−132.561		−102.856		−37.676	
Observations	405		405		405	

注：*** 表示 p<0.01，** 表示 p<0.05，* 表示 p<0.1。

在表 5-5 的模型 1 至模型 3 中，基础研究和产学合作对企业科学开放性的影响都比较显著，因为学术科学家非常愿意与企业科学家进行互动，他们都愿意为开放科学做出自己的贡献（Hicks，1995；Simeth 和 Raffo，2013）。当企业与学术机构合作时，一个关注的重点是企业会增加对学术伙伴的吸引力，同时增加对外部知识的吸收能力（Cohen 和 Levinthal，1989）。通常来讲，对企业关注应用研究的激励要大于对基础研究的激励，因为应用研究的成果更加容易被独占（Aghion 等，2008）。即便如此，企业还是频繁地从事基础研究，因为基础研究能够使企业获得"先动者"优势、吸收外部知识与构建科学网络

（Cockburn 和 Henderson，1998）。

5.5.2　对科学披露的回归结果

对科学披露的多元线性回归结果显示，在表5-6的模型1、模型3、模型4、模型5中，R&D人员规模对企业科学披露数量的影响均不显著，基础研究、博士比例、企业年龄等变量的影响比较显著，这与Probit的回归结果是一致的，但是在线性回归模型中产学合作对科学披露的影响并不显著，这意味着在产学合作中，企业更关注的是技术难题的解决，而不是论文的发表。同时，在模型1、模型3、模型5中，专利独占对企业科学披露的影响都比较显著，这种实证结果可能是由于创新知识存在"论文—专利"二元披露方式所导致的（Murray，2002），即存在科学研究与创新中的巴斯德象限，因此，创新成果的披露方式除了替代关系外，还存在一定的互补性（Stokes，1997；Murray，2002；Stern，2004）。在模型4和模型5中，我们比较了专利存在与否的情况，其他因素对科学披露的影响是否存在差异性，结果显示没有明显的差异性。另外，产业类型变量除了在模型2中对科学披露的影响比较显著外，在模型3、模型4、模型5中都不显著，这意味着产业类型变量并不是影响企业科学披露的重要因素。

表5-6　对科学披露的多元线性回归结果

变量	科学披露				
	模型1	模型2	模型3	模型4	模型5
基础研究	1.291*** (0.276)	1.453*** (0.349)		0.707*** (0.169)	0.713*** (0.169)
应用研究		2.572*** (0.345)		0.788*** (0.173)	0.768*** (0.173)
产学合作	0.381 (0.254)	0.122 (0.319)		−0.093 (0.155)	−0.061 (0.155)
专利独占	0.837* (0.063)		0.277** (0.081)		0.101** (0.051)
博士比例				87.90*** (3.730)	86.89*** (3.750)
R&D人员规模	−0.023 (0.051)		−0.006 (0.047)	0.0708 (0.027)	0.045 (0.030)

续表

变量	科学披露				
	模型 1	模型 2	模型 3	模型 4	模型 5
企业年龄			0.712**	0.284**	0.230**
			(0.068)	(0.039)	(0.047)
产业类型		−1.733*	0.272	−0.480	−0.492
		(0.591)	(0.462)	(0.298)	(0.297)
Constant	−4.715***	−6.288***	−5.661***	−6.932***	−6.462***
	(1.145)	(1.349)	(0.870)	(0.686)	(0.724)
Observations	405	405	405	405	405
R−squared	0.486	0.261	0.569	0.831	0.833
Mean VIF	1.45	1.25	2.28	1.56	1.99
Max VIF	1.78	1.42	3.37	2.35	3.52

注：*** 表示 $p<0.01$，** 表示 $p<0.05$，* 表示 $p<0.1$。

5.6　结论与启示

5.6.1　结论

本章在系统梳理企业开放科学行为的缘起、研究脉络、理论内涵的基础上，重点从内部研究活动、产学合作、基于专利的独占机制、R&D 人员特征四个维度，对我国企业的开放科学行为进行了计量分析。我们选择了 405 家中国企业作为样本，采用 Probit 回归和多元线性回归对企业开放科学行为的影响因素进行了实证测量，得出了重要结论：一是企业在科学开放性决策时，基础研究、应用研究、专利独占、产学合作、博士比例等因素对科学开放性的决策具有显著影响，特别是博士比例的影响最为显著，而专利独占机制和 R&D 人员规模对企业科学开放性的影响均不显著。二是企业在科学论文披露决策时，基础研究、应用研究、专利独占、博士比例的影响比较显著，而产学合作对科学披露的影响并不显著，这意味着在产学合作中，企业更关注的是技术难题的解决，而不是论文的发表。三是从科学开放性、科学披露和专利独占之间的关系来看，Probit 回归结果显示，专利独占对企业科学开放性的决策影响并不显著，而线性回归结果显示，科学披露和专利独占之间具有相互促进的影响作用，即具有显著的互补关系（Murray，2002；Stern，2004）。

5.6.2 启示

一流企业的创新实践表明企业科学能力的培养越来越重要，创新的实践证明开放科学不再是 R&D 活动的附属品（Simeth，Lhuillery，2015），企业科学能力的提升越发重要，而企业的科学能力不仅包括 R&D 能力，科学披露的能力同样重要。本章经过对企业开放科学行为的理论构建和实证测量，所得出的研究结论为企业科学与创新能力的提升提供了重要的启示。

第一，开放科学可以作为企业紧跟科学前沿、提升科学能力的一项重要战略。企业 R&D 决策的目的不仅是培养知识生产与吸收能力，还有开放科学的能力，而这些都是提升企业科学能力的关键（Alexy 等，2013；Gans 等，2017）。企业在科学期刊上披露研究成果，可以使企业及时了解和把握科学共同体感兴趣的基础科学问题，在增大对基础研究激励力度的同时，还可以促使企业获得"先动者"优势、吸收外部知识与构建科学网络。

第二，开放科学可以作为有效促进产学合作创新的一项重要模式或方法。开放科学被认为是一个复杂的过程，研究人员需要有系统的理论建构能力，以及理论与实证的整合研究能力，企业采取开放科学策略的一个关键好处在于，可以使企业向其他大学和研究机构发布 R&D 能力的信号（Lhuillery，2006；Penin，2007），从而吸引合作伙伴的加入，特别是当企业与学术机构共同发表论文或申请专利时，一个长远的战略效应会增加企业对学术伙伴持久的吸引力，也会增加企业对外部知识的吸收能力，从而不断提升企业产学合作创新的效率。

第三，开放科学可以作为企业人力资源管理的一项重要手段或策略。许多产业研究人员（特别是经过学术训练的博士）都具有在科学期刊上发表论文的强烈愿望（Hicks，1995；Stern，2004；Sauermann 和 Roach，2014），开放科学是博士 R&D 人员参与科学共同体、建立合作网络的一种内在自发行为。因此，企业可以将开放科学行为作为一种积极的人力资源管理手段加以利用，对吸引拥有博士学位、年轻化、具有国际训练的高水平 R&D 人员的加入以及激发企业现有 R&D 人员的创造性均具有重要的促进作用。

5.7　小结

在开放式创新和基于科学创新的大背景下，本章针对企业越来越频繁地采取开放科学行为这一有趣的现象，在企业开放科学行为理论内涵界定的基础上，构建了企业开放科学行为的分析框架，这一分析框架重点从内部研究活动、产学合作、基于专利的独占机制、R&D人员四个维度，针对我国企业的开放科学行为进行了计量分析，揭示了企业开放科学行为决策的重要影响因素与规律，为提升我国企业的科学与创新能力提供了重要的理论依据和实践指导。

第6章 企业开放科学的行为表征及基本逻辑

开放科学历来都是大学、研究机构、科学共同体的基本规范和价值准则，企业开放科学行为由来已久，传统理论认为企业开放科学会给竞争对手披露知识，从而影响竞争优势的获得，因此企业开放科学是反常态的行为。本章的主要任务是重点描述企业开放科学行为的典型表现，揭示企业开放科学的具体行为逻辑，从而破解传统理论的不解之谜。

6.1 传统理论的不解之谜

科学知识是经济高质量发展的核心要素，以知识披露为标志的开放科学是科技进步的关键；而开放科学历来都是大学、研究机构、科学共同体的基本规范和价值准则（Merton，1973；David，1998）。有趣的是，企业开放科学行为由来已久（Penin，2007；Hicks，1995；Simeth 和 Raffo，2013），但对创新管理领域的研究却关注甚少。在学术界，开放科学有着悠久的历史，这大大加快了新知识的传播，推动了后续创新，这里遵循的是"科学共和国"的运行机制。但在激烈竞争的商业世界中，很难用传统智慧来解释大规模的知识披露行为，因为企业总是选择申请专利或商业机密来保护自己的创新，这里遵循的是"技术王国"的运行机制（Dasgupta 和 David，1994；张学文，2013）。于是便引出了有价值的研究话题，即企业为何也要像大学一样采取开放科学策略。

传统观点认为，为了获得持续的竞争优势，企业通常会对创新成果（知识）采取保密或专利的方式加以保护或独占（Arrow，1962；Teece，1986；Cohen 等，2002）。但奇怪的是，越来越多的企业却频繁地采取非专利或非保密的手段，通过在科学期刊上或行业会议上发表论文等方式开放披露自己的技术成果，这种反常态的行为引起了学者的广泛关注（Simeth 和 Raffo，2013；

Simeth 和 Lhuillery，2015）。比如，华为、百度、腾讯、华大基因、科大讯飞等高科技企业，都纷纷在国内外知名期刊发表科技论文。据统计，截止到 2023 年，华大基因累计发表论文 4892 篇，其中 CNNS（*Nature* 及其系列期刊，*Science* 及其系列期刊，*Cell* 及其系列期刊，*New England Journal of Medicine*）文章 569 篇（来自企业网站）。通过对 Scopus 数据库手动检索，发现 2013~2022 年，腾讯企业共发表英文科技论文 1500 多篇。为什么我国的高科技企业均积极采取开放科学策略？他们意欲何为？值得研究。

从商业战略和经济学原理两大视角来看，企业开放科学似乎是违背常理的，因为开放科学会向竞争对手泄露知识，因而带来优势的损失，或者限制企业通过知识产权手段来独占创新价值的能力。企业开放科学确实存在一些负面影响，并且这些负面影响可能会给企业带来风险和挑战。以下是一些主要的负面影响：一是知识产权风险，开放科学可能导致核心技术或知识产权的泄露，使竞争对手获得企业的关键技术和商业秘密。另外，如果企业在开放过程中未能妥善管理知识产权，可能会无意中侵犯他人的专利权，引发法律纠纷。二是竞争优势丧失，竞争对手可能利用公开的信息快速复制企业的技术或产品，削弱企业的市场领先地位。另外，技术的公开可能导致市场价格下降，影响企业的盈利能力和市场占有率。三是内部管理挑战，如果员工认为企业过于开放，可能会感到自己的努力和贡献被低估，影响自身士气和工作效率。另外，开放科学需要跨部门、跨组织的合作，增加了内部管理和协调的难度。四是数据安全风险，开放科学可能增加数据泄露的风险，尤其是涉及敏感客户信息或商业数据的情况。同时，企业在处理个人数据时必须遵守相关法律法规，开放科学可能增加合规风险。五是品牌和声誉风险，如果实施开放科学不当，可能会引起公众和媒体的负面评价，损害企业的品牌形象。同时，与其他组织的合作可能因各种原因失败，导致资源浪费和声誉受损。六是研发投入浪费，过度开放可能导致企业将有限的资源投入不具竞争优势的领域，造成资源的浪费和错配。另外，过多的外部合作可能分散企业的注意力，影响内部研发的效率和质量。七是文化和价值观冲突，跨国合作可能遇到文化差异和价值观冲突，影响合作的顺利进行。同时，企业内部可能存在对开放科学的抵触情绪，影响政策的执行和效果。

开放科学不能直接给企业带来创新收益或竞争优势（Arrow，1962；Harhoff 等，2003；Laursen 和 Salter，2014）。同时，由于知识溢出可以使竞争对手以较低的成本获取和吸收企业开放披露的研发成果，因而显著削弱了企业的竞争优势。基于资源观的理论认为，核心资产（知识）的泄露会削弱企业的竞争力。因此，到目前为止，大多数研究都集中在开放科学的负面影响上（Henkel 等，2014；Polidoro 和 Theeke，2012）。但为了解释企业这种看似违反直觉的行为，最近的几项研究对传统的观点提出了挑战，将研究重点转移到了企业开放科学的积极影响上。开放科学是企业以开发新的基础知识为导向的研究活动（Arora 等，2018；Rotolo 等，2022），对创新绩效有积极影响。其有利于与科学界建立联系并获取外部知识和资源（Pénin，2007；Simeth 和 Raffo，2013；Alexy 等，2013）；有助于促进新产品的开发，特别是在制药或医疗器械行业（Polidoro 和 Theeke，2012）；有利于吸引和留住研究人员（Simeth 和 Raffo，2013；Rotolo 等，2022）；有利于补充知识产权战略（Johnson，2014；Gans 等，2017；Rotolo 等，2022）。另外，研究还发现开放科学与股市估值之间存在相关性（Arora 等，2018；Simeth 和 Cincera，2016）。那么，开放科学行为究竟能给企业带来哪些潜在好处？企业采取开放科学行为的基本逻辑是什么？接下来我们将深入分析这些关键问题。

6.2 开放科学行为的典型表现

开放科学在商业环境中的应用，即"开放科学在企业"（Open Science in Business），指的是企业在研究与开发过程中采用一种更加透明、协作和共享的方法，通过共享数据、工具、软件、研究成果等方式促进创新和合作。这种模式鼓励企业与其他组织、学术界乃至公众之间共享数据、工具、软件和其他研究成果，从而加速创新过程并促进可持续发展。这种方式不仅能够加速知识的传播和应用，还能够帮助企业构建更为广泛的伙伴关系网络，进而提升其竞争力。企业开放科学的行为通常表现为多种形式，这些形式旨在促进知识共享、技术创新和合作，以下是一些企业开放科学行为的典型表现（见表6-1）。

表6-1 企业开放科学行为的典型表现

行为表现	内容描述
数据共享	• 企业可以通过开放数据集来促进外部创新。这些数据集可以来自内部业务流程、产品使用情况等，通过适当的脱敏处理后对外发布 • 数据共享可以帮助企业在没有直接投入的情况下获得外部见解和解决方案

续表

行为表现	内容描述
科学出版物	• 企业可能会鼓励其员工发表科研论文，并将其发表在开放获取的期刊上，以便公众免费阅读和引用 • 开放获取的出版物有助于加快知识传播，促进学术界的交流
开源软件和技术	• 开源软件已经成为许多企业技术栈^①的一部分。通过贡献代码至开源项目，企业不仅可以回馈社区，还能够吸引开发者的关注，促进技术生态系统的成长 • 开源能够让企业更容易地找到合作伙伴，并且促进标准的统一 • 企业可以发布自己内部开发的软件作为开源项目，允许他人自由地使用、修改和分发这些软件代码 • 开源软件有助于建立社区，促进技术的发展，并且可以吸引更多开发者贡献代码
专利共享	• 有些企业选择不完全保护自己的技术专利，通过专利池或者专利许可计划与其他企业共享知识产权 • 这种做法可以帮助行业内的多个参与者共同推进技术进步，降低重复研发的成本 • 在某些领域，企业可能会选择共享专利技术，以促进行业的整体发展
合作研究	• 企业可以与大学、研究机构以及其他企业建立合作关系，共享研究成果和技术 • 这种合作可以通过签订合作协议的形式来保护各方的知识产权，并确保知识的双向流动 • 这种合作通常涉及资金支持、资源共享以及知识交流等方面的合作
众包创新	• 企业可以通过众包平台提出挑战问题，邀请全球范围内的专家和爱好者提供解决方案 • 这种方式可以帮助企业快速找到创新点子，并且能够接触到广泛的知识资源
开放式创新平台	• 创建或参与开放式创新平台，邀请外部专家、创业者甚至普通公众参与企业的创新过程 • 通过竞赛、挑战赛等形式，企业可以激发外部智慧，解决自身面临的技术难题
标准制定和共享	• 标准为技术创新提供了共同的基础，促进新技术的快速应用和普及 • 通过标准组织的官方网站和出版物，公开发布标准文本
透明度与公开报告	• 开放科学要求企业提高其研究过程的透明度，这有助于建立消费者和合作伙伴的信任 • 通过公开研究方法、实验设计以及数据分析过程，企业可以展示其负责任的态度

6.2.1 数据共享

数据共享是企业开放科学的重要组成部分，涉及将企业的数据资源公开或提供给外部使用。这种做法可以给企业带来多方面的益处，但也伴随着一些挑战和风险。数据共享主要包括研究数据公开和市场数据共享。企业可以公开其

---

① 技术栈（Tech stack）又称技术堆栈，是指在软件开发中使用的一组相关技术和工具的集合。它包括开发语言、框架、库、数据库、服务器环境以及其他支持工具。

研究数据，供学术界和其他研究人员使用。例如，医疗机构和制药企业通过共享临床试验数据，加快新药的研发和上市。例如，ClinicalTrials.gov 是一个公开的临床试验数据库。政府和企业通过共享环境监测数据，帮助科学家和政策制定者更好地了解与应对气候变化。例如，美国国家航空航天局（National Aeronautics and Space Administration，NASA），与美国国家海洋和大气管理局（National Oceanic and Atmospheric Administration，NOAA）公开了大量的气候数据，这些数据在科学研究、政策制定和公共教育等方面都具有重要意义。在某些情况下，企业会共享市场数据，帮助其他企业更好地了解市场趋势。

6.2.2　发表科技论文

企业发表科技论文不仅可以展示其在技术研发方面的实力和成果，还可以提升企业的品牌形象，促进其与学术界的交流合作。比如，华为在5G通信技术领域发表了大量论文，展示了其在技术创新方面的领先地位；阿里巴巴达摩院在人工智能、机器学习等领域发表了多篇高水平论文，提升了企业的科研实力和品牌形象；特斯拉在电动汽车和自动驾驶技术领域发表了多项研究成果，推动了整个行业的发展。企业还可以通过举办或参加行业论坛和会议，分享经验和最新研究成果。

6.2.3　开源软件和技术

开源软件和技术是指将软件的源代码或技术细节公开，允许任何人自由使用、修改、分发和改进。这种模式促进了技术创新、知识共享和社区合作。比如，谷歌开源了 Android 操作系统，使其成为全球非常流行的移动操作系统，微软将 NET 框架开源，吸引了大量开发者社区的支持。开源软件和技术包括代码开放与技术文档共享，企业将自己开发的软件代码公开，允许其他开发者使用、修改和分发。技术文档共享是企业提供详细的开发文档和技术指南，帮助其他开发者理解和使用其技术。开源软件和技术有以下显著的优点：一是促进创新。开源项目通常由全球的开发者社区共同维护和改进，这促进了技术创新和快速迭代，来自不同背景的开发者可以提供多样的视角和创意，解决复杂的问题。二是降低成本。开源软件通常是免费的，企业可以节省购买商业软件的费用，还可以利用现有的开源项目，避免重复开发，节省时间和资源。三是提高质量和安全性。开源项目的源代码是公开的，任何人都可以审查和改进，这有助于人们发现和修复潜在的漏洞和错误。四是灵活性和定制化，企业可以根据自己的需求对开源软件进行定制和扩展，满足特定的应用场景。使用开源软件可以减少对特定供应商的依赖，提高系统的灵活性和可移植性。五是强化企业社会责任，参与开源项目可以展示企业的社会责任感，提升品牌形象。六是人才培养，开源社区为开发者提供了学习和成长的机会，有助于其培养人才。

6.2.4 专利共享

专利共享是一种将专利技术公开并允许其他企业或个人使用的做法。这种模式可以促进技术创新、减少重复研发、提高资源利用效率，并推动整个行业的健康发展。专利共享可以给企业带来诸多好处，如专利共享可以促进不同企业之间的合作，共同解决技术难题，推动技术创新；通过共享专利，企业可以加快技术知识的传播，激发新的创意和应用；通过共享专利，企业可以减少专利许可费，专利共享有助于推动行业标准的制定；提升整个行业的技术水平和市场竞争力，降低进入市场的门槛，企业可以更快地将新技术应用于产品和服务中，提高市场响应速度。比如，特斯拉开放了其电动汽车的专利，旨在推动整个电动汽车行业的发展。这一举措不仅提升了特斯拉的品牌形象，还促进了电动汽车技术的快速进步。通过专利共享，企业可以有效地促进技术创新、降低成本、提高市场竞争力，并履行社会责任。但企业在参与专利共享时，也需要谨慎管理潜在的风险，确保核心利益不受损害。通过合理的策略和管理，企业可以在专利共享中获得多方面的益处。

6.2.5 合作研究

合作研究是企业和学术界、其他企业、研究机构之间共同开展科学研究和技术开发的一种方式。这种合作可以带来多方面的益处，包括资源共享、风险分担、技术创新和市场拓展等。比如，IBM与麻省理工学院（MIT）合作成立了人工智能研究实验室，共同研究人工智能技术，推动了人工智能领域的发展。辉瑞与牛津大学合作开展了COVID-19疫苗的研发，加快了疫苗的上市进程。企业可以有效地开展合作研究项目，促进技术创新和市场拓展，提升自身的竞争力和影响力。

6.2.6 众包创新

众包创新是一种通过互联网平台汇集大量个人或组织的力量，共同解决复杂问题、开发新产品或改进现有技术的方法。这种方法可以充分利用外部的创意、技能和资源，加速创新过程，降低成本，并提高成功率。企业可以通过众包平台征集创意和技术解决方案。例如，宝洁企业通过InnoCentive平台[1]发布了多个研发难题，吸引了全球各地的科学家和工程师参与，成功解决了多个技术难题；乐高企业通过 Lego Ideas 平台，邀请用户提交创意玩具设计，最受欢迎的设计会被乐高企业生产并销售，设计者可以获得一定的销售收入分成。企业还可以通过举办创新竞赛，鼓励外部团队和个人提出新的想法与技术。例如，谷歌举办的"Google Science Fair"科学竞赛[2]，旨在鼓励和表彰全球13岁至18岁的学生在科学、技术、工程和数学（STEM）领域的创新与创造力。Netflix（网飞）举办了一场公开竞赛，邀请全球的程序员优化其电影推荐算法，最终，一支团队提出了显著改进的算法，获得了高额奖金，这是十分合算的研发外包，Netflix把世界上最聪明的人集合在一起，可以寻找到最优的解决方案。

6.2.7 开放式创新平台

开放式创新平台是一种通过互联网和协作工具，汇集全球创新资源和智慧，促进企业和个人之间合作创新的平台。这种模式可以促进技术创新、降低研发成本，提高市场竞争力。企业可以有效地参与开放式创新平台，充分利用外部资源和创意，促进技术创新和市场拓展。开放式创新平台不仅为企业提供了新的创新渠道，还促进了全球范围内的知识共享和合作。比如，InnoCentive是一个全球领先的开放式创新平台，帮助企业发布挑战并征集解决方案。再如，HeroX 是一个专注于解决社会问题和挑战的开放式创新平台，强调社区参

① InnoCentive成立于2001年，由美国制药企业礼来公司的3名科学家筹备建立，名称取自"Innovation"（创新）与"Incentive"（激励）两个单词，是全球第一家旨在利用先进技术和网络将难题与其潜在的"解决者"相连接的虚拟咨询企业。依托平台背后强大的专业资源和合作伙伴，明确定位为全球的企业所面临的各类科研难题与顶尖科学家搭建的沟通和对接的平台，促成难题需求者与供给者的快速配对，帮助企业低成本、高效率地实行创新活动。

② Google Science Fair（GSF）是一个在线科学竞赛，由谷歌、乐高、欧洲核子研究组织、国家地理以及科学美国人组成。

与和合作，提供丰富的工具和资源支持，HeroX 的存在是为了使世界上任何地方的任何人都能创造一种挑战，解决任何问题或机遇，围绕这一挑战建立一个社区，并激活能够带来突破性创新的环境。又如，IBM 通过开放式创新平台，征集医疗领域的创新解决方案，推动了医疗技术的发展。

6.2.8　标准制定和共享

标准制定和共享是推动行业发展、确保产品质量和促进技术创新的重要手段。通过制定和共享标准，企业可以降低市场进入壁垒、提高互操作性、减少重复工作，并提升整体市场竞争力。企业积极参与行业标准的制定，推动技术的标准化，可以提升企业在行业内的影响力和话语权，加强与行业内外合作伙伴的关系的合作，有助于规避未来的市场和技术风险，更有利于产品进入国际市场，提高市场竞争力。例如，英特尔在计算机芯片领域的标准制定中发挥了重要作用。欧洲电信标准协会（ETSI）制定的 5G 标准为全球 5G 技术的发展和应用提供了统一的基础。ISO 9001 是国际标准化组织制定的质量管理体系标准，该标准在全球范围内广泛应用于各行各业，帮助企业提升质量和管理水平。

6.2.9　透明度和公开报告

透明度和公开报告是企业提升信任度、增强社会责任感和改善治理的重要手段。通过透明度和公开报告，企业可以向利益相关方（股东、客户、员工、监管机构和社会公众）展示其运营状况、财务表现、环境和社会影响等方面的信息。例如，许多跨国企业在年度报告中详细披露了其可持续发展举措，并定期发布研究进展和成果，以增强透明度和信任度。比如，微软设立了透明度中心，定期发布政府请求报告，公开政府对其数据访问请求的详细信息，增强了用户对数据隐私的信任。巴塔哥尼亚（Patagonia）[1]在其官网上公开了供应链的详细信息，包括供应商名单和工厂地址，展示了其在环境保护和社会责任方面的承诺。

---

[1]　巴塔哥尼亚是美国顶级户外用品品牌，由伊冯·乔伊纳德（Yvon Chouinard）于 1973 年创建。巴塔哥尼亚以生产高质量的冲浪、攀岩和登山等户外用品而闻名世界。

企业开放科学的行为多种多样，但其核心目标都是通过知识共享和合作，促进技术创新和行业发展。通过这些行为，企业不仅能够提升自身的竞争力，还能够为社会带来更大的价值。但企业在实施开放科学时，需要谨慎管理潜在的风险，确保核心利益不受损害。

理解企业为何会选择开放科学可能需要从几个不同的角度来看待这一现象。虽然传统的商业逻辑强调知识产权的保护以及竞争优势的积累，但是随着时代的发展，越来越多的企业开始认识到开放合作的重要性。以下是六个企业会选择开放科学的原因：一是创新加速，开放科学可以让企业更快地获得新的想法和技术，因为它们不仅可以依赖自身的研发力量，还可以利用全球范围内其他组织和个人的知识与创意。共享数据和工具可以减少重复工作，加快研究进展。二是扩大影响力，当企业公开其研究成果时，它可以在科学界和技术社群中建立起良好的声誉，吸引更多的合作伙伴和人才。公开贡献也可能转化为品牌的正面形象，从而增强客户信任度。三是降低成本，在某些情况下，开放科学可以降低研发成本，因为企业不需要独自承担所有的开发费用。例如，通过开源软件项目，企业可以节省软件开发成本，并从社区中获得持续的支持和改进。四是促进标准化，在某些行业，开放标准对于确保互操作性和促进整体市场的增长至关重要。企业通过参与制定和推广开放标准，可以推动整个行业的健康发展。五是应对复杂挑战，对于一些全球性的复杂问题（如气候变化、疾病治疗等），单一企业很难独自解决。因此，开放科学提供了一种让不同领域的专家可以共同工作、共同应对这些挑战的途径。六是社会责任感，许多企业意识到它们对社会负有一定的责任，开放科学是一种体现这种责任感的方式。通过开放科学，企业可以为公共利益做出贡献，帮助解决社会问题。

虽然开放科学看起来与传统的商业逻辑相悖，但在当今高度互联的世界里，它已成为推动创新和发展的一个重要因素。当然，企业在采取开放科学策略时也需要平衡好利益相关者的期望，确保开放不会损害自身的长期竞争力和发展潜力。实施开放科学的企业需要考虑如何在保护自身核心竞争力的同时，有效地利用外部资源来推动创新。这涉及企业文化的转变、治理结构的调整以及与外部伙伴建立新的合作模式。开放科学不仅有助于企业在技术层面取得突破，还有助于企业塑造更加开放包容的企业形象，从而在市场竞争中占据有利位置。实施开放科学的企业往往能够在创新速度、市场响应能力和品牌声誉方

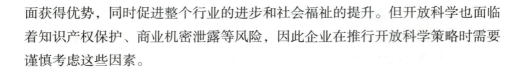

面获得优势，同时促进整个行业的进步和社会福祉的提升。但开放科学也面临着知识产权保护、商业机密泄露等风险，因此企业在推行开放科学策略时需要谨慎考虑这些因素。

6.3 具体行为逻辑

新古典经济学理论或传统战略管理理论认为，企业开放科学行为是一个不解之谜。知识的公共物品特性可能会导致意外的溢出效应，因此，企业有强烈的动机对研究结果保密（Arrow，1962）。但在现实中，企业却积极投资于基础研究（Rosenberg，1990），而且积极地在科学期刊上广泛发表论文，这似乎是违背创新逻辑的（Hicks，1995）。针对传统理论的不解之谜，我们提出三种企业开放科学的行为逻辑。

6.3.1 科学研究驱动的行为逻辑

企业科学研究是企业创新的重大战略之一。在创新过程中，企业会面临研究和开发两类活动的决策。学者对企业科学研究行为极其重视，Arora 等人（2021）利用 1980~2015 年 80 万份企业出版物和这些出版物的专利引用数据，研究了研发投资与发明使用以及对竞争对手的溢出效应之间的关系。研究发现，企业科学研究的私人回报取决于两种力量之间的平衡，即在开发中使用科学的收益以及开放科学的成本。传统经济理论认为基础研究成果具有公共物品特性，由于知识的不可独占性和不可分割性，加上基础研究结果的固有不确定性，企业在基础科学方面的投资不足（Nelson，1959；Arrow，1962）。由于知识是一种以非竞争性和非排他性为特征的公共产品，所以即使创造者没有故意披露这些知识，知识溢出也会自然发生（Arrow，1962）。因此，经济学家长期以来一直在讨论，在生产新知识时如何管理价值创造和价值独占之间的紧张关系，传统理论认为知识溢出会造成企业基础研究的动力不足。但 Rosenberg（1990）、Stern（2004）和 Arora 等（2021）等学者质疑有价值的知识溢出是否像 Nelson（1995）和 Arrow（1962）所描绘的那样容易发生。研究认为企业需要进行内部基础研究，需要累积一定的知识基础，以吸收和利用公共"免费"的科学信息与技术诀窍。

企业科学研究是开放科学行为产生的逻辑基础。企业尽管无法完全获得相应的投资回报，但仍进行基础研究并采取开放科学策略的原因引起了学者的极大兴趣（Arrow，1962；Nelson，1959；Rosenberg，1990）。基础研究成果通常以科学出版物的形式进行披露（Arora 等人，2021），基础研究对企业生产力的贡献大于其他类型的研发，并催生了企业的开放科学行为，同时获得了相应的回报。

6.3.1.1 获得引领科技前沿的基础科学知识

科学知识是支持新技术和新产品开发的宝贵投入（Rosenberg，1990；Stokes，1997；Aghion 等，2008）。比如，生物技术产业的快速增长源于基础科学的发展。美国电话电报（AT&T）、通用电气（General Electric）、杜邦（DuPont）等大企业在 20 世纪初成立了内部研究实验室，在进行更具应用性研究的同时，还进行了富有远见的基础研究。20 世纪 20 年代中期，杜邦在 Purity Hall 的实验室对聚合物进行了研究，发现了氯丁橡胶和尼龙，并于 20 世纪 30 年代进入商业生产领域。可见，大企业非常重视其内部科学能力的提升，以获得引领未来的前沿科学知识。

6.3.1.2 提升对外部知识的吸收能力

企业的吸收能力将直接影响外部互补知识的吸收和整合，进而对企业的创新活动产生不同的影响。在开放科学过程中，企业自身的吸收能力起着非常重要的调节作用（Yang 等，2023）。通过开放科学，企业可以从外部获得新的互补知识和间接学习机会，加深对知识的理解，制订合理的创新活动计划，为企业成功开展创新活动奠定坚实的基础（Fang 等，2022）。首先，强大的吸收能力可以帮助企业准确识别知识存量中所需的互补知识。其次，所获得的互补知识需要内化和利用，转化为创新成果，而具有较强吸收能力的企业通常具有较强的知识整合和内化能力，这促使企业将新知识与现有知识相结合，从而创造新的创新机会（Yuying 等，2020）。

6.3.1.3 积累科学知识存量

一般来说，企业专注于应用研究的动机大于基础研究，因为结果更容易被利用（Aghion 等，2008；Nelson，1959）。但企业也经常从事基础研究，因为这使它们能够获得先发优势、吸收外部知识并与科学网络建立联系（Rosenberg，

1990；Cockburn 和 Henderson，1998；Zucker 等，2002）。进行基础研究还可以让企业更好地了解科学前沿，并确定适合学术发表的研究结果的潜力。因此，上游研究和下游开发之间的平衡会影响科学出版的机会。从实证角度来看，企业基础研究与其学术出版物之间的联系尚未得到深入探讨。Adams 和 Clemmons（2008）基于美国前 200 家研发企业的样本发现，一家企业过去的内部基础研究与其当前的科学生产呈正相关关系，这表明企业基础研究是一种累积活动，是企业扩展科学知识存量的基础。

6.3.1.4　快速整合科学与市场信息

开放科学实践是企业从学术界吸收科学知识的"入场券"，使企业能够更快地到达前沿并利用先发优势（Rosenberg，1990；Cohen 和 Levinthal，1990）。因此，采用开放科学实践的企业更具生产力。特别是，开放科学实践可以整合科学发现信号与市场信号，将科技资源和市场资源相结合，找到科技创新和产业发展前进的方向，最快最好地将科学发现转化为商业化产品。

6.3.1.5　培育企业科学能力

企业科学还建立了促进理解复杂技术前景的科学能力（Arora 等，2018），从而以更准确的方式改进对应用发现的评估（Fleming 和 Sorenson，2001；Pellens 和 Della Malva，2018）。对基础科学研究的投资可以帮助企业吸收外部技术（Audretsch 和 Belitski，2020）。企业科学家在识别有前景的新发明、与外部研究人员合作以及适应外部技术方面发挥着至关重要的作用。科学披露和参与学术会议是企业融入外部科学网络并利用科学进步进行创新的有效途径（Rosenberg，1990）。Marx 和 Hsu（2022）发现，企业的科学研究能力可以提高尖端技术的采用和业务发展，从而提高生产力。

6.3.2　市场竞争驱动的行为逻辑

传统观点认为，为了获得持续的竞争优势，企业通常会对创新成果（知识）采取保密或专利的方式加以保护与独占（Arrow，1962；Teece，1986；Cohen 等，2002）。开放科学明显会带来知识溢出与泄露的后果，竞争对手可以吸收和使用披露的知识，这可能使他们改进技术，并与披露企业进行更激烈的竞争。从基于资源的角度来看，通过出版物披露企业的知识可能会损害

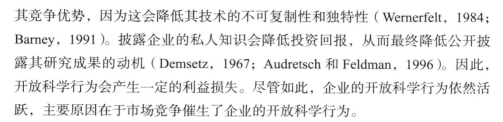

其竞争优势，因为这会降低其技术的不可复制性和独特性（Wernerfelt，1984；Barney，1991）。披露企业的私人知识会降低投资回报，从而最终降低公开披露其研究成果的动机（Demsetz，1967；Audretsch 和 Feldman，1996）。因此，开放科学行为会产生一定的利益损失。尽管如此，企业的开放科学行为依然活跃，主要原因在于市场竞争催生了企业的开放科学行为。

6.3.2.1 战略防御与威慑的需要

开放科学具有战略防御性功能，即通过出版物阻止任何企业在知识领域强制执行专利权（Gill 和 Parchomovsky，2003；Johnson，2014），包括战略威慑和延长专利竞赛。披露是一种防范"专利盗版"和防范不良专利的机制。Gill（2008）研究了一家领先企业在研究竞赛中发布中期研发成果的激励措施。他发现，企业通过披露部分创新或私有知识，向其竞争对手发出正式信号，表明其在这项技术上具有优势，并对其创新充满信心。因此，竞争对手可能会停止与披露企业竞争。除了战略威慑之外，开放科学还可以扩大专利竞赛，因为披露会阻止任何人对创新申请专利。这一行动可能会进一步延长任何正在进行的专利竞争，并为披露企业赢得额外的领先时间优势。此外，披露企业可以通过有意让竞争对手了解其内部知识来塑造外部知识，甚至改变外部行为者的竞争或合作行为（Polidoro 和 Theeke，2012；Alexy 等，2013）。

6.3.2.2 营销或外部评价的需要

开放科学可以揭示创新对潜在买家或金融市场的价值（Anton 和 Yao，2004）。知识披露是有价值的，因为它向金融市场发出了企业创新前景的可信信号。Anton 和 Yao（2002）认为，部分知识的披露可以作为未披露知识价值的信号，帮助购买者评估创新。因此，企业可以选择披露其部分创新，以帮助潜在买家进行评估。披露也会对上游供应商或下游生产商产生溢出效应。如果一家汽车制造商披露了一项钢铁生产创新，这将提高其上游供应商钢铁生产工艺的效率。反过来，汽车制造商也可以从提高的质量或生产效率中获益。同样，这可能对下游生产者产生溢出效应。当一项创新具有广泛的行业影响力时，披露信息可以加快某些技术的采用，甚至可以建立行业标准，披露企业反过来可能会从需求增加或成本降低中受益（Penin，2007）。

6.3.2.3 调节竞争强度的需要

开放科学有时甚至会带来有害的溢出效应。随着技术市场的快速增长和产品市场竞争的加剧，企业投资科学研究的私人动机可能会下降，因为企业更容易获得外部知识和创新（Arora 等，2016），并更多地关注其核心市场（Arora 等，2018）。在竞争激烈的环境中，企业开放科学容易出现"搭便车"现象，从而削弱创新收益。动态竞争理论指出，竞争是一个动态的过程，企业的行为会引起其他竞争对手的反应。在竞争激烈的情况下，企业开放科学容易受到竞争对手的关注。基于这一理论逻辑，当行业竞争强度高时，源头企业的开放科学会改变竞争对手所面临的竞争环境，进而引起对手的一系列反应（Feng 等，2021）。竞争对手接受来源企业披露的核心知识并进行整合与利用，为了保持竞争优势，接受企业会削弱将整合后的知识反馈给来源企业的倾向，从而减少来源企业能够获得的外部互补知识。因此，在竞争激烈的情况下，源头企业的开放科学不仅无法获得外部的互补知识，还会导致自身核心知识被侵占吞噬，不利于企业的创新活动（Feng 等，2021）。因此，应该有针对性地调整开放科学策略以应对竞争强度的变化。

6.3.2.4 竞争带来的价值效应

首先，在竞争激烈的环境中，开放科学作为合作机制可以加强与外部世界的合作和沟通（Alexy 等，2013）。对于在位企业来说，开放科学产生的知识披露可以诱导竞争对手模仿，将竞争对手从平行技术开发转变为模仿技术开发，使竞争对手处于自己的技术发展轨迹之下，从而减轻竞争压力（Polidoro 和 Theeke，2012）。其次，开放科学具有声誉效应（Alnuaimi 和 George，2016）。良好的企业声誉可以帮助企业吸引高水平研发人员，获得资金和吸引合作伙伴，重塑外部竞争环境，增强技术和市场进入能力（Peter 等，2013）。最后，开放科学有利于构建统一的标准和行业规范。为了赢得外部支持和获得资源，企业必须与行业中的其他参与者共享知识，以建立行业标准，从而巩固其主导地位（Dodgson 等，2007）。总之，开放科学作为一种战略工具，可以引导其他参与者加入，从而慢慢建立行业标准，帮助来源企业确立主导地位（Alexy 等，2005）。

6.3.3 集体创新驱动的行为逻辑

知识生产是一个集体过程，创新是集体行动的结果。创新通常被视为一组

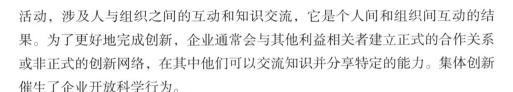

活动，涉及人与组织之间的互动和知识交流，它是个人间和组织间互动的结果。为了更好地完成创新，企业通常会与其他利益相关者建立正式的合作关系或非正式的创新网络，在其中他们可以交流知识并分享特定的能力。集体创新催生了企业开放科学行为。

6.3.3.1 集体发明的制度效应

经济学家 Nelson（1959，1962）和 Nordhaus（1969）研究提出产生发明创造的三种制度：大学等非营利机构、企业以及个人发明家。Allen（1983）根据对 19 世纪英国高炉工业的研究，提出了产生发明创造的第四种制度"集体发明"。在这个特定的行业中，1850~1875 年，克利夫兰工业区的企业之间进行了大量知识交换。高炉所有者分享了有关其最近高炉的技术和经济特性的信息，并将其公布在行业协会会议上。这些知识披露促进了熔炉尺寸和温度等重要技术的改进，从而显著降低了生产成本，其结果是高炉运行的快速创新和生产力的快速增长。Allen（1983）进一步解释说，知识是通过非正式（研究人员流动、召开会议）和正式（学术出版物）渠道传达与披露的。这一发现被认为是令人困惑的，企业为何会自愿向竞争对手披露知识。McGaw（1987）指出，19 世纪初伯克郡（新英格兰）地区的造纸机械化是集体发明的另一个例子。工厂所有者通过分享商业和技术信息形成了一个社区，经验丰富的造纸商通过他们的非正式通信网络传递了各种信息。Von Hippel（1988）记录了美国钢铁行业中相互竞争的小型钢厂工程师之间的知识交易现象。这些都是集体创新的典型例证，Allen（1983）所称的集体发明制度是工业化早期创新的重要来源。到目前为止，文献主要关注专利制度，而作为驱动创新的主要制度安排，集体发明的制度安排在文献中很少被考虑。

6.3.3.2 集体创新的竞争效应

理解集体发明的关键在于群体内知识和信息的交流与自由流通，而不是特定企业或个人的创造性努力。为什么在激烈的竞争环境中，企业宁可承受降低竞争优势的风险也要分享相关技术信息？ Allen（1983）认为有三个可能的因素促成了这种行为的发生：首先，创新信息的泄露现象无法避免，因为员工流动与非正式交流会产生信息泄露问题。其次，企业家正在进行创新竞争，即使牺牲一些利润他们也愿意发布信息，以展示自己正在进行的创新。最后，大多数企业家是克利夫兰矿床的所有者，他们不仅对自己工厂的盈利能力感兴趣，还对该地区铁矿石精炼的整体效率感兴趣。所有这些因素都促成了互利共享制度的出现（Meyer，2003）。正如 Allen（1983）所描述的那样，经济行为主体愿意向感兴趣的公众展示他们的创新，目的是促进企业之间的相互学习，从而进一步发展这些创新。因此，技术是通过反复的互动和反馈而发展起来的，信息是与整个创新系统共享的。

6.3.3.3　集体创新的协同效应

虽然我们很清楚为什么企业可以从外部知识来源中获利，但仍不太清楚为什么他们愿意分享自己的知识。跨越企业边界的知识共享通常被描述为一种社会困境（Larsson 等，1998）。如果每个人都分享自己的知识，那么社区中的所有合作伙伴在集体层面都会表现得很好，但如果能够在不贡献自己知识的情况下利用合作伙伴的知识，那么其在个人层面的表现会更好。如果所有企业都遵循这种机会主义策略，那么联盟将无法实现其学习目标。有三个因素可以帮助企业解决这种社会困境：巨大的学习潜力、商业前阶段共享的低机会成本以及塑造创新环境的选择性收益，这三个因素共同解释了为什么会出现集体发明制度。但一旦一项技术进入竞争的商业阶段，人们就会预期集体发明模式会崩溃（Meyer，2003）。在主导技术轨迹出现后，随着企业争夺市场份额，竞争在特定主导设计中转向差异化（Teece，1986），独占问题开始占主导地位，对技术潜力的探索会被对其商业价值的开发所取代。

6.4　小结

企业开放科学是指企业在科学研究和技术开发过程中，采取更加透明和共享的方法，促进知识、数据、工具和成果的广泛传播与利用。这种模式不仅能够加快创新进程，还能够增强企业的竞争力和社会影响力。从商业战略和经济学原理两大视角来看，企业开放科学似乎是违背常理的，因为开放科学会向竞争对手泄露知识，因而带来优势的损失，或者限制企业通过知识产权手段来独占创新价值的能力。但现实中越来越多的科技型企业频繁地采取开放科学策略。传统理论认为企业开放科学无法获取任何直接的报酬，但我们的研究却证明开放科学能带来众多间接性收益，开放科学是企业竞争的新维度、新策略。

针对传统理论的不解之谜，我们提出三种企业开放科学的行为逻辑，即科学研究驱动的行为逻辑、市场竞争驱动的行为逻辑、集体创新驱动的行为逻辑。具体机制包括以下三方面：一是科学研究驱动，获取引领科技前沿知识、增强对外部知识的吸收能力、累积企业的科学知识存量等驱动了开放科学行为的产生。二是市场竞争驱动，开放科学是战略防御与威慑、营销或外部评价、调节竞争强度、知识产权竞争等多维度的需要。三是集体创新驱动，集体创新的制度效应、竞争效应、协同效应驱动了开放科学行为的产生。

第7章　企业开放科学的战略动机与实现机制

　　企业采取开放科学策略有着复杂的动机。实践证明，开放科学可以为企业带来诸多收益，包括技术创新、人力资源、市场竞争、知识产权、企业声誉、生态构建等方面。本章将深入剖析企业开放科学的战略动机与实现机制。企业开放科学的战略动机可以从多个维度来理解和分析，这些动机不仅反映了企业对创新和竞争环境变化的适应，还体现了企业希望通过开放科学实现更长远的发展目标。揭示战略动机的实现机制，对于企业创新能力提升具有重大的理论价值。

7.1　问题的提出：开放科学能带来积极回报吗？

　　开放科学历来是大学和科研机构的行为规范与价值准则。但创新过程最前端企业开放科学行为也异常活跃，传统经济理论一直认为这是不解之谜，因为它会限制企业独占创新价值的能力。但现实中越来越多的科技型企业频繁地采取开放科学行为。比如，谷歌通过开源项目（如 TensorFlow、Android 等）共享了大量的软件代码和技术文档，促进了人工智能和移动技术的发展；IBM 参与多个开源项目，并贡献了大量的代码和技术资源，增强了其在云计算和大数据领域的影响力；微软近年来大力推动开源软件，并通过 GitHub 等平台支持开放项目，展示了其在软件开发领域的领导地位；特斯拉曾宣布开放其电动汽车技术专利，鼓励其他汽车制造商使用这些技术来推动电动汽车行业的发展。那么，这些企业意欲何为？动机何在？目前尚缺乏系统的理论框架。

　　在传统战略管理和创新经济学理论中，企业开放科学被认为是违背常规逻辑的，因为开放科学会带来一定程度的知识泄露或外溢，进而给企业获取竞争优势带来负面影响。学术研究对开放科学与企业创新关系的认知演进呈现显著的理论张力。早期研究基于 Arrow（1962）的创新独占性理论，强调企业开放科学可能面临经济回报困境，这一观点得到 Harhoff 等（2003）及 Laursen 和 Salter（2014）的实证支持。资源基础观进一步阐释，技术外溢效应可能导致竞争者低成本获取企业核心知识资产，进而弱化其市场优势（Henkel 等，2014）。这种现象在专利密集型行业尤为显著，如 Polidoro 和 Theeke（2012）发现医药企业技术披露增加 10% 将引发 2.3% 的市场份额流失。

然而，面对企业持续参与开放科学的实践悖论，近期研究开始重构理论框架。Arora 等（2018）提出科学驱动创新模型，揭示开放策略在基础研究领域的价值创造机制。具体而言，该行为可视为企业构建知识基础设施的战略选择，其价值体现在：第一，加快新产品研发周期，尤其在医疗器械领域形成技术突破（Polidoro 和 Theeke，2012）；第二，通过科研声誉积累吸引高端人才（Simeth 和 Raffo，2013；Rotolo 等，2022）；第三，构建产学研网络获取互补性资源（Pénin，2007；Alexy 等，2013）；第四，与专利布局形成战略协同，例如通过开源技术降低知识产权维护成本（Johnson，2014；Gans 等，2017）。值得注意的是，资本市场对此具有显著响应，Arora 等（2018）证实生物科技企业每增加 1 篇开放论文可使市值提升 0.8%，Simeth 和 Cincera（2016）则发现持续开放可降低企业融资成本 120~150 个基点。这些发现推动研究范式从风险规避转向价值创造。

企业从事基础科学研究的潜在动机主要分为四种类型。首先，通过企业实验室开展基础研究可以提高内部研发和创新能力（Arora 等，2018）。企业重点实验室帮助私营企业吸引和留住高素质的科学家和工程师，特别是"明星科学家"，因为一些科学家更喜欢拥有良好的学术声誉和进行研究的机会，而不是更高的金钱报酬（Blind、Filipović 和 Lazina，2022）。此类实验室还鼓励企业研究人员积极参加学术会议，并与外部学术界保持密切联系（Rotolo 等，2022），企业发展企业重点实验室可以帮助他们学习和吸收新知识，并跟上研究创新的步伐（Parlane，2023；Simeth 和 Cincera，2016）。其次，通过企业实验室开展基础研究可以提高企业的学术和公众声誉与网络，加强企业与外部研究机构（Hvide 和 Jones，2018）的合作。再次，通过企业实验室开展基础研究有助于加强新技术的应用和商业化、提高生产力（Arora 等，2018）。最后，通过企业实验室开展基础研究并发表出版物可以作为一种战略性的信息披露形式，促进新技术的传播，让企业获得"先发"优势（Chesbrough，2006）。

企业开放科学能够帮助企业应对日益复杂的市场和技术挑战，虽然不能带来直接的经济回报，但可以带来多方面的积极回报。企业开放科学带来的积极影响主要包括以下几方面：第一，促进创新与技术进步，通过开放数据、源代码和研究成果，企业可以吸引更多的外部智力资源，促进知识的交叉融合，加快新技术的开发和应用；通过与其他企业、研究机构和高校建立合作关系，推进协同创新、共同解决复杂技术难题，企业可以缩短产品上市时间，提高研发效率。同时，开放科学有利于构建一个开放的创新生态系统，吸引更多合作伙伴和开发者参与，形成良性循环，持续推动技术创新。第二，增强市场竞争力，通过开放科学，企业可以获得更多的市场反馈和用户需求信息，更好地了解行业趋势，指导产品和服务的改进。在开放科学的基础上，企业可以通过提供独特的增值服务、技术支持和解决方案，构建差异化竞争优势。同时，通过开放科学项目，企业可以建立与用户的深度互动，增强用户的忠诚度和满意度。第三，提升品牌形象与社会责任，积极参与开放科学活动，展示企业的社会责任感和开放精神，赢得社会和客户的信任和支持。通过开放科学项目，企业可以提升在行业内外的品牌知名度和美誉度，增强市场影响力。同时，开放科学有助于解决社会问题，如环境保护、公共卫生等，展示企业的社会价值。第四，获取外部资源与吸引人才，开放科学项目可以吸引高水平的研究人员和工程师，为企业注入新鲜血液和创新活力。通过共享资源和基础设施，企业可以减少重复投入，优化资源配置，提高整体运营效率。另外，吸引外部专家和研究人员的参与，有助于企业积累更多专业知识和实践经验。第五，应对法规与政策要求，在某些行业，如医药、环保等，法律法规要求企业公开部分研究数据和结果，以保障公共利益和透明度。同时，政府和国际组织越来越重视开放科学，提供各种政策支持和资金激励，企业可以通过参与开放科学获得这些政策支持。第六，可以获得间接的经济效益，通过共享资源和基础设施，企业可以减少研发投入，降低运营成本。同时，开放某些技术和数据后，企业可以通过提供增值服务、技术支持和培训等方式创造新的收入来源，拓展业务领域。通过开放科学，企业可以更快地进入新兴市场，抓住新的发展机遇，增加市场份额。第七，战略转型与未来布局，开放科学有助于企业构建更加开放和灵活的创新生态，为未来的发展奠定坚实基础。通过开放科学，企业可以更快

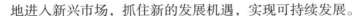

地进入新兴市场，抓住新的发展机遇，实现可持续发展。

例如，IBM 通过开源项目贡献代码和技术，吸引了大量开发者和合作伙伴，促进了技术创新和市场拓展；微软通过开放源代码和开发者工具，建立了庞大的开发者社区，推动了云计算和人工智能等领域的发展。总之，企业开放科学不仅能够带来短期的经济效益，还能为企业带来长期的竞争优势和可持续发展的动力。通过合理规划和有效管理，企业可以在开放科学中找到平衡点，实现多方面的积极回报。

7.2 开放科学的战略动机

企业开放科学的战略动机是指企业在实施开放科学实践时所追求的目标和背后的驱动力。开放科学不仅是一种科学研究的方法论，还是一种企业战略，它可以帮助企业在多个层面实现竞争优势和发展目标。企业在开放科学决策时面临着复杂而有趣的权衡。开放科学是企业通过科学出版物等方式向外界披露研发知识的一种自愿行为，披露的对象是包括竞争对手在内的所有外部接受者。基于资源的观点指出，核心知识是保持企业竞争力的关键，核心知识的泄露会削弱企业的竞争力（魏江等，2014；应瑛等，2018），因此大多数研究都集中关注开放科学的负面影响（Henke 等，2014）。但也有学者提出了不同的看法，开放科学可以使企业获得积极的正向影响，如帮助企业提高声誉，帮助企业吸引外部资金和高水平人才（Hicks，1995；Stephan，1996；Simeth 和 Raffo，2013），对创新绩效、企业估值有积极影响（Arora 等，2018；Simeth 和 Cincera，2016；Rotolo 等，2022）等。但整体来看，我们对企业开放科学的动机缺乏系统性了解。在对现有研究综合分析的基础上，我们从七大方面建构了企业开放科学的战略动机框架及实现机制（见表 7–1）。

表7-1 企业开放科学的战略动机框架及实现机制

战略动机	作用机制	利益相关者
提升创新绩效	• 获取外部知识和资源 • 吸引与大学和研究机构的合作 • 提升科学吸收能力 • 提升内部创新能力	• 学术部门 • 产业部门

战略动机	作用机制	利益相关者
提升人力资本价值	• 吸引顶尖研究人员 • 延续高质量的职业生涯 • 塑造人才竞争优势	• 学术部门 • 产业部门
构建企业声誉	• 提高企业的学术声誉 • 建立资本市场的可信声誉 • 释放创新能力的信号	• 学术部门 • 产业部门 • 投资者 • 用户 • 资本市场 • 政府机构
塑造市场竞争优势	• 巩固产品的市场地位 • 建立行业标准与优势 • 提升企业市场价值	• 学术部门 • 产业部门 • 投资者 • 用户
支持知识产权战略	• 开展有效的专利竞赛 • 补充其他形式的知识产权 • 促进专利和开放科学的有效组合	• 产业部门 • 投资者 • 政府机构
支持商业化战略	• 支持新产品开发 • 支持营销策略 • 支持监管机构的审批	• 用户 • 产业部门 • 政府机构
营造创新生态系统	• 促进多重机制的高度协同 • 培育行业内的开放环境和文化 • 诱发上下游各部门的创新 • 触发用户反馈并产生网络效应	• 学术部门 • 产业部门 • 投资者 • 用户 • 政府机构

资料来源：笔者整理得出。

7.2.1 提升创新绩效

企业通过开放科学可以更快地获取外部的知识和技术资源，从而加快自身的创新进程。具体来说，开放科学可以促进技术共享，通过与外部伙伴共享技术，企业可以更快地吸收和整合新技术。加快问题的解决，开放科学可以吸引更多的研究者和开发者参与到问题解决中，从而加快解决方案的发现和实施。总之，开放科学通过促进知识共享、协作和透明度，能够显著提升创新绩效。其具体路径如下：

一是缩短创新周期，降低成本。开放科学通过共享研究成果、数据集和方法论，使企业能够更快地获取到最新的科研进展，加快从基础研究到应用开发的转化过程。开放科学可以帮助企业降低研发成本，尤其是在需要大量数据或资源的情况下。具体来说，开放科学可以减少重复研究，通过共享研究成果和数据，企业可以避免重复投入资源进行相同的研究。另外，开放科学可以分摊研发成本，通过合作研发项目，企业可以与其他伙伴分摊研发成本。同时，通过访问开放数据集，企业可以基于大数据分析进行决策，提高研发工作的精准性和有效性。开放科学平台上的大量数据和信息可以帮助企业进行技术趋势预测，提前布局未来发展方向。

二是增强合作与网络效应。开放科学鼓励企业与其他组织（高校、研究机构及其他企业）建立合作，共同解决复杂的科技难题，这有助于企业形成协同创新的生态系统。企业可以通过开放科学平台与世界各地的研究者交流，获取国际先进的技术和理念，增强其在全球市场的竞争力。

三是促进标准制定与互操作性。参与开放科学活动的企业可以共同推动制定行业标准，促进技术的互操作性和兼容性，打破技术壁垒。通过开放科学，企业可以更容易地与其他参与者协商制定统一的技术标准，从而简化产品和服务的集成过程。

四是增强品牌与社会责任感。积极参与开放科学的企业能够在公众中树立负责任的企业形象，增强品牌信誉。通过开放科学，企业可以展示其对社会进步的贡献，履行企业的社会责任。

五是激发创新文化，吸引优秀人才。开放科学鼓励开放交流与合作的文化，这种文化能够激励企业内部员工的创造力，形成持续创新的良性循环。开放科学的理念能够吸引具有创新精神的人才加入企业，为企业的持续发展注入活力。

六是促进技术转化。开放科学平台作为技术转化的桥梁，可以帮助企业更便捷地将科研成果转化为实际产品和服务。通过开放科学平台，企业可以更容易地进入新市场，特别是那些对技术前沿有较高要求的领域。开放科学通过共享研究成果、数据和工具，使科研成果能够更快地被广泛传播和应用，从而加快创新进程。开放科学鼓励跨国界、跨学科的合作，使研究者可以更容易地找到合作伙伴，共同解决复杂的问题，促进创新思维的碰撞。

开放科学还可以创造新的商业模型，如开源软件，企业通过参与开源软件项目，不仅能够使用到高质量的软件工具，还能够参与其开发过程，从而获得定制化的解决方案；开放数据平台，企业可以通过开放数据平台获取行业内外的数据资源，用于产品研发、市场分析等领域；产学研合作，企业与高校、研究机构建立联合实验室或研究中心，共同开展前沿研究，推动科技成果的商业化应用。总之，开放科学为企业提供了一个全新的视角来看待创新和合作，通过共享、透明和协作的方式来加快创新步伐，提升企业的竞争力。

7.2.2 提升人力资本价值

开放科学不仅可以提升企业的创新能力和市场竞争力，还可以显著提升企业的人力资本价值。开放科学可以帮助企业吸引和留住人才，尤其是那些注重创新和开放文化的高素质人才。具体来说，通过参与开放科学活动，企业可以展示其对创新的支持态度，吸引更多具有创新精神和开放心态的高素质人才。开放科学倡导的知识共享和合作文化能够增强员工的归属感与成就感，从而提高员工的满意度和忠诚度。开放科学可以促使员工技能提升与能力发展，开放科学鼓励终身学习和自我提升，企业可以利用开放科学资源（如在线课程、研讨会、开放研究项目等）来促进员工的专业技能发展。开放科学促进跨学科合作，有助于员工拓宽视野，掌握多元化的知识和技能，提高解决复杂问题的能力。

开放科学可以优化员工职业发展路径，具体如下：一是培育多样化的职业路径，开放科学环境下，企业可以为员工提供更广阔的职业发展空间，包括参与国际项目、担任导师或顾问等角色。二是促进领导力培养，通过参与开放科学项目，员工有机会担任领导职位，管理团队并协调多方资源，从而锻炼和提升自身的领导能力。

开放科学可以培育员工的国际化视野。参与开放科学活动可以帮助员工接触到来自世界各地的最佳实践和最新研究成果，开拓国际视野。在国际合作项目中，员工有机会学习新的语言，了解不同的文化背景，这对于跨国企业尤为重要。

开放科学强调科研的透明度和诚信，可以培育员工的伦理与责任意识，企业可以通过参与此类活动来培养员工的科研伦理意识和社会责任感。通过开放科学项目，企业可以展示其对社会进步的贡献，增强员工的社会责任感。

7.2.3 构建企业声誉效应

构建企业声誉效应（Reputation Effect）对于企业在市场中的地位至关重要。良好的企业声誉不仅可以吸引客户和投资者，还能帮助企业吸引并保留优秀的人才，增强合作伙伴的信任，以及在危急时刻提供缓冲。通过开放科学的实践，企业可以提升其在市场中的形象和声誉。

开放科学有利于展示企业创新领导力，通过参与开放科学项目，企业可以展示其在技术前沿的地位，表明其对新技术的探索和应用能力。开放科学鼓励透明和共享，企业可以通过这种方式展现其前瞻性的思维方式，提升其作为行业领先者的形象。开放科学有利于塑造品牌形象，参与开放科学项目的企业可以获得正面媒体报道的机会，提升品牌知名度。开放科学倡导的共享文化和企业所追求的价值观相吻合，有助于塑造企业的文化形象。

开放科学有利于塑造社会形象，要求研究过程和结果的透明与开放，企业通过参与开放科学活动可以展示其对社会责任的承担。开放科学与可持续发展理念相契合，企业可以通过开放科学展现自身的社会责任感，增强公众的好感度。开放科学鼓励数据共享和结果验证，这有助于建立外界对企业产品的信任。通过开放科学，企业可以证明其产品的可靠性和有效性，增强客户的信心。

总之，开放科学使企业能够建立自己的声誉，从而提高企业作为知识生产者和创新者的声誉，增加自身的可信度。企业通过开放科学可以增强自身的品牌形象和社会责任感，从而获得更多的信任和支持。具体来说，开放科学可以提升品牌形象，企业通过公开其研究和技术成果，可以展示其对社会负责的一面，增强公众的信任。开放科学可以促进社会责任，展示企业在推动社会进步方面的努力，从而提升其社会责任感。

7.2.4 塑造市场竞争优势

开放科学不仅能够提升企业自身的创新能力，还能够在市场中建立独特的竞争优势。开放科学通过促进知识共享、协作和透明度，帮助企业在多个方面建立和巩固其市场竞争优势。开放科学为企业带来市场竞争优势的具体途径如下：一是快速获取前沿知识，通过开放科学平台，企业可以及时获取最新的科研成果和技术动态，加快其产品研发过程。开放科学鼓励知识的自由流动，企业可以从中受益，快速吸收和应用行业内外的先进经验与技术。二是增强合作与伙伴关系，开放科学促进了企业与其他组织（如高校、研究机构、其他企业等）的合作，共同解决复杂问题。通过开放科学，企业可以整合更多的外部资源，包括数据、技术、人才等，增强其创新能力。三是有利于行业标准的制定，开放科学鼓励企业共同制定行业标准，促进技术的互操作性和兼容性，标准化有助于降低技术壁垒，使企业更容易进入新市场。四是提升品牌和社会责任感，参与开放科学活动的企业可以展示其对社会责任的承担，增强品牌的正面形象，开放科学有助于企业吸引关注可持续发展和社会责任的客户与投资者。五是增强市场响应能力，开放科学使企业能够更快地获取行业动态和技术趋势，从而做出更迅速的市场响应。通过开放科学，企业可以更好地适应市场变化，灵活调整战略，应对竞争对手的挑战。六是促进技术转化和商业化，开放科学平台可以作为技术转化的桥梁，帮助企业更便捷地将科研成果转化为实际产品和服务，通过开放科学，企业可以更容易地进入新市场，特别是那些对技术前沿有较高要求的领域。

总之，通过开放科学，企业不仅能够提升自身的创新能力，还能够在市场中建立独特的竞争优势。开放科学为企业提供了一个全新的视角来看待创新和合作，通过共享、透明和协作的方式来加快创新步伐，提升企业的竞争力。通过开放科学，企业可以更好地拓展市场影响力，吸引更多客户和合作伙伴，促进技术标准的制定，推动行业标准的形成。另外，开放科学可以提升企业的社会形象，增强市场响应能力，促进技术转化和商业化，从而巩固其市场地位。

7.2.5　支持知识产权战略

开放科学提倡科学研究过程的透明性和可访问性，强调知识共享和协作。这与传统的知识产权（IPR）战略之间存在一定的张力，因为后者通常强调对创新成果的独占性权利保护。但两者并不是完全对立的，事实上，它们可以在一定程度上相互补充和支持。开放科学支持知识产权战略的方式如下：

- 促进合作与创新：开放科学通过促进跨学科的合作和知识共享，加快研究进程，从而产生更多的创新成果。这些成果可以进一步通过知识产权保护来实现商业价值。

- 数据共享：开放科学推动了研究数据的共享，这有助于验证研究成果，并促进新的发现。共享的数据可以作为现有技术的一部分，影响专利申请的有效性。

- 专利池与交叉许可：在开放科学的框架下，研究者和机构可以通过建立专利池（Patent Pool）或进行交叉许可（Cross-Licensing）共同管理和使用知识产权，从而减少专利争端并促进技术的广泛应用。

- 标准必要专利（Standard Essential Patents，SEPs）与FRAND原则：在开放科学环境中制定的标准，可以通过标准必要专利加以保护，并遵循公平、合理、无歧视（Fair, Reasonable and Non-Discri-minatory, FRAND）的原则进行许可，以确保技术的广泛采用。

- 版权与开源许可：开放科学鼓励使用开源软件和材料的许可模式（如GNU GPL、Creative Commons 等），这有助于创造一个更加开放和合作的研发环境，同时允许创作者保留一定的权利。

- 数据版权保护：即使在数据共享的情况下，仍然可以通过适当的版权保护措施来确保数据的原创贡献得到认可。

通过上述方法，开放科学不仅不会排斥知识产权战略，而且可以为其提供新的视角和发展机会。当然，实施这些策略需要平衡好开放与保护之间的关系，以确保科研成果既能被广泛传播又能得到应有的保护。

各种研究已经探讨了开放科学作为企业为其发明建立知识产权以及管理和保护其知识产权组合的关键策略组成部分（Godin，1996；Nelson，1990）。企业可以战略性地在专利申请前通过出版物披露信息以改变现有技术，从而限制或阻止竞争对手对所披露的发明进行专利申请。这种现象被描述为防御性开放科学策略（Parchomovsky，2000），也被称为战略性披露（Lichtman 等，2000），以及防御性披露（Bar-Gill 和 Parchomovsky，2003）。防御性开放科学是一种知识产权策略，通过公开描述一项发明的详细信息来防止他人就相同或类似的技术申请专利。这种做法通常在不希望或不需要传统专利保护的情况下，通过公开技术细节来阻止他人获得专利权。防御性出版可以通过多种方式进行，如发表在专门的数据库中、技术期刊上，或通过在线平台公开。

实践中有一些典型事例值得研究关注，如现有技术数据库（Prior Art

Database），一些组织建立了现有技术数据库，用于收集和展示各种技术信息，目的是防止这些技术被不当专利化。现有技术数据库是指包含已经公开的技术信息的集合，这些信息可以用来证明在某个特定日期之前，某项技术已经是公开的。在专利审查过程中，现有技术是非常重要的，因为它可以用来评估一项发明是否具有新颖性和创造性，从而决定是否授予专利权。现有技术数据库有很多典型的例子，如美国专利商标局（USPTO）维护了大量的专利文献数据库，其中包括美国专利申请数据（Published Applications）、授权专利数据（Granted Patents）等。欧洲专利局（EPO）运营的 Espacenet 数据库提供了全球范围内的专利文件检索服务。Google Patents（谷歌专利搜索引擎）提供的专利搜索服务，除了传统的专利文件外，还包括学术论文、技术标准等。Prior Art Archive 是由公共专利基金会（PubPat Foundation）运营的一个数据库，旨在收集和保存可能的现有技术信息，以帮助公众对抗不合理的专利申请。Free Prior Art 是一个由多个企业支持的项目，旨在提供免费的现有技术信息，以帮助小企业和个人开发者对抗专利流氓（Patent Trolls）。现有技术数据库的特点如下：一是广泛覆盖性，包含多种类型的信息来源，如已发布的专利文献、科学论文、会议记录、技术报告、互联网上的公开资料等。二是能及时更新，数据库需要定期更新，以反映最新的技术发展情况。三是易用性，提供用户友好的搜索界面，方便快速查找相关信息。

现有技术数据库的作用非常明显：一是专利审查支持，帮助专利审查员查找相关技术，判断申请专利的新颖性和创造性。防止不当专利，公开的技术信息可以作为证据，阻止那些基于已知技术的专利申请。二是法律辩护依据，在专利侵权诉讼中，可以用来证明被告方并没有侵犯专利权，因为所涉及的技术在专利申请之前就已经存在。三是促进技术传播，使技术信息更加透明，促进技术交流和发展。现有技术数据库对于促进技术进步、避免不必要的专利纠纷具有重要作用。随着技术的不断发展，这些数据库也在不断扩展和完善，成为知识产权管理和技术创新的重要工具。例如，公共专利基金会是一个非营利组织，它通过法律手段挑战那些被认为不应该被授予的专利，并通过公开技术信息来防止未来的专利申请，致力于挑战那些可能阻碍创新或者不合理地限制公众接触现有技术的专利。公共专利基金会成立于 2001 年，由 Daniel Ravicher 创立，旨在代表公众利益处理与专利相关的法律事务。该组织参与了多项重要的专利诉讼案件，其中包括与 Myriad Genetics 有关的人类基因专利争议，以及涉及药物替诺福韦（Tenofovir）专利有效性的案件。公共专利基金会的工作主要是为了确保专利系统不会被滥用，并且保护小企业、研究者和消费者免受不合理专利主张的影响。通过法律行动和支持政策改革，PubPat 试图平衡专利持有人的权利与公众获取技术及信息的权利之间的关系。

防御性开放科学是一种具有成本效益的知识产权机制，它可以帮助企业防止其发明被私有化，从而自由利用其研发成果或在市场上自由交易，而不受竞争对手可能构成威胁的影响（Johnson，2014；Parchomovsky，2000）。例如，1994 年，制药企业默克决定在公共领域公开人类基因测序相关的数据，从而阻止了基因的私有化，否则这些基因可能会阻碍默克随后针对心血管疾病和胆固醇的药物开发（Pisano，2006）。尽管保密发明的成本相对较低，但保密仍可能无法完全保护企业将其发明商业化的自由。逆向工程、研究人员的流动性和现代商业智能工具可以为竞争对手提供获得专利的机会，从而将企业排除在市场之外（Pénin，2007）或防止其从诉讼中获利（Johnson，2014）。在这两种情况下，与其他替代方案相比，防御性开放科学使企业能够以更低的成本从多个市场的自身创新中受益。

防御性开放科学的目的主要包括以下几方面：一是防止专利垄断，通过公开技术信息，使这些技术成为现有技术的一部分，从而无法被他人作为新颖发明申请专利。二是促进技术传播，公开技术细节可以让更多的人了解并利用这些技术，从而促进技术的发展和应用。三是避免专利侵权诉讼，当一项技术被公开后，即使后来有人试图申请相关的专利，由于该技术已成为现有技术，因此他们的申请会因为缺乏新颖性而被驳回。

防御性开放科学的形式主要包括以下几方面：一是公开披露，通过发表论文、技术报告、博客文章或者其他公开渠道发布详细的技术信息。二是专利申请，提交非传统专利申请，如防御性专利申请（Defensive Patent Application），这些申请不会授予专利权，但会公开技术细节。三是开源发布，将技术以开源的方式发布，这样任何人都可以自由使用这些技术而不必担心侵犯专利权。

总之，开放科学与知识产权战略并不冲突，而是可以互相补充和支持。通过合理平衡开放与保护的关系，企业可以在保护自身核心利益的同时，享受开放科学带来的创新加速、资源优化和市场扩展等多重益处。通过系统化、专业化的管理和保护，企业可以在激烈的市场竞争中占据有利位置，实现可持续发展。

7.2.6 支持商业化战略

开放科学不仅能够促进创新和知识共享，还能够在商业化战略中发挥重要作用。通过合理利用开放科学的原则和方法，企业可以在多个方面增强其商业化能力，实现更高的市场竞争力和经济收益。

企业开放科学可以有效支撑商业化过程。出版物提供"经过认证的信号"，不仅可以提高企业的声誉，而且可以支持企业的商业化努力（Godin，1996；Nelson，1990）。科学出版物的开放性向潜在客户传达了企业的新产品/服务的信号，并减少了这些产品/服务价值的不确定性（Podolny，1993；Spence，1974）。

首先，出版物传达了企业的产品/服务，并可以作为这些产品/服务质量的"认证信号"（Arora等，2021；Huang，2017；Polidoro和Theeke，2012）。科学披露为企业产品/服务提供宣传并刺激顾客对此产生兴趣，以加快商业化进程甚至为企业开辟新市场（如Bergenholtz，2014；Simeth和Lhuillery，2015）。对于"成熟"或"专业"客户来说尤其如此，他们通过密切关注科学期刊以寻找合适的专业产品。例如，出版物可以通过向医生和医院宣传药物的有效性与安全性来刺激药物的传播（如Azoulay，2002；Hicks，1995；Simeth和Raffo，2013；Sismondo，2012）。当一家企业在顶级期刊上发表文章时，这种策略特别有效：医生和其他决策者可能会认为该企业在此类期刊中披露的知识及声明比该企业的营销与宣传材料中包含的信息更可靠。还值得注意的是，出版物对药品销售产生多大影响，具体取决于出版物的类型及出版物所宣传的具体药物。例如，Slejko等（2018）提供的证据表明，不同类型的科学出版物（如临床证据、健康经济学和结果研究出版物）可用于促进不同类型的主张（临床效益和成本相关效益）。这反过来又影响不同类型利益相关者（如医生、政府和卫生技术评估机构、医疗保险企业）的购买决策，并最终影响不同类型药品的销售（其特点是不同程度的品牌药与仿制药）竞争。

其次，通过同行评审的科学出版物的相关主题，为其关于产品和服务的说明提供了可信度（如Bergenholtz，2014；Friesike等，2015），从而增加了吸引进一步投资的可能性，以及支持产品和服务扩散的机会。由此，企业减少了其产品周围的不确定性以及与其潜在替代品相比的产品优越性（Polidoro和

Theeke，2012）。

最后，在某些领域（如制药、生物技术和化工）发表科学证据对于获得监管机构对产品商业化的批准至关重要（如 Azoulay，2002；Hartmann 和 Henkel，2020；Polidoro 和 Theeke，2012）。出版物提供了支持企业产品相关声明的科学证据，从而增加了获得积极评估的机会（如 Rafols 等，2014；Simeth 和 Raffo，2013）。在制药行业，发表是所谓的"药物生命周期"的关键一部分。

总之，开放科学与商业化战略可以相辅相成，通过合理利用开放科学的原则和方法，企业可以在多个方面增强其商业化能力，实现更高的市场竞争力和经济收益。通过系统化运用开放科学的相关策略，企业可以在激烈的市场竞争中顺利实现商业化。

7.2.7 构建生态系统

开放科学对企业创新生态的影响深远，它不仅改变了科学研究的传统模式，还为企业的创新发展带来了新的机遇。开放科学的核心理念在于促进知识共享、透明度和协作，这些原则可以应用于企业的创新活动中，从而构建一个更加开放、灵活和高效的创新生态系统。开放科学可以增强合作网络效应，促进跨行业、跨领域的合作。企业可以与其他行业的伙伴共同探索新的解决方案，如与高校、研究机构建立深度合作关系，共同开展前沿研究，推动技术成果的转化应用。

开放科学与构建生态系统之间存在着密切的联系。通过开放科学的原则和实践，企业可以有效地构建和维护一个健康、活跃的创新生态系统。这种生态系统不仅能够促进技术创新，还能够增强企业的市场竞争力和可持续发展能力。比如，GitHub 通过开源代码平台，吸引了数百万开发者和企业，形成了庞大的开发者社区，这不仅促进了技术的快速发展，还为 GitHub 带来了巨大的商业价值。通过维护和推广 Linux 操作系统，Linux 基金会吸引了众多企业和开发者参与，形成了一个繁荣的开源生态系统。再如，IBM 通过开源项目贡献代码和技术，吸引了大量开发者和合作伙伴，促进了技术创新和市场拓展。同时，IBM 通过提供技术支持和解决方案，拓展了业务领域，增强了市场竞争力。

开放科学可以帮助企业构建一个围绕其技术或产品的生态系统，从而形成更强大的市场竞争力。具体来说，开放科学可以促进技术平台的广泛应用，通过开放技术平台，企业可以吸引更多的开发者和用户，从而构建一个活跃的技术生态系统。开放科学可以促进企业与行业内的其他组织之间的合作，吸引更多的合作伙伴，共同推动技术的发展和应用，共同推动行业的发展。

总之，开放科学与构建生态系统是相辅相成的。通过开放数据、知识共享、合作与伙伴关系、用户参与与社区建设等措施，企业可以有效地构建一个健康、活跃的创新生态系统。这种生态系统不仅能够促进技术创新，还能增强企业的市场竞争力和可持续发展能力。

7.3　战略动机的实现机制

7.3.1　提升创新绩效的实现机制

开放科学会影响创新能力或绩效（Arora 等，2018；Rotolo 等，2022）。企业发表科技论文是为了参与科学共同体，并证明他们遵守学术标准为科学研究做出贡献（Almeida 等，2011）。因此，开展科学研究合作促进了企业吸收和理解新技术应用的能力（Cockburn 和 Henderson，1998；Cohen，1989），提高了其创新产出（Simeth 和 Cincera，2016）。Zhao 等（2023）利用中国上市企业出版物和专利数据，调查了开放科学如何影响企业创新绩效。研究结果表明，开放科学促进了中国上市企业的创新，尤其是那些拥有更具影响力的出版物、更高研发强度、独立的中央研究机构的国有企业。实现这一战略动机的机制如下：

一是获取外部知识和资源。科学披露可能带来的好处涉及知识创造和传播。Hicks（1995）强调了几个潜在的好处，如企业希望与学术科学家建立密切联系，通过与学术研究人员保持个人联系，企业能够获得尚未发表的最新知识，并通过其科学贡献建立信誉（Rosenberg，1990；Hicks，1995）。科学披露和参与学术会议是企业融入外部科学网络并利用科学进行创新的有效途径。Arora 等（2016）研究了美国制造企业近 50% 的产品创新依赖于外部发明，大企业在内部研究方面的投资减少，他们将更多地依赖从外部获得的发明来推动其增长。利用开放式创新突破组织边界来获取更丰富的外部知识是重塑自身的技术创造力的关键（杨震宁和赵红，2020）。学术交流和互动可以提高企业识别、吸收和应用新型外部知识的能力（Marx 和 Hsu，2022）。显然，在外部创新来源更为重要的环境中，吸收能力以及协作和整合能力将变得更加重要（Burgelman 和 McKinney，2006；Valentini，2012）。

二是吸引与外部机构的合作。学术和产业研究人员的互动有助于提高企业识别，吸收知识的能力，以及评估创造知识的质量和适用性（Almeida 等，2011；Simeth 和 Cincera，2016；Zahringer 等，2017）。这些互动还包括与企业外部的研究人员共同创造新知识。这些合作使企业的研究人员获得了关键的学习机会（Kinney 等，2004），并为他们提供了早期获得的新发现（Stern，2004），以及可能对新产品开发至关重要的技术（Hayter 和 Link，2018）。开放科学也有助于向潜在合作伙伴表明其应有的创新能力，从而促进与其他企业建立有利可图的研发合作（Hicks，1995；Callon，1998；Pénin，2007）。许多研究认为，知识生产是一个需要众多主体共同合作的集体过程。但企业如何选择合作伙伴？如何检验潜在合作伙伴的能力？由于开放科学向潜在合作伙伴表明了自己的创新能力，因此在一定程度上这有助于解决阻碍集体创新过程中的信息不对称问题，从而吸引与他们的合作。

三是提升吸收和内部创新能力。Rotolo 等（2022）认为，企业的开放科学活动可以增强其科学吸收能力和内部创新能力。学术交流和互动可以提高企业识别、吸收和应用新型外部知识的能力，提高效率和生产力（Marx 和 Hsu，2022）。采用公共资助的基础科学研究可以帮助降低企业的研发成本（Akcigit 等，2021）。此外，对基础科学研究的投资可以帮助企业吸收外部技术（Audretsch 和 Belitski，2020）。科学进步会对创新产生重大影响，科学披露提升了企业的创造力（Simeth 和 Cincera，2016）。首先，企业可以进行基础科学研究，并公布其研究结果，以补充其研发和创新活动。其次，参与研究活动可以帮助企业研究人员发展关键技能，并确定新的商业应用或技术（Friesike 等，2015）。最后，企业科学家在识别有前景的新发明、与外部研究人员合作以及适应外部技术方面发挥着至关重要的作用。

7.3.2 人力资本价值提升的实现机制

人力资本是企业进行研发和提高创新能力的关键资产（Cohen 和 Levinthal，

1990；Stephan，1996），因此，必须从战略上进行选择。开放科学是吸引高质量科学家和工程师的一个重要机制。研究人员会将知识和能力带到研发过程中，并获得社会和专业网络认可，企业可以利用这些网络与其他研究社区建立联系（Liebeskind 等，1996；Murray，2002；Zucker 等，2002）。开放科学可以极大地提升企业管理人力资本的能力，特别是吸引和留住研究人员与有前途的应届毕业生（Hicks，1995；Pénin，2007；Stern，2004）。因此，企业可以将开放科学作为雇佣和激励研究人员的有力工具（Hicks，1995；Stern，2004）。通过开放科学提升人力资本的机制如下：

一是吸引顶尖研究人员。参与科学披露有助于企业研究人员提升他们的科学能力，并在他们所在的社区中获得技术声誉或声望（Hayter 和 Link，2018；Merges，2004）。发表研究成果是一项"本质上有回报的"活动（Hicks，1995）。发表行为满足了他们的个人和职业愿望，这有助于招募和留住备受尊敬的研究人员（如"明星科学家"），而这些研究人员反过来又为了吸引合作或巩固自己的地位而不断提升科学研究能力（Hess 和 Rothaermel，2011；Penders 和 Nelis，2011）。

二是延续高质量的职业生涯。科学家天生具有"科学偏好"，科学家通常是自我激励的，Stern（2004）在其关于企业开放科学战略如何吸引有才华的研究人员的开创性研究中发现，企业的"科学取向"与工资水平成负相关。这表明，对一些科学家来说，在科学共同体中延续高质量的职业生涯并获得宝贵的研究机会比金钱补偿更重要。在这方面，Sauermann 和 Roach（2014）发现，当企业限制研究人员发表其研究成果时，他们可能愿意接受更低的薪水而换取开放科学的权利和自由。尤其是"明星科学家"，他们将学术声誉和研究机会置于金钱奖励之上（Arora 等，2018）。Ding（2011）研究表明，生物技术初创企业创始人强大的科学背景对开放科学战略的采用有积极影响。此外，尽管学术科学家和企业同行的特征在某些方面有所不同，但产业科学家往往有着相似的价值观，非常注重延续高质量的职业生涯（Sauermann 和 Stephan，2013）。

三是塑造人才竞争优势。开放科学可以帮助企业吸引高素质的科学家（Cockburn 和 Henderson，1998）。成功的开放科学增加了研究人员的动机和工作场所的吸引力，这反过来又有助于招募年轻科学家。Simeth 和 Lhuillery（2015）、Buenstorf 和 Heinisch（2020）的经验证据表明，积极从事研发和专注于研究的企业往往以年轻的、受过博士培训的科学家为目标，他们的专业知识超出了企业现有技术的范围。他们想在一个刺激的环境中工作，但他们发现很难知道哪家企业会提供这种服务。因此，企业会鼓励他们的研究人员发表论文并参加会议，以吸引应届毕业生的加入。科学家倾向于选择有良好学术出版记录的企业来促进他们的职业发展。因此，开放科学能力强的企业可以在一定程度上获得人才红利。从这个意义上说，开放科学可以成为一种强大的人才招聘工具（McMillan 和 Hamilton，2000）。

7.3.3　构建企业声誉效应的实现机制

开放科学使企业能够建立自己的声誉，从而提高企业作为知识生产者和创新者的声誉、企业形象和可信度。企业创新者声誉主要包括学术声誉、资本市场的可信声誉、创新者声誉等。实现创新者声誉效应的机制如下：

一是构建企业的学术声誉。"开放科学"可以获得基于优先权的奖励机制，能够鼓励新知识的快速披露（Merton，1973；Dasgupta 和 David，1994）。只有那些提供新的和原创见解的研究人员才能得到科学界的认可并获得良好的声誉。基于他们的声誉，科学家可以获得更多的职业成就，如终身教职或研究资助（Latour 和 Woolgar，1979；Dasgupta 和 David，1994）。学术声誉对企业也具有非常重要的激励作用。科学出版物提高了企业的知名度，并向科学界、产业界表明了他们具有强大的科技创新能力（Niles 等，2020）。如果一家企业享有较高的学术声誉，可能会带来巨大的好处，如显著增加销售额，消费者通常非常看重企业的创新产品，他们经常将企业处于技术前沿的事实解释为质量的标志，以有效阻止潜在竞争对手进入该行业，保护特定的利基市场。

二是建立资本市场的可信声誉。开放科学会提高企业在资本市场的地位，这可能会促进企业从银行、风险投资家和股票市场获得融资。在决定如何分配资金时，融资人通常不掌握他们可能决定支持的每个项目未来盈利能力的完整信息。开放科学可以成为企业关于其创新能力、产品质量、科学发现和隐性知识的可信信号，并将向资本市场直接发出信号。换言之，开放科学可能是向潜在融资方表明企业盈利能力的一种方式，这可以得到各个利益相关者的认可（Arora 等，2018），能够吸引投资者——风险投资家、股东等为企业未来的研发工作提供资金支持（Eisenberg，2000）。例如，Simeth 和 Cincera（2016）发现了开放科学对企业市值产生积极影响的证据。对于小微企业或初创企业来说，发表科学论文是一种比申请专利更具成本效益的信号机制，可以吸引潜在投资者的更多关注（Belenzon 和 Patacconi，2014）。同样，开放科学带来的声誉使企业能够获得公共领域的财政资源，即获得公共资助或补贴（Simeth 和 Cincera，2016），因此，公开披露自己知识的企业可能更适合获得公共资金。

三是释放创新能力信号。企业出版物表明其有能力产生具有潜在商业价值的知识。出版物的开放性，以及它们相对容易获得和传播信息，使这种形式的研究成果成为企业发出信号的有力手段。当一家声誉良好的科学期刊接受一家企业的论文发表时，该期刊可以证明该论文的内容得到了可信第三方的认可。根据信号理论，这种认证产生了一个强烈的信号，为利益相关者提供了一个无法直接观察到的企业属性的代理，从而减少了创新过程中的不确定性。发表科学论文，能够向外界发出表明企业具有足够强大技术能力的信号（Almeida 等，2011；Arora 等，2018）。这些信号到达学术和专业网络，会提高企业在这些社区的声誉。开放科学使潜在的学术和产业合作伙伴（如大学、供应商、竞争对手）能够对企业的科技能力、科学发现的质量以及隐性和未公开的知识进行推断（Hicks，1995；Nelson，1990；Polidoro，2012；Spencer，2001）。出版物可以在各种外部利益相关者（投资者、政府、潜在客户和合作伙伴）面前建立声誉优势。

7.3.4 塑造市场竞争优势的实现机制

开放科学可以成为企业关于其创新能力、产品质量、科学发现和隐性知识的可信信号，这些都是塑造竞争优势的关键来源，开放科学如何塑造竞争优势，具体机制如下：

一是巩固产品的市场地位。从短期来看，科学出版物产生的知识溢出可能会使竞争对手受益，从而限制披露企业的创新在市场上的成功。但从长远来看企业开放科学行为对其创新绩效具有积极影响。一些学者认为，在技术创新的早期阶段，企业不担心竞争对手的模仿，反而担心替代品的出现，此时企业会通过发表科技论文来降低产品被替代的风险。学者们也指出了开放科学的防御性目的，即通过出版物披露现有技术，阻止对手对所披露的创新申请专利（Johnson，2014），甚至会改变外部行为者的竞争与合作行为（Polidoro 和

Theeke，2012；Alexy 等，2013)。

二是建立行业标准与优势。开放科学对企业建立行业标准具有重大的促进作用（Smith 等，2010)。企业出版物是技术传播和作为先行者获得优势的潜在工具（Lück 等，2020），一家企业进行基础科学研究的能力是制定国家和行业标准的重要催化剂（Smith 等，2010）。开放科学有助于建立企业在创新方面的声誉，大大增加参与制定标准活动的机会（Zhao 等，2023）。企业可能希望披露其特定创新的部分知识，以降低竞争对手采用这种创新的成本。如果创新与竞争对手销售的产品兼容，就会产生消费网络效应，使创新对产品更有吸引力。在这种情况下，创新者可能会发现披露创新知识以促进产品兼容是有利可图的。事实上，由于消费网络效应，披露会引发消费者创新价值的增加，这反过来可能会对披露企业的需求产生积极影响。因此，开放科学会增加将创新作为行业标准的机会。

三是提升企业市场价值。研究还发现开放科学与股市估值之间存在相关性（Arora 等，2018；Simeth 和 Cincera，2016）。在科学期刊上披露研究成果会导致更高的股票市场价值。此外，这种披露的积极影响源于向上游利益相关者发出的科学信号。拥有更多学术出版物的企业受到股票分析师的更多关注，这证实了开放科学的信号效应（Audretsch 和 Stephan，1996）。Hsu 等（2021）研究了我国上市企业的市场价值与科学出版物、专利之间的关系，发现企业的市值与学术出版物的数量和专利数量呈正相关关系。研究发现，当一家企业的学术出版物数量从 0 增加到 7.7（样本平均值）时，其市值将增长 5.8%，而且学术出版物通过人力资本和信号传导这两种机制提高了企业的市场价值。

7.3.5 支持知识产权战略的实现机制

开放科学也是一种有效的知识产权策略，经常与专利、商业机密等进行组合使用。以往的研究都将开放科学视为企业为其发明建立合法产权，以及管理和保护其知识产权组合战略的关键组成部分（Godin，1996；Nelson，1990）。企业可以在出版物中战略性地披露专利申请前的信息，以改变现有技术，从而限制或阻止竞争对手为所披露的发明申请专利。这意味着企业开放科学可以有效地支撑知识产权战略，具体实现机制如下：

一是开展有效的专利竞赛。企业通常选择开放科学作为有效策略，以防止其他企业为披露的创新申请专利（Parchomovsky，2000；Johnson，2014），这通常被称为防御性出版。首先，专利竞赛中的落后者可以采取防御性的出版策略来延长专利竞赛，使领先企业获得专利更加困难（成本更高），或者至少缩小领先者可能获得的专利范围（Parchomovsky，2000）。防御性出版策略可以促使领先的竞争对手在研发方面投入额外的资源，直到与现有技术相比取得足够的进展。这种投资需要时间，从而增加了落后者缩小与领先竞争对手技术差距的机会。其次，专利竞赛的领导者可以采取防御性的出版策略，迫使落后者退出竞争（Baker 和 Mezzetti，2005）。领先企业的披露可以为落后者提供减少差距的关键信息，但也会降低落后者对竞争专利的预期价值，从而鼓励落后者放弃竞争。

二是补充其他形式的知识产权。选择性和战略性的科学披露可以从技术，地理范围方面扩大现有专利范围，从而有效补充专利或商业秘密等知识产权策略。值得注意的是，企业还可以战略性地将专利与出版物中所披露的知识相结合，以缩小专利的空间范围，从而增加许可收入（Bar-Gill 和 Parchomovsky，2003）。开放科学增加了现有技术的存量，并阻止了竞争对手通过专利申请来保护自己研究成果的行为（Holgersson 和 Wallin，2017）。这保障了企业的经营自由，既不受竞争对手专利的限制，也不会产生获得正式知识产权措施的额外成本（Gans 等，2017；Hayter 和 Link，2018；Johnson，2014；Pénin，2007）。开放科学也有助于将创新商业化，因为它们可以向潜在用户发出产品有效性的信号（Azoulay，2002；Rafols 等，2014），或鼓励监管机构通过产品的审批（Penders 和 Nelis，2011）。

三是促进专利和开放科学的有效组合。当竞争对手通过对所使用的关键技术主张知识产权来限制其业务时，防御性出版可能是保持企业市场地位的有效策略（Barret，2002；Gans 等，2017；Johnson，2014；Pénin，2007）。将出版和专利结合起来可能会产生与特定技术或发明相关的冲突，因为特定科学发现的出版有助于增加现有技术的存量，从而降低在出版范围内成功申请专利的可能性（Holgersson 和 Wallin，2017）。此外，即使在成功申请专利后，后续出版物也会降低连续申请专利的可能性。科学出版物代表了企业的研究成果和相关基础知识（Arora 等，2018）。相比之下，专利是应用研究和技术开发的成果，显示了企业知识的行业专有性。由于基础研究和应用研究在产生商业收益方面是互补的，因此它们的复杂组合在理论上有助于提高企业的创新绩效。

7.3.6 支持商业化战略的实现机制

开放科学可以有效支撑商业化战略。企业出版物提供了"认证信号"，不仅提高了企业的声誉，还支持了企业的商业化成功。科学出版物的开放性向潜在客户发出了企业新产品或服务的信号，并减轻了对这些产品或服务价值的任何不确定性。开放科学支持商业化战略的机制如下：

一是促进新产品开发。开放科学有助于将创新商业化，因为它们可以向潜在用户发出产品有效性的信号（Azoulay，2002；Rafols 等，2014）。出版物可以作为企业产品或服务质量的"认证信号"（Arora 等，2021；Huang，2017；Polidoro 和 Theeke，2012）。开放科学提供了宣传，并引起了人们对企业产品或服务的兴趣，从而加快了商业化进程，甚至为企业开辟新市场提供了支持（Simeth 和 Lhuillery，2015）。Polidoro 和 Theeke（2012）的研究表明，制药行业科学出版物减少了新药的不确定性，可以提高（临床）研究的可信度和合法性，从而提高新药获得监管机构审批的可能性。

二是支持营销活动。开放科学是一种无形的营销策略，可以在市场上定位新产品并支持企业的营销活动（Azoulay，2002；Polidoro 和 Theeke，2012）。科学出版物可以通过在客户和市场参与者中产生兴趣来支持新产品的营销（Pénin，2007；Simeth 和 Cincera，2016）。特别是在制药行业，出版物通过发布药品的功效，并让其他从业者或监管机构通过验证这些结果而发挥营销作用（Arora 等，2018；Azoulay，2002；Pénin，2007；Rafols 等，2014）。比如，出版物可以通过向医生宣传药物的有效性和安全性来刺激药物的传播（Azoulay，2002；Simeth 和 Raffo，2013）。当一家企业在顶级期刊上发表论文时，这种策略尤其有效，对药品销售的不同影响取决于出版物的类型，以及出版物宣传的特定药物。Slejko 等（2018）提供的证据表明，不同类型的科学出版物（如临床证据、研究出版物）可用于宣传不同类型的声明（临床效益，成本相关效益）。这反过来又影响医生、政府和卫生技术评估机构、医疗保险企业等不同类型利益相关者的购买决策，并最终影响不同类型药物的销售。

三是支持监管机构的审批。在一些部门（如制药、生物技术、化学品），公布科学证据有助于获得监管机构对产品商业化的批准（Azoulay，2002；Hartmann

和 Henkel，2020；Polidoro 和 Theeke，2012）。出版物提供了科学证据来支持与产品相关的技术能力，从而增加了获得积极评估的机会（Rafols 等，2014；Simeth 和 Raffo，2013）。制药行业非常重视科学出版物对其药品商业化的营销影响力（Glenna 和 Bruce，2021；Steinman 等，2006）。制药企业通常会鼓励研究人员发表科学论文，以提高其产品的功效和安全性，从而获得监管部门的批准和采用。

7.3.7 构建创新生态系统的实现机制

企业开放科学影响了众多利益相关者在创新和价值获取过程中所发挥的作用，对营造生态创新系统具有重要的促进作用，具体实现机制如下：

一是促进多重机制高度协同。竞争对手、供应商、用户、金融市场、学术界以及政府等利益相关者，在企业研发和价值获取中发挥重要作用，他们可以为企业的研发过程提供知识、资源和人力资本等。开放科学向所有利益相关者释放出关于创新、产品、技术等方面的信号，对利益相关者的行为产生重要影响。企业开放科学具有多种目的，建立在经常与多个利益相关者群体互动的各种机制之上，如扩大专利发明的范围、向投资者发出表明发明质量和高水平技术能力的信号、吸引高层次研究人员、建立竞争公共研究资金所需的信誉、促进监管机构审批等，这些机制之间不是互相排斥而是高度协同的，能够有效促进创新生态系统的构建。

二是培育行业内的开放环境和文化。企业通过反复披露其创新的部分知识，鼓励和引导竞争对手也披露相关的创新知识，从而达到培养其行业开放性的目标（Pénin，2007）。创造一个开放和隐性合作的环境主要是因为开放科学会产生互惠的效果，这使得企业有可能最终惩罚那些不参与开放科学的搭便车者。开源软件的概念就是这样一个培育开放环境的例子，在这个环境中，行动者公开披露知识并鼓励互惠。在一个动态的环境中，企业开放科学是合理的，因为这样可以期待和诱发竞争对手的互惠行为。企业之间开放科学的默契行为可以有效培育行业的开放环境和文化。

三是诱发上下游各部门创新。产业链中的创新者如果决定披露创新知识，以允许上游供应商利用这些知识来改进其产品或提供与创新相关的服务（Harhoff 等，2003）。企业的这种开放科学行为会诱发一系列乐观结果的出现。

供应商利用创新者的披露知识对产品进行改良，并向用户（创新者）提供这些改进的产品，创新者可以以更低的价格获得更好质量的产品，最终从自己的开放科学行为中受益。在这种情况下，开放科学所披露的知识触发了新设备的成本降低或生产力提高。同时，上游部门企业可能会被诱发公开披露有价值的信息，以扩大下游部门的生产（增加下游市场的规模），从而增加对其生产要素的需求（Harhoff，1996）。比如，IBM是第一个开发出一种制造半导体工艺的企业，该工艺在电路元件之间引入了铜互连工艺，IBM向竞争对手、用户和设备供应商自由披露了越来越多的专有工艺流程信息，有效诱发了上下游各部门的创新行为。总之，上游企业向下游部门开放披露知识是有利可图的，因为开放科学行为可以降低沉没成本和进入壁垒，从而促进下游部门企业数量的增加；同时，开放科学还可以有效提高下游部门企业的研究质量，从而降低生产成本，提高整体产量。

四是触发用户反馈并产生网络效应。上游企业的开放科学行为可以获得下游用户的有效反馈。用户创新理论认为用户在产生新知识方面处于独特的地位，用户在软件、游戏、外科器械、运动设备、图书馆信息系统、印刷电路CAD（计算机辅助设计）软件等领域的创新过程中发挥着关键作用（Henkel和Von Hippel，2003）。一方面，开放科学是触发消费者反馈的必要条件，换句话说，企业决定公开披露其创新知识，目的是获得用户的评价与反馈，从而促进更多消费者使用所披露的创新。另一方面，如果创新产品与竞争对手销售的产品兼容，知识披露行为则会诱发消费网络效应，从而使创新产品更具有吸引力。在这种情况下，创新者会发现披露创新知识以促进兼容产品的出现是有利可图的。事实上，由于消费网络效应，披露会引发消费者创新价值的增加，这反过来可能会对披露企业的需求产生积极影响。

7.4 小结

本章深入分析了企业开放科学的战略动机及实现机制，企业在开放科学决策时面临着复杂而有趣的权衡，研究全面建构了企业开放科学战略动机的系统性框架，提出了"提升创新能力与绩效、提升人力资本价值、构建创新者声誉、塑造市场竞争优势、支持知识产权战略、支持商业化战略、营造创新生态系统"七大战略动机，并重点揭示了驱动不同战略动机的实现机制。

当前，我们正在全力打好关键核心技术攻坚战，努力实现关键核心技术自主可控，加快实现高水平科技自立自强，为此，亟须培育一批世界一流的创新型企业，其关键在于提升企业的基础科学能力，而开放科学作为一种战略工具，将会为企业带来多元化的战略性收益。本研究对企业创新管理带来如下启示：

7.4.1　将开放科学作为一种全新的竞争策略

企业开放科学虽然会带来一定程度的知识泄露，却能带来更大的收益，作为有效的竞争策略，开放科学可以提升外部评估的效率，削弱对手在技术主导权竞争中的相对地位，从而巩固产品的市场地位；开放科学也有助于增加企业参加行业标准制定的机会（余义勇和杨忠，2020），促进技术标准的开源化（戚聿东等，2022）；企业科学出版物释放的强有力信号还会有效提升企业的市场价值。另外，开放科学可以吸引高水平科学家的加入，促进新产品的开发和上市。

7.4.2　将开放科学作为人力资源管理的战略性工具

开放科学通过向外界释放创新能力的强有力信号，有助于吸引与学术机构以及产业伙伴的合作、吸引顶级创新人才，科学家天生具有开放科学的偏好，他们甚至愿意以较低的工资水平来换取开放科学的自由和权利。因此，建议企业制定鼓励发表的开放科学政策，以更好地吸引和留住科学人才，并享有获得外部知识的优越机会。

7.4.3　将开放科学作为积极的知识产权保护策略

鼓励企业树立"开放科学是有效知识产权策略"的基本理念，通过开放科学开展有效的专利竞争，防止竞争对手为所披露的创新申请专利，积极探索开放科学对专利和商业机密进行有效补充的方式与路径。

7.4.4　将开放科学作为积极的商业化策略

鼓励企业在著名的科学期刊上发表论文，注重向外界释放创新能力信号，助力企业在科学界、资本市场、投资者、供应商、客户、合作伙伴、政府等利益相关者面前构建创新者声誉优势，这是获得学术资源、资金支持、外部评价、监管审批等外部资源的关键，也是促进新产品开发、支持营销活动、支持监管机构的审批以及降低外部风险促进商业化成果的有效手段。

第 三 篇
企业开放科学与创新策略

第8章 开放科学与创新诱发机制：基于我国人工智能企业的实证研究

当前，我国人工智能行业的开放科学蓬勃发展，大型企业纷纷活跃在学术前沿，但学术界对行业开放科学与企业开放科学之间的关系研究其少。这便引出一个有趣的话题：企业的开放科学是否会诱发行业的开放科学？创新诱发机制又是如何？本章将以 A 股 279 家人工智能概念股的上市企业为样本，使用其 2006~2023 年中英文论文的相关数据进行实证分析，选取并界定企业开放科学、知识溢出、行业开放科学等相关变量，来揭示开放科学的知识溢出与创新诱发机制。

8.1 问题的提出

当前，开放科学已经成为全球创新发展的主流范式（张学文等，2024）。2023 年，美国白宫科学技术政策办公室（OSTP）将当年确定为开放科学年。世界各国纷纷投入开放科学的制度构建与理论研究，各大企业也纷纷通过开放科学分享知识；2021 年联合国教科文组织发布了《开放科学建议书》，通过了世界首个开放科学国际框架；同年，我国修订了《中华人民共和国科技进步法》，明确提出"推动开放科学的发展"。开放科学不仅是提升国家创新效能的关键，还是提升企业科研能力的关键（杨卫等，2023）。世界上 90% 的行业领先企业都存在知识披露行为（Simeth 和 Lhuillery，2015），无论是有着独立实验室的大企业还是众多科技型中小企业，无论是在制造业部门还是在其他高科技产业（张学文和陈劲，2013），这都成为一种新的常态行为（Simeth 和 Lhuillery，2015；Alexy 等，2012；Simeth 和 Raffo，2013）。Hicks（1995）指出，飞利浦、西门子等大型企业对科学的贡献相当于中型大学的贡献；Lim（2000）指出，IBM 在 1985~1997 年发表的论文数量，是同期相关领域大学论文发表数量的两倍。

如今，随着新一轮科技革命的到来，企业间的创新竞争异常激烈，由于创新本身具有高投入、高回报和高风险的特征，因此任何企业都会设法保护他们的创新成果（张学文和田华，2019）。但各个行业都在积极地进行开放科学（Astebro等，2012），人工智能行业的开放科学更显得异常活跃（Hartmann 和 Henkel，2020）。但目前学术界对企业开放科学的研究主要集中在动机与制度逻辑上，对开放科学给相关企业带来的影响却关注不够（Jee 和 Sohn，2023），如企业开放科学对同行业开放科学的影响研究都较为有限。

人工智能行业的开放科学正在蓬勃发展，其行业内的各大企业构成了行业的组成部分，且各自的开放科学行为极其活跃，这便引申出一个有趣的研究问题：行业开放科学的蓬勃发展，是否由单个企业诱发而来？企业的开放科学是否会诱发行业的开放科学？诱发机制又是如何？为此，本章以 A 股 279 家人工智能概念股的上市企业为样本，使用其 2006~2022 年的论文数据进行 KHB 实证分析，选取了企业开放科学、知识溢出、行业开放科学等相关变量，揭示了开放科学的知识溢出与诱发机制。

8.2　理论基础与假设提出

8.2.1　开放科学的基本内涵

开放科学这个概念最早由经济学家 Dasgupta Partha 和 Paul David（1994）提出（张学文和陈凯华，2022），其理论最早可追溯到 Nelson（1959）和 Arrow（1972）对政府资助科学发展的制度研究。他们认为，研究所产生的科学知识是一种公共物品，这意味着知识一旦开放或公开，每个人都可以免费利用这些知识，产生更高的社会回报（张学文，2013）。Vicente-Saez 等（2018）对开放科学建立了综合严格的定义，认为"开放科学是通过协作网络共享和发展的透明和可获取的知识"。张学文（2013）从"科学—商业"二元价值维度提出三种类型的开放科学；Friesike 等（2015）从价值链的角度来定义开放科学的内容与主体；梅亮等（2019）从创新发展的阶段定义开放科学机制；武学超（2016）定义了开放科学范式下的多种时代特质。开放科学主体有大学、公共研究机构、企业等；开放科学也包括一系列形式，如系统发布研究结果（Chalmers 等，2013）、预先登记研究（Kupferschmidt，2018）、开放出版（Else，2018）、开放数据（Lee 和 Moher，2017）、开源代码（Foster 和 Deardorff，2017）、论文发表（Bourne 等，2017）等。借鉴张学文（2024，2019）、Simeth（2013）等的观点，本章把企业科技论文的发表数量作为开放科学的衡量指标，在本章的研究中，开放科学特指企业的论文发表这种形式，分别采用中文论文和英文论文的发表数量进行衡量，并分别表述为面向国内的开放科学和面向国际的开放科学。

发表学术研究是现代社会技术进步的基础（Mansfield，1991，1998），一般情况下，学术研究和学术发表的主体是有政府资助的大学或公共机构而不是企业（Mowery 和 Rosenberg，1999）。这是因为知识在一定程度上是公共产品，开放科学所产生的知识溢出在很大程度上超出了原始企业的控制范围（Arrow，1972；Mansfield，1985），外部行为者对企业开放科学的知识往往存在"搭便车"的行为，而且企业的开放科学不仅降低了自身技术的不可模仿性和独特性（Wernerfelt，1984），还降低了企业知识投资的回报（Demsetz，1967；Audretsch 和 Feldman，1996）。因而学者通常认为在没有直接金钱奖励的情况下，开放科学这种行为是反直觉的（Arrow，1972）。

根据以往文献，企业开放科学带来的损失较为明显，回报则较为隐晦（Jaffe，1986；Kogut，1992），但一些企业仍然积极地发表文章（Grassano 等，2019），因此很多研究揭示了企业为什么要进行开放科学行为（Camerani 等，2018）或企业不同阶段的开放科学目的（Hayter 和 Link，2018），如提供发表的机会来吸引人才（Simeth 和 Raffo，2013）、保持与学术界的联系（Rosenberg，1990）、与学术界交换有价值的知识（Hicks，1995）、发展合作创新能力（Kremena 等，2014）、在新技术早期阶段防止被替代（Polidoro 和 Toh，2011）或通过战略性发表来促成有利于自己的行业标准（Teece，1986；Harhoff 等，2003；Huang，2017）等。对企业开放科学后带来的效益也有较多的探讨，如企业进行开放科学可以提高商品和服务绩效（Gifford 等，2022）、提高专利创新绩效（David 等，2008）、提升股市的市场价值（Arora 等，2018）、增加吸收外部知识的能力（Fabrizio，2009）、释放企业的优势信号（Malva 等，2012）、获得有价值的研究投入（Almeida 等，2011）、提高企业在科学界的知名度和声誉并增加与大学的合作机会、加强企业在行业中的核心地位并提高企业在公众中的信誉（Appelbaum 等，2016）、广泛传播企业的技术标准并促进监管机构批准产品的商业化进程（Hartmann 和 Henkel，2020）、提供信号机制以吸引潜在投资者的注意以提供资金支持（Belenzon 等，2014）、获得声誉和信誉来获得财政资源（Simeth 等，2013）等。但也有研究指出开放科学会抑制企业高质量专利的生产（Gittelman 等，2003）。

8.2.2　人工智能企业的开放科学

随着 Hinton（2006）等在 2006 年发表了深度信念网络模型，人工智能技术的卓越表现越来越影响人们的方方面面（Jee 和 Sohn，2023），大模型 ChatGPT 引起世界热议，自动驾驶、语音交互、物体识别、智慧医疗等人工智能应用的场景无处不在，该技术被普遍认为是各个行业转型升级的关键所在（Brynjolfsson 和 McAfee，2017；Henke 等，2016），是科技发展和经济增长的重要引擎（Aghion 等，2019；Goralski 和 Tan，2020）。值得注意的是，ChatGPT 的研发设计并不是由大学或公共研究机构完成的，而是由微软企业旗下的 OpenAI 所研发。尽管对人工智能的研究在 20 世纪主要是由大学来完成，但现在人工智能技术的发展越来越多地由大型科技企业来推动，许多颠覆性的创新和发明就源于大企业的实验室（Hartmann 和 Henkel，2020）。在人工智能行业中，正是大型企业，而不是大学和公共研究机构，掌握了大数据中心、云计算系统等研究所必需的资产，因而大型企业成为人工智能研发的主要参与者（Gibney，2016）。

人工智能领域作为科技前沿，竞争和创新显得异常激烈，尽管创新研究的主流观点认为，独占研发成果、避免知识溢出才是获取竞争优势的关键，但该行业内各个企业的开放科学行为却异常活跃，它们会选择在各类期刊中选择公布其研究成果（Arora 等，2018；Camerani 等，2018）。因此，企业的开放科学行为是一种选择性知识披露的战略（Alexy 等，2013）。Simeth 和 Raffo（2013）指出，具有较高研发强度的企业开放科学的频率更快、数量也更多。Anthes（2017）指出，大量的人工智能企业因为拥有前沿科技的关键资产和关键性的数据资产（Hartmann 和 Henkel，2020），所以会有意吸引对知识创新（Dasgupta 和 David，1994）或经济发展（Etzkowitz，2002）有贡献的学者，而被吸引来的大量学者自然会围绕企业利益展开学术研究并发表论文，进而提升该企业的创新收益；同时，这些大企业看到了人工智能作为一种赋能技术（Teece，2018）和通用技术（Klinger 等，2018）带来的巨大市场潜力，因而更加投入对人工智能新兴技术的基础科学研究（Waters，2015），这使得各个人工智能企业的开放科学行为异常活跃。

中国作为全球最大的互联网市场，一直在积极追赶世界级的前沿技术并在人工智能领域迅速崛起（Fang 等，2020）。尽管国内企业的技术并非遥遥领先，但它们的运营能力和影响力越来越大，并在全球化的创新竞争方面表现出了高远的战略（Chen 等，2016；Appelbaum 等，2016；Huang 等，2017）。同时，随着我国人工智能的企业逐渐从技术采用者转变为技术开发者，企业将投资越来越多地用在基础科研领域并频繁地发表论文（Liu 和 White，2001；Motohashi 和 Yun，2007），且在论文发表的质量方面，我国人工智能企业的文章也被越来越多地引用（O'Meara，2019）。

为了可视化对比国内外人工智能企业的开放科学行为，我们选取了在美国、英国、日本等国家主板上市的世界人工智能领军企业 70 家，如谷歌、微软等；选取了在 A 股上市的中国人工智能领军企业 279 家，如浪潮科技、科大讯飞等。我们对以上企业的开放科学行为分年份进行加总，结果如图 8-1 所示。

图 8-1 国内外人工智能领军企业的开放科学对比

可以发现，虽然我国人工智能领军企业的开放科学较世界人工智能领军企业比还有一定差距，但在党的领导和国家大政方针的指引下，国内该行业较少受到国际事件的冲击，使国内和国外的开放科学频率稳步上升。

8.2.3　开放科学与知识溢出

与企业开放科学的大量讨论相反，学术界对开放科学带来知识溢出后果的探讨相对较少（Jee 和 Sohn，2023）。知识溢出（Knowledge Spillover）是指知识从创造知识的一方流向外部行动者，在商业界，指知识从创造知识的原始企业流向接受企业（Yang 等，2010；Jee 和 Sohn，2023）；因此，企业开放科学所公布的知识与知识溢出有着天然的联系。由于知识在一定程度上是一种以非竞争性和非排他性为特征的公共产品，因此知识溢出发生在各行各业中，即使知识创造的一方无意透露此类知识（Arrow，1972）。因此，经济学家一直在讨论创造新知识与管理新知识之间的难以平衡，他们发现，知识溢出往往有利于社会和外部行动者，而不是创造知识的一方（Griliches，1991；Change，1990）。对于企业而言，获取知识的机会并不均等（Jaffe，1986）。例如，与行业外企业开发科学的知识相比，企业可以更容易地获取和利用行业内其他企业开放科学的知识（Henderson 和 Cockburn，1996）。同样地，一个企业可以更容易地利用拥有相似技术的其他企业开放科学的溢出知识（Jaffe，1986）。

当外部行动者利用从原始企业流出的知识来创造自己的知识时，就会发生知识溢出（Griliches，1991），借鉴 Jee（2023）的研究，本节使用原始企业论文发表的被引数量来衡量知识溢出的大小，被引关系可以清晰地表现出原始企业向其他企业的知识溢出。对于知识溢出的原始企业，其论文的频繁被引可以增加自身在特定范式内对把控知识轨迹演化路径的可能性（Abernathy 和 Utterback，1978；Dosi，1982）。这样一来，原始企业通过发表新知识后形成的轨迹上就会有多个其他企业的研究发表，其之间的被引关系则可以视为是原始企业与其他企业的非正式合作（Alexy 等，2013）。通过这种知识溢出，原始企业可以利用别人的知识创造，诱导知识向利于自己的方向演化。这使原始企业与其他企业的开发科学通过知识溢出交织在一起，使企业开放科学与行业开放科学的发展呈螺旋上升的态势。

人工智能行业内除了原始企业的其他企业，其各自创造的知识均会与原始企业具有关联，因此出现了行业内互相引用的情况，因为这种相关性降低了行业内其他企业的知识搜索成本，并加快了创造新知识与知识重组的速度（Cohen 和 Levinthal，1990）。尤其在人工智能这种前沿技术的演化中，其知识轨迹的演化不够清晰，演化的各个维度、各个方向都存在着极端不确定性，只有某条研究路径相对确定后，才能对企业的研发、成果转化等商业行为带来相对的稳定。因此，会有大量企业或科研机构互引论文，支持某一人工智能技术朝着某一方向演化（Garud 和 Rappa，1994；Grant，1996）。

在商业界，各个企业的频繁发表与知识溢出最终会演化出几条明显的路径，从而使某些不确定的前沿知识的合法化和商业化，最终创造出一个崭新的知识密集型产业（Garud 等，2002），人工智能领域符号学派的衰落与深度学习的火热就印证了这一点（Jee 和 Sohn，2023）。因此，这种过程加剧了人工智能行业开放科学的蓬勃发展。

基于以上理论基础与文献回顾，本章提出两个假设：

H8-1：企业的开放科学会诱发行业的开放科学行为。

H8-2：知识溢出在企业的开放科学诱发行业的开放科学行为过程中起中介作用。

对于 H8-1，我们假设的是一个企业的开放科学会对行业开放科学产生积极的正向影响，强调的是企业与行业之间的天然联系、能动关系与紧密影响，因此使用"诱发"来表述二者的关系。对于 H8-2，我们假设的是知识溢出在 H8-1 过程中起到的中介作用，因此也被表述为"诱发机制"。

本章对企业开放科学、知识溢出与行业开放科学的变量测度均为企业论文发表的相关信息，因为国别语言与国内外学术环境的差异，本章将开放科学分为面向国内与面向国外两类，使用中文论文与英文论文进行测度。企业发表的中英文论文有着各自对应的知识溢出（被引频次），但两类论文都会对行业的中英文论文产生影响；如企业发表的一篇英文论文，既会对行业中文论文的发表产生影响，也会对行业英文论文的发表产生影响。因此，本章生成四类具体的开放科学行为，并交叉实证得到 A、B、C、D 四类结果，H8-1 与 H8-2 成立的充分必要条件为如下的四类子假设：

A 类：

H8-1a：企业面向国内的开放科学行为会诱发行业面向国内的开放科学行为。

H8-2a：知识溢出在 H8-1a 的过程中起中介作用。

B 类：

H8-1b：企业面向国内的开放科学行为会诱发行业面向国外的开放科学行为。

H8-2b：知识溢出在 H8-1b 的过程中起中介作用。

C 类：

H8-1c：企业面向国外的开放科学行为会诱发行业面向国内的开放科学行为。

H8-2c：知识溢出在 H8-1c 的过程中起中介作用。

D 类：

H8-1d：企业面向国外的开放科学行为会诱发行业面向国外的开放科学行为。

H8-2d：知识溢出在 H8-1d 的过程中起中介作用。

8.3　研究设计

8.3.1　样本选择

虽然人工智能的发展历史可以追溯到 20 世纪 50 年代，但直到近几年，人们才对人工智能产生了浓厚的兴趣，这主要是因为深度学习的不断深入和广泛使用（Anyoha，2017；Haenlein 和 Kaplan，2019）。自 Hinton 等在 2006 年发表了有关深度信念网络模型的论文以来，基于神经网络的人工智能呈现复苏的状态（Jee 和 Sohn，2023）。如今，通过深度学习和机器学习两类算法，各大企业将人工智能技术广泛应用于各种领域，而且可以使用各种类型的数据，使其不断向着通用人工智能的方向发展（Yamakawa 等，2016）。因此，本研究以至少在 A 股上市两年的人工智能企业为研究对象，研究的时间区间为 2006 年至 2023 年。

为了获得企业的权威性，我们使用了同花顺 iFind 金融数据终端中的人工智能概念股作为企业样本的全集，该概念股列出了 475 家 A 股上市企业。其成分股涵盖多个行业，本章依据 2012 年版证监会的行业分类，着重选取了计算机、软件、互联网、通信等相关行业的企业 313 家。经去除 ST 企业等清洗数据环节，共得到采取开放科学行为的企业 279 家。

8.3.2 变量与模型

本章将企业开放科学定义为这 279 家中的任意一家企业的论文发表，该企业为目标企业；将行业开放科学定义为除了目标企业外的其余 278 家企业的论文发表。本章探究的是企业开放科学与行业开放科学之间的关系，并提出了企业开放科学的知识溢出与诱发机制。对应到样本的 279 家企业中，我们探究的是，目标企业的开放科学是否会诱发其他 278 家企业的开放科学行为，且诱发途径是否为目标企业的知识溢出，因此我们构建出基于中介效应的实证模型。其中，我们将企业开放科学作为自变量，将行业开放科学作为因变量，将知识溢出作为中介变量，以期通过实证研究检验 H8-1 与 H8-2，总的实证模型如图 8-2 所示；具体模型如图 8-3 所示，A 回归对应 H8-1a 和 H8-2a，B 回归对应 H8-1b 和 H8-2b，C 回归对应 H8-1c 和 H8-2c，D 回归对应 H8-1d 和 H8-2d；四类回归的假设成立则 H8-1 与 H8-2 也成立。

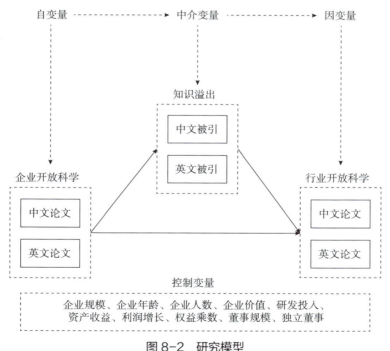

图 8-2　研究模型

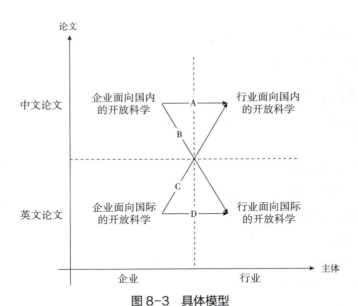

图 8-3　具体模型

如表 8-1 所示，我们借鉴张学文（2024）、Jee（2023）、Arora（2018）、Simeth（2013）等的研究，对于自变量—企业开放科学与因变量—行业开放科学，使用论文发表的累加数量来衡量，单位为篇；对于中介变量—知识溢出的测度，使用企业论文发表的累加被引数量来衡量，单位为次。在控制变量的选取上，我们选取了企业规模、企业价值、研发支出、资产收益、董事规模等变量。

表8-1　变量描述

变量	描述	数据来源	文献支撑
自变量 　企业面向国内的开放科学 　企业面向国际的开放科学	目标企业中文论文发表的累加数量 目标企业英文论文发表的累加数量	中国知网数据库 WOS 数据库	张学文等（2024）；张学文和田华（2019）；Jee 和 Sohn（2023）；Arora 等（2018）；Simeth 和 Raffo（2013）
因变量 　行业面向国内的开放科学 　行业面向国际的开放科学	行业内其他企业中文论文发表的累加数量 行业内其他企业英文论文发表的累加数量		

续表

变量	描述	数据来源	文献支撑
中介变量 知识溢出1 知识溢出2	目标企业中文论文发表的累加被引数量 目标企业英文论文发表的累加被引数量	中国知网数据库 WOS数据库	张学文等（2024）；张学文和田华（2019）；Jee和Sohn（2023）；Arora等（2018）；Simeth和Raffo（2013）
控制变量 企业规模 企业年龄 企业人数 企业价值 研发投入 资产收益 利润增长 权益乘数 董事规模 独立董事	企业的总资产份额 企业累计运营年份 企业雇佣人数 企业年末市值与总资产之比 企业研发支出金额与营业收入之比 企业净资产与平均所有者权益之比 企业年净利润与去年净利润之比 企业年末总资产与年末所有者权益之比 企业董事会人数 企业独立董事与董事会人数之比	Wind数据库 iFind数据库 CSMAR数据库 CNRDS数据库 企业年度报告 企业官网	

值得注意的是，知识溢出具有跨年度的持久效应，"企业开放科学""行业开放科学"与"知识溢出"均为 t 年至2023年的累加值，而不是在 t 年的当年值。本研究强调，论文被引是一个横跨多年的累加值，因而在我们的假设中，这些由目标企业在某年发表的某篇论文所造成的知识溢出是累加的，且经由知识溢出所诱发的行业开放科学也是累加的。例如，企业A在2006年发表一篇论文的被引次数，是这篇论文于2006年至2023年累加的被引频次；该篇论文产生的知识溢出为2006年至2023年，进而由该论文知识溢出所传导而诱发的行业开放科学也是2006年至2023年的累加，而不是2007年或其他某一年的当年值。因此，本章的中介变量与因变量均是横跨多年的累计值。为了保证因变量、中介变量与自变量均属同一时段，所以我们将自变量也调整为某一时段的累加值。

基于以上，本章自变量"企业开放科学"的测度为目标企业在 t 年至2023年内发表论文的累加篇数；中介变量"知识溢出"的测度为目标企业在 t 年至2023年发表论文的累加被引频次；因变量"行业开放科学"的测度为除了目标企业外其他278家企业在 t 年至2023年发表论文的累加篇数。以上三个变量的测度均分中英文论文两类。

8.3.3 数据来源

本研究构建了一个全新的开放科学与知识溢出数据库，用于整理279家企业的论文发表与被引信息。考虑到企业在国内外均有论文发表行为，因而本研究将企业开放科学与行业开放科学分为面向国内和面向国外两类。面向国内的开放科学使用中国知网数据库进行检索，面向世界的开放科学使用 Web of Science 数据库进行检索。中国知网涵盖了约8500种中文期刊，Web of Science 涵盖了10000多种英文期刊。

我们在中国知网和 Web of Science 中手动搜索了1500余次企业论文信息、人工录入了中文论文被引信息4000余次，共获得279家人工智能企业的中文论文20946篇、英文论文2822篇；其中，中文论文在2006~2023年共被引89580次、英文论文在2006~2023年共被引39539次。值得注意的是，本研究并没有去除会议论文，这是因为在人工智能领域，不少会议的地位通常高于期刊（Vardi，2009；Freyne 等，2010）。此外，大企业也常会选择通过赞助并参加会议这一战略举措，来吸引有才能的研究人员并扩展自己的影响力（Baruffaldi 和 Poege，2020）。其余变量的数据获取均从 iFind、Wind、CSMAR 和 CNRDS 数据库中提取并对应到各个企业中。在数据库的使用上，iFind、Wind、CSMAR 和 CNRDS 数据库包含了300多个经济金融子库和上万种上市企业信息指标。因此，本章构建了一个非平衡的短面板数据，共获得了72688个观测值。

8.4 实证结果与分析

8.4.1 描述性统计

本章的研究分为面向国内的开放科学与面向国外的开放科学，因此，相关性分析与共线性分析结果均得出两类结果。相关性分析如表8-2和表8-3所示，在两类开放科学中，自变量与中介变量、自变量与因变量的相关系数均为正数，且均在1%显著性水平下显著。两类开放科学中的全部变量的方差膨胀因子 VIF 如表8-4所示，其值均小于10，因此表明不存在严重的多重共线性，可以将变量同时放入模型回归。

表8-2 相关性检验——中文论文

变量	企业开放科学	知识溢出	行业开放科学	企业规模	企业年龄	企业人数	企业价值	研发投入	利润增长	资产收益	权益乘数	独立董事	董事规模
企业开放科学	1												
知识溢出	0.917***	1											
行业开放科学	0.467***	0.605***	1										
企业规模	0.279***	0.199***	-0.279***	1									
企业年龄	-0.129***	-0.166***	-0.471***	0.283***	1								
企业人数	0.355***	0.312***	-0.101***	0.770***	0.156***	1							
企业价值	-0.03	0.011	0.048*	-0.224***	-0.012	-0.191***	1						
研发投入	-0.091***	-0.093***	-0.177***	-0.083***	-0.134***	-0.094***	0.136***	1					
利润增长	0.049*	0.035	0.074***	0.009	-0.021	0.025	-0.021	-0.013	1				
资产收益	0.018	0.019	0.015	0.007	-0.018	0.018	-0.007	-0.072***	0.009	1			
权益乘数	0.223***	0.183***	-0.009	0.052***	0.045**	0.03	-0.02	-0.051**	-0.002	-0.048**	1		
独立董事	-0.025	-0.015	-0.053*	0.004	0.121***	-0.032*	0.034*	0.03	-0.022	-0.01	-0.027	1	
董事规模	0.219***	0.219***	0.149***	0.140***	-0.065***	0.214***	-0.057***	-0.033*	0.029	0.01	0.026	-0.480***	1

注：*** 表示 $p<0.01$，** 表示 $p<0.05$，* 表示 $p<0.1$。

表8-3 相关性检验——英文论文

变量	企业开放科学	知识溢出	行业开放科学	企业规模	企业年龄	企业人数	企业价值	研发投入	利润增长	资产收益	权益乘数	独立董事	董事规模
企业开放科学	1												
知识溢出	0.894***	1											
行业开放科学	0.404***	0.543***	1										
企业规模	0.220***	0.246***	-0.186***	1									
企业年龄	0.027	0.023	-0.347***	0.283***	1								
企业人数	0.281***	0.292***	-0.087*	0.770***	0.156***	1							
企业价值	0.048	-0.003	0.057	-0.224***	-0.012	-0.191***	1						
研发投入	-0.033	-0.047	-0.149***	-0.083***	-0.134***	-0.094***	0.136***	1					
利润增长	0.082*	0.069	0.102**	0.009	-0.021	0.025	-0.021	-0.013	1				
资产收益	0.218***	0.183***	0.219***	0.007	-0.018	0.018	-0.007	-0.072***	0.009	1			
权益乘数	0.113**	0.135***	-0.072	0.052***	0.045**	0.03	-0.02	-0.051**	-0.002	-0.048**	1		
独立董事	-0.137***	-0.131***	-0.138***	0.004	0.121***	-0.032*	0.034*	0.03	-0.022	-0.01	-0.027	1	
董事规模	0.222***	0.225***	0.178***	0.140***	-0.065***	0.214***	-0.057***	-0.033*	0.029	0.01	0.026	-0.480***	1

注：*** 表示 $p<0.01$，** 表示 $p<0.05$，* 表示 $p<0.1$。

表8-4 共线性检验

Variable	VIF	Variable	VIF
总论文	7.44	EN 总论文	5.87
总被引	7.24	EN 总被引	5.73
企业规模	3.35	企业规模	4.34
员工人数	3.12	员工人数	4.05
权益乘数	1.48	权益乘数	1.65
董事会规模	1.46	净资产收益率	1.56
独立董事占比	1.36	董事会规模	1.44
成立年限	1.19	研发支出	1.39
托宾 Q 值	1.14	独立董事占比	1.39
研发支出	1.12	托宾 Q 值	1.29
净资产收益率	1.07	成立年限	1.22
净利润增长率	1.01	净利润增长率	1.04
VIF 均值	2.58	VIF 均值	2.58

8.4.2 回归分析

本研究使用了 Stata17 中基于最小二乘法的 KHB 中介效应检验法，该方法由 Breen、Karlson 和 Holm（2013）提出，相较于经典三步法（温忠麟等，2003），该方法的结果输出更聚焦于总效应、直接效应与中介效应，且计算更为稳健。为了保证回归数据的良好偏度和峰度，我们将原始数据进行了对数化处理，并在回归中加入了固定效应和 Robust 稳健标准误，以更好地满足回归假设与回归稳健性。

回归结果如表 8-5 所示。因为自变量与因变量的开放科学均分为面向国内和面向国际两类，因此共输出 4 个回归结果，每个结果内均包含四个系数，分别为"总效应系数""直接效应系数""中介效应系数""中介效应比例"。其中，"总效应系数"为在控制其他变量的情况下，自变量对因变量的影响，该值的显著性可以检验企业开放科学是否诱发了行业开放科学，检验 H8-1 的成立；"直接效应系数"为在加入了中介变量且控制了其他变量的情况下，自变量对因变量的影响；"中介效应系数"为在加入了中介变量且控制了其他变量的情况下，中介变量对因变量的影响，该值的显著性可以检验企业开放科学是否通过知识溢出诱发了行业开放科学，检验H8-2的成立；"中介效应比例"为"中介效应系数"与"总效应系数"之比，意味着中介变量在解释自变量与因变量之间关系时所起的作用程度。各系数后的"*"数量为显著性水平，系数下的括号内数值为对应的稳健标准误。

表8-5　实证回归结果

企业面向国内的开放科学	行业面向国内的开放科学 A	行业面向国际的开放科学 B
总效应	0.547*** (0.026)	0.345*** (0.028)
直接效应	0.348*** (0.041)	0.090*** (0.045)
中介效应	0.199*** (0.023)	0.255*** (0.029)
中介占比	0.363	0.739
企业面向国际的开放科学	C	D
总效应	0.634*** (0.083)	0.428*** (0.048)
直接效应	0.470*** (0.118)	0.294*** (0.067)
中介效应	0.164*** (0.049)	0.135*** (0.031)
中介占比	0.259	0.314

注：*** 表示 $p<0.01$，** 表示 $p<0.05$，* 表示 $p<0.1$。

对比总的回归结果，我们得出以下结论：首先，在四个回归结果中，总效应系数均为正数且在 1% 显著性水平下显著，对应 H8-1a、H8-1b、H8-1c、H8-1d 四个子假设成立，因此 H8-1 验证成立，这表明企业的开放科学确实会诱发行业的开放科学。其次，在四个回归结果中，中介效应系数均为正数且在 1% 显著性水平下显著，对应 H8-2a、H8-2b、H8-2c、H8-2d 四个子假设成立，因此 H8-2 验证成立，这表明企业的开放科学确实会通过知识溢出来诱发行业的开放科学。最后，在四个回归结果中，各中介效应的占比均大于 20%，这表明知识溢出的中介效应均有现实意义。

对比四类回归结果，我们得出以下结论：

第一，竖向对比发现，企业开放科学会较多的诱发行业面向国内的开放科学，较少的诱发行业面向国际的开放科学。

可以看到，人工智能企业在国内开放科学和在国际开放科学时，会诱发行业在国内开放科学产生 0.547 和 0.634 的变化，均高于诱发行业在国外开放科学的 0.345 和 0.428 的变化。也就是说，在我国人工智能行业的 279 家企业中，目标企业发表中文论文和英文论文的数量提升 1%，则诱发其他 278 家企业发表中文论文的数量提升 0.547% 和 0.634%；但诱发这 278 家企业发表英文论文的数量分别提升 0.345% 和 0.428%。这反映出，企业开放科学的知识溢出主要诱发了行业面向国内的开放科学；说明了我国人工智能企业的发展更适配中国国情。

第二，横向对比发现，企业面向国际的开放科学比面向国内的开放科学，会诱发更多的行业开放科学。可以看到，人工智能企业在国外开放科学时，会诱发行业在国内外开放科学产生 0.634 和 0.428 的变化，均高于企业在国内开放科学时对其产生的 0.547 和 0.345 的变化。也就是说，在我国人工智能行业的 279 家企业中，目标企业在国外论文发表的数量提升 1%，则诱发其他 278 家企业发表中文和英文论文的数量分别提升 0.634% 与 0.428%；但目标企业在国内论文发表的数量提升 1%，则只会诱发其他 278 家企业发表中文和英文论文的数量分别提升 0.547% 与 0.345%。这反映出企业面向国际的开放科学会诱发更多的行业开放科学；说明了我国人工智能企业的论文发表在国际学术界具有一定的影响力。

第三，四个回归结果中的中介占比均为部分中介，有三个占比均在 30%，但 B 类回归的中介占比达到了 73.9%。也就是说，在目标企业的中文论文诱发行业发表英文论文，主要是因为其产生的知识溢出。这反映出我国人工智能企业在国内的研发成果成为行业发表英文论文的知识基础，体现出我国人工智能行业在国际学术竞争中正在迈向科技自立自强的新阶段。

8.4.3 稳健性检验

本章使用 Bootstrap（前端开发框架）重复抽样 1000 次的方法进行稳健性检验。Bootstrap 法是由斯坦福大学统计学家 Bradley Efron（1992）在总结归纳前人研究成果的基础上，提出的一种新的非参数统计方法，其实质是对观测信息进行再抽样，进而对总体的分布特性进行统计推断，从而使回归结果更加稳健。得到的结果如表 8–6 所示，β_1 和 β_2 为总效应与中介效应的 Bootstrap 检验结果，可以看到，在四个模型中 β_1 和 β_2 对应的 p 值均为 0.000，其显著性与回归结果相同，说明企业开放科学的诱发机制成立，H8–1 与 H8–2 均得到验证，研究结论具有一定的稳定性。其中，A、B、C、D 依次对应表 8–5 中的四个模型。

表8-6 稳健性检验结果

系数		系统	标准差	Z 统计量	p 值	95% 置信区间	
A	β_1	0.394	0.014	27.960	0.000	0.366	0.422
	β_2	0.236	0.018	12.960	0.000	0.200	0.271
B	β_1	0.174	0.016	10.740	0.000	0.142	0.206
	β_2	0.290	0.024	12.070	0.000	0.243	0.337
C	β_1	0.386	0.035	11.040	0.000	0.318	0.455
	β_2	0.216	0.031	6.970	0.000	0.155	0.277
D	β_1	0.179	0.020	9.000	0.000	0.140	0.218
	β_2	0.169	0.020	8.620	0.000	0.131	0.208

注：*** 表示 p<0.01，** 表示 p<0.05，* 表示 p<0.1。

8.4.4 异质性分析

本章以企业产权性质为标准，将我国人工智能企业划分为国有企业与民营企业；以论文类型为标准，将企业开放科学划分为期刊论文与会议论文。我们对此分别进行了同样的实证回归，以得到异质性分析结果，结果如表 8–7 和表 8–8 所示。

总的来看，异质结果均支持 H8–1，即无论是国有企业还是民营企业、无论企业发表的是会议论文还是期刊论文，都显著地诱发了行业开放科学。尤其是在对比国有企业与民营企业的回归结果上，国有企业面向国际的开放科学，会较大可能地诱发行业面向国内的开放科学，其影响达到了 0.888，比其余各类的诱发影响都要大；也就是说，国有企业英文论文的发表数量提升 1%，会使整个行业发表中文论文的数量提升 0.888%。这反映出国有企业比民营企业，在实现人工智能技术所需的重要设施与资产上具有显著优势，导致其研究结果更易受到重视；同时反映出，国家对助力人工智能领军企业实现科技自立自强的重视。

但对于 H8-2，异质性分析呈现了不同的结果。一方面，知识溢出中介效应的不显著或弱显著，说明企业开放科学不通过或很少通过知识溢出来诱发行业开放科学；这表现在国有企业面向国外的开放科学诱发行业开放科学的机制上。也就是说，国有企业发表的英文论文虽然会诱发行业发表论文，但行业发表的论文并不通过或很少通过引用目标国企的英文论文。这反映出国有企业面向国际的开放科学还会产生除了知识溢出的其他影响，进而诱发行业开发科学。

表8-7 异质性分析

	国有企业		民营企业	
	行业面向国内的开放科学	行业面向国际的开放科学	行业面向国内的开放科学	行业面向国际的开放科学
企业面向国内的开放科学	A	B	A	B
总效应	0.530*** (0.062)	0.411*** (0.042)	0.545*** (0.03)	0.339*** (0.054)
直接效应	0.285*** (0.092)	0.174** (0.075)	0.37*** (0.047)	0.122* (0.065)
中介效应	0.245*** (0.041)	0.238*** (0.041)	0.175*** (0.028)	0.217*** (0.044)
中介占比	0.462	0.576	0.321	0.64
企业面向国际的开放科学	C	D	C	D
总效应	0.888*** (0.121)	0.554*** (0.081)	0.518*** (0.08)	0.359*** (0.05)
直接效应	0.780*** (0.173)	0.446*** (0.114)	0.283** (0.123)	0.173** (0.071)
中介效应	0.108 (0.085)	0.108* (0.058)	0.235*** (0.057)	0.186*** (0.037)
中介占比	—	0.194	0.454	0.517

注：*** 表示 $p<0.01$，** 表示 $p<0.05$，* 表示 $p<0.1$。

另一方面，知识溢出中介效应的强显著和完全中介，说明企业开放科学基本通过或完全通过知识溢出来诱发行业开放科学。这表现在企业面向会议的开放科学诱发行业开放科学的机制上。其回归结果的直接效应基本不显著，表现出企业面向会议的开放科学会产生较强的知识溢出。可以看到，企业会议论文诱发行业发表论文的过程中，知识溢出基本起到了完全中介的效果；也就是说在诱发的行业论文中，无论中英文，均在广泛的参考和引用该批会议论文。况且会议论文的中介占比均比期刊论文的比值高，这反映出企业参与的人工智能会议正在成为各个人工智能企业的纽带和桥梁；人工智能企业发表的会议论文，有着较为广泛的影响和质量，并逐步成为该行业的知识基础。

表8-8　异质性分析——论文性质

	会议论文		期刊论文	
	行业面向国内的开放科学	行业面向国际的开放科学	行业面向国内的开放科学	行业面向国际的开放科学
企业面向国内的开放科学	A	B	A	B
总效应	0.318*** (0.066)	0.208*** (0.067)	0.545*** (0.03)	0.338*** (0.042)
直接效应	0.102 (0.079)	−0.005 (0.081)	0.374*** (0.047)	0.137** (0.06)
中介效应	0.216*** (0.045)	0.213*** (0.046)	0.172*** (0.029)	0.201*** (0.049)
中介占比	0.678	1.03	0.315	0.596
企业面向国际的开放科学	C	D	C	D
总效应	0.408*** (0.042)	0.275*** (0.032)	0.499*** (0.134)	0.369*** (0.082)
直接效应	0.166** (0.08)	0.090* (0.05)	0.319* (0.186)	0.209* (0.112)
中介效应	0.242*** (0.067)	0.186*** (0.041)	0.188*** (0.072)	0.160*** (0.045)
中介占比	0.592	0.677	0.375	0.435

注：*** 表示 $p<0.01$，** 表示 $p<0.05$，* 表示 $p<0.1$。

8.5 启示与展望

8.5.1 启示

　　人工智能产业的开放科学实践呈现显著活跃态势，领军企业持续投入基础研究领域，但现有文献鲜少探讨企业层与行业层开放科学行为的关联机制。这一研究空白引致两个核心命题：企业开放科学行为是否对行业整体开放程度具有驱动效应？其内在传导路径如何构建？本章选取 A 股市场 279 家上市人工智能企业作为观测对象，基于 2006~2023 年间科研论文产出的面板数据，构建企业开放度、知识溢出、行业开放科学等关键变量，系统揭示了开放科学的知识溢出与诱发机制。实证结果表明：企业开放科学行为通过知识溢出效应显著提升行业整体开放水平，且存在技术扩散与网络效应的双重中介路径。研究发现：第一，企业的开放科学会诱发整个行业的开放科学行为；第二，知识溢出在企业开放科学诱发行业开放科学的过程中起中介作用；第三，企业开放科学行为存在显著异质性，即国有企业基于国际发表的行为会显著诱发行业面向国内发表的开放科学行为；第四，企业面向会议的开放科学会产生较强的知识溢出。本章的研究揭示了企业开放科学的知识溢出与诱发机制，进一步拓展了开放式创新理论，为企业知识开放与创新策略选择提供了理论依据和实践指导。

　　对学术界而言，开放科学与开放式创新在内涵上具有一定的一致性（陈雪飞等，2022）。但学术界对开放科学与其知识溢出的研究较少，且鲜有企业开放科学对行业开放科学影响机制的研究，多为对开放科学动机或带来效益的研究（Arora 等，2018；Jee 和 Sohn，2023）。本章对我国人工智能企业与行业的开放科学进行研究，手动搜索了千余次企业发表与被引信息，揭示了企业开放科学的知识溢出与诱发机制，进一步完善了理论研究缺口、丰富了开放式创新理论。

　　对企业而言，首先，企业应通过赞助、主办、承办等方式，积极参与高水平学术会议，积极学习前沿知识，并以学术发表以扩大自身影响力；其次，企业应以自己独特的数据、算法、市场、基础设施等优势，逐步弥补与国有领军企业的技术差距，或者通过合作研发、开放数据等其他开放科学方式，深层次地与其他领军企业合作，进而提升自己的科研能力；最后，企业应注重实施开放科学战略，在合适的时机发表研发内容，长久关注由本企业知识溢出而诱发的论文发表并积极采纳，形成自己独特的技术路径与知识溢出池（Jee 和 Sohn，2023a），从而赢得持续竞争力。

对政府而言，首先，政府应针对企业的论文发表构建起合理的激励制度，鼓励企业研究人员发表高质量论文，进而产生积极的知识溢出和创新扩散；其次，针对国有人工智能企业，政府应鼓励其积极在国际学术界合作交流、在高水平期刊上发表论文，进一步推动国内整体科研水平的提升；再次，政府应积极组织举办高质量的人工智能论坛，重视学术会议的论文发表，加快知识传播与知识溢出，进而促进整个行业的科技进步；最后，除了鼓励企业论文发表，政府还应积极推动人工智能行业开放合作研究、开放数据要素、开放模型框架等开放科学方式，加快制定国家开放科学政策体系（赵延东等，2020），助力发展新质生产力、扎实推进高质量发展。

8.5.2　展望

本章的研究存在一定局限性，未来应重点关注以下的相关议题：一是需要对比研究我国其他行业开放科学的现状与缘由；二是需要对诱发机制的再思考，探究合作研发、开放数据等途径产生的影响；三是需要探究知识溢出对自身企业的影响，如对该企业技术路径、论文创新等方面产生的影响；四是需要探究多种开放科学内容的影响，如企业专利、开源技术等形式产生的影响。

8.6　小结

人工智能产业作为技术创新高地，其发展呈现显著的竞争悖论：尽管传统理论强调知识保护是维持竞争优势的核心策略（Teece，1986），但头部企业的科研开放度却持续攀升。这一现象引致关键学术追问：微观主体的开放实践是否推动中观层面的行业开放转型？其内在传导逻辑如何实现？本章以 A 股市场 279 家人工智能领域上市公司为研究样本，构建了基于中介效应的实证模型，系统揭示了企业—行业两级的开放科学互动机制。研究发现，企业的开放科学会诱发整个行业的开放科学行为，其中，知识溢出在诱发过程中起中介作用。

第9章 开放科学与新产品开发：基于制药企业的实证研究

当前，世界科技强国正在积极探索开放科学促进创新的机制、路径与政策等关键问题。但是，创新前端"开放科学"与后端"新产品开发"有何关系，目前学术界关注甚少。如果现实中制药企业的开放科学行为异常活跃，那么开放科学对新产品开发会有影响吗？这是一个有趣的问题。本章以我国上市制药企业为样本，通过实证研究揭示了开放科学对新产品开发的内在作用机制。研究结论为企业开放科学策略的选择、基础研究能力和国家创新体系效能的提升，提供了理论依据、管理与政策启示，对开放式创新理论进行了拓展。

9.1 问题的提出

当前，开放科学已成为全球科学研究与创新发展的主流范式。欧美等科技强国正在加快布局开放科学的国家战略，并制定相应的制度与政策体系。联合国教科文组织于 2021 年发布了《开放科学建议书》，通过了世界首个开放科学国际框架；经济合作与发展组织于 2015 年发布了《让开放科学成为现实》的报告；欧盟委员会于 2016 年发起了"欧洲开放科学云"（European Open Science Cloud）计划；美国国家科学院（NAS）于 2018 年发布了《开放科学设计：实现 21 世纪科研愿景》报告，白宫科学技术政策办公室将 2023 年确定为开放科学年。2021 年 12 月我国修订了《中华人民共和国科技进步法》，明确提出"推动开放科学的发展"，科技部、中国科学院等部门也出台了相应的举措。开放科学能有效提升科学系统的创新效率、推动负责任的研究与创新，是提升基础研究能力和国家创新体系整体效能的关键（杨卫等，2023）。为此，世界各国都在积极探索开放科学促进创新的机制、路径与政策等关键问题，尤其是开放科学向基础研究再到产品创新的作用机制问题，目前这一"黑箱"依然没有打开，本研究试图以制药产业为研究对象，以期破解这一理论问题。

开放科学作为关注创新前端"开放性"的新理论视角，正在成为新的研究热点。从理论研究来看，开放科学研究主要聚焦于科学共同体、全球基础研究合作等情境，与产品创新的关联机制研究是文献的缺口。本研究的主要任务就是揭示创新前端"开放科学"与后端"新产品开发"有何依存关系。传统的战略管理与创新理论认为企业开放科学是违背常理的，因为开放科学会给竞争对手泄露创新知识和信息（Arrow，1962；Hicks，1995；Simeth 和 Raffo，2013；陈劲和阳镇，2021；张学文和田华，2019）。从企业实践看，基于科学的企业凸显了对前端科学的依赖性，以生物制药企业为例，企业开放科学的行为异常活跃（Alexy 等，2013；Simeth 和 Raffo，2013）。企业在研发工作中越来越依赖于基础科学来实现技术突破（Marx 和 Fuegi，2020）。

开放科学正在成为产品创新竞争的一个新维度（Polidoro 和 Theeke，2012）。开放科学提供了促进知识流通、创造新颖想法的新路径，开放科学为企业提供了新的汇集创新资源的途径，有助于规避风险并对知识进行创造性重组。企业通过开放科学行为可以更好地利用外部知识和资源，从而进一步促进产学合作，创造出更具竞争力的产品和服务，并且能够更好地适应市场变化和客户需求。比如，生物技术企业基因泰克（Genentech）自 1976 年创立以来，一直非常重视开放科学策略，坚持在学术期刊上发表他们的研究成果，以此来吸引生物科学领域优秀人才的加入（Simeth 和 Raffo，2013；Arora 等，2018）。开放科学有助于企业吸引和留住高质量的科学家与工程师，尤其是"明星科学家"，有利于加强与外部大学的合作，对提高内部研发和创新能力至关重要（Rotolo 等，2022）。

基于以上背景，学者们开始关注创新前端"开放科学"对后端"新产品开发"之间的关系，为了揭示两者之间的作用机制，本章以我国上市制药企业为样本，利用 Pharmaprojects 数据库、Web of Science 数据库、PATSNAP 智慧芽全球专利数据库、CSMAR 数据库与 Wind 金融终端数据库的相关数据，就开放科学对新药研发的影响进行了实证分析。

9.2　文献回顾

9.2.1　开放科学的研究回顾

开放科学是开放式创新的新延伸。同为"开放性"的主类别研究，开放科学和开放式创新往往在创新生态中共同存在并互相影响（陈雪飞等，2022），并且在内涵上具有一定的一致性。越来越多的研究者、政策制定者和资助者都呼吁将这两个紧密的领域联系起来（European Commission，2019）。Friesike 等（2015）认为开放科学可以催生开放式创新。也有研究提出不同的观点，如 Heimstädt 和 Friesike（2021）认为，在创新和科学中定义与动员开放性的方式截然不同。开放式创新主要由研究人员用来描述技术企业研发部门处理知识产权和各种创意的分析概念；而开放科学由学者发展为纲领性的概念，使其能够围绕改变既定科学实践的共同目标而努力。但大多研究都承认了一个既定的事实，开放式创新是对开放科学研究过程后期阶段的补充（Beck 等，2022）。以往研究也从多角度对开放科学的理论内涵进行了界定，但开放科学内容广泛且复杂，还未有统一规范。Vicente-Saez 和 Martinez-Fuentes（2018）对开放科学进行了比较规范的定义，认为"开放科学是通过协作网络共享和发展的透明和可获取的知识"，将开放科学的理论框架定义为"透明知识""无障碍知识""共享知识"和"协作开发知识"四个维度。区别于传统形式中科学发现核心过程的封闭性，开放科学的广泛定义认为科学研究应该强调全过程的开放性，在发现过程中各种科学知识应该尽早公开分享。

企业开放科学行为也被国内外学者广泛讨论。Friesike 等（2015）认为，从价值链的角度来看，开放科学应该包括基础科学、应用科学的前端活动，并且开放科学的参与者主要包括大学和企业等组织以及个体研究人员。张学文（2013）对开放科学技术政策的建构提供了全新的解释，从"科学—商业"二元价值维度提出三种类型的开放科学行为。梅亮等（2019）认为，开放可作为一种核心机制，对应科技创新从科学研究到社会发展的全阶段与过程。武学超（2016）认为，在开放科学范式下，科学研究表现出全方位高度开放性、参与主体多元全纳性、科研过程高度透明性等时代特质。有多种指标可用于衡量和评估企业的开放科学。Simeth 和 Cincera（2016）关注企业积极参与科学界所带来的影响，并且通过科学出版物研究了科学披露对企业盈利能力的影响，分析了企业对开放科学活动的贡献。Simeth 和 Raffo（2013）将内部研发活动、与学术伙伴互动、溢出水平和所用保护手段方面的可独占性制度等，作为科学开放性的决定因素，采用科学出版物数量以及离散数量作为衡量指标。由以往研究对企业开放科学的度量指标和方法可以看出，衡量开放科学的主要指标是科学的开放性和科学披露活动，前者主要为定性指标，后者主要为科学出版物等定量指标。Alexy 等（2013）提出科学出版和其他形式的选择性披露可以在企业经营的行业中培养开放文化，从而刺激竞争对手和供应商在知识共享中相互回报并参与开放科学行为。

9.2.2 新产品开发的研究回顾

新产品开发是指将新产品或服务推向市场的过程。从理论角度来看，新产品开发通常被视为一个复杂的动态过程，涉及多个利益相关者，包括客户、供应商、员工和竞争对手。新产品开发过程通常具有不确定性、高风险性以及对创造力和创新的强烈需求。Brown 和 Eisenhardt（1995）认为，产品开发被视为组织成功、生存和更新的基本过程之一，特别是对于快节奏或竞争激烈的市场中的企业。Mueller–Stewens 和 Moeller（2017）将新产品开发定义为从概念化的想法到新产品或改进产品的市场化过程。张慧颖和李振东（2015）以市场为界，将创新绩效分为新产品开发绩效和新产品市场绩效。

新产品开发被多种因素所影响，也往往被看作通过各种知识流的聚合而创造新知识的过程。国内外新产品开发绩效的研究发展主要体现在其影响因素的研究上。赵炎等（2022）验证了知识共享和知识重用均正向影响新产品开发绩效。肖仁桥等（2021）探讨了数字化水平各维度对企业新产品开发绩效的非线性影响，分析了渐进式和突破式创新能力在数字化水平与新产品开发绩效间的中介作用。马力等（2021）通过对 369 家高技术企业的研究发现了利益相关者整合对新产品开发绩效具有正向影响，利益相关者响应能力在利益相关者整合与新产品开发绩效关系中起中介作用。Cooper 和 Kleinschmidt（2010）在研究中发现，新产品开发绩效是指从一开始的设想、研究开发到正式生产，最后将产品投放到市场全过程中所取得效果与成败的一种衡量和评价。张慧颖和李振东（2015）认为，产品创新程度及企业内部创新能力是新产品开发绩效的重要体现。

9.2.3 开放科学与新产品开发的相关研究

关于开放科学与新产品开发的相关研究文献较少。Azoulay（2002）、Polidoro 和 Theeke（2012）认为，开放科学对以科学为基础的产品开发具有很好的促进作用，特别是在制药和医疗设备领域。开放科学策略对企业内部 R&D 能力的提升具有直接和间接的影响，直接影响主要是帮助企业雇用高水平研究人员，间接影响主要是提升企业对外部知识的吸收能力（Cohen 和 Levinthal，1990；Cockburn 和 Henderson，1998），帮助企业从公共科学中搜索、学习、消化和吸收最新的科学发现（Li、Youtie 和 Shapira，2015）。企业在著名的科学期刊上发表论文被看作降低阻止他们创新成功不确定性的重要手段。开放科学可以促进创新的外部评价，因为开放科学提供了一个可供社会参考的框架，可以帮助外部机构对企业和他们的产品进行积极的评价。在医药行业，关于新药的科学论文能够影响新药获得商业成功的程度（Azoulay，2002）。Jong 和 Slavova（2014）研究认为，企业开放科学行为越频繁，高质量的学术出版、与学术伙伴的合作等有价值的 R&D 工作就越会对企业创新产生积极的影响。

9.3 理论和假设

9.3.1 开放科学频率与新产品开发

提高企业在学术界地位的一个重要手段是发表更多更好的文章。在学术界获得良好的声誉通常被视为确保获得研发上游知识资源的关键。例如，Gans 和 Stern（2003）认为，强生企业在 20 世纪 80 年代的诉讼行为损害了该企业在学术界的声誉，并使其在获得上游研发合作伙伴的关键资源方面处于不利地位。因此，实施开放科学战略、产生更好科学出版物的企业，在产品开发中使用关键研发资源方面具有比较优势。

企业参与开放科学具有强烈的动机（Rotolo 等，2022），开放科学频率高意味着企业拥有更高的开放性，更高的开放性往往会鼓励其对科学研究进行更多投资，进而给企业在数量、质量和时间上带来更多的先发优势（Fabrizio，

2009），而这种先发优势可能是由于率先拥有产生的新知识而塑造的，也可能是开发新产品或新工艺的结果，这种优势尤其存在于与科学密切相关的高新技术企业中。例如，基因编辑技术就是生物技术行业创新的基础研究成果。企业参与开放科学行为是推进企业达成研发目的的重要手段之一，能够发展为新产品的知识来源往往存在于前端科学中。首先，企业参与开放科学频率越高就越可能会开发出卓越的能力，因为它们能够更加有效整合各类知识，创造出比其他企业更有价值的发明（Simeth 和 Cincera，2016），并促进更广泛的协作和思想的互相融合，从而更好地推动新产品开发。其次，开放科学频率越高就越能展示新技术或产品潜力，并且能更好地吸引风险资本家和其他投资者的投资。这可以提供将科学转化为商业产品所需的资金，从而间接促进新产品开发。Simeth 和 Cincera（2016）发现，开放科学对生物技术和制药行业、仪器仪表和化工行业的市场估值有积极影响，但对通信技术行业没有影响。因此，根据以上理论分析，本章提出如下假设：

H9-1：企业开放科学频率越高对新产品开发越具有积极影响。

9.3.2 开放科学质量与新产品开发

开放科学在质量上的异质性也可能对新产品开发带来影响。Polidoro 和 Theeke（2012）的研究表明，在制药行业科学出版物降低了新药研发的不确定性，从而促进了新药的商业化成功。研究展示了不同类型的联盟伙伴与出版成果在声誉和影响力方面的相关性。Zahringer 等（2017）探讨了更高质量的学术科学作为创新过程的外部投入，是否能转化为更高质量的企业创新。从科学研究角度来说，学术研究质量是参差不齐的，仅分析企业开放科学的频率掩盖了质量的潜在实质性差异，这些差异可能体现在总体水平（整体期刊质量，反映在影响因子中）和微观水平（文章质量，反映在给定文章获得的引用次数上）（Zahringer 等，2017）上。从理论上分析，更高水平的开放科学质量为研发创新提供了更全面的知识，以及更具有价值的相关技术。现有文献对学术出版物的质量进行了深入研究，认为学术出版物作为企业创新外部输入的知识存量，质量特性显得至关重要（Jong 和 Slavova，2014）。本章认为，开放科学质量影响新产品开发的作用机制，与高质量学术出版物影响产业创新的机制相似。学术科学被用作创新过程的外部输入时，通常通过内部化知识为新产品开发做出贡献，丰富的外部知识输入可以作为编撰内部知识的补充，从而提升新产品创新想法的清晰度（Veugelers 等，2008）。因此，根据以上理论分析，本章提出如下假设：

H9-2：企业开放科学质量越高对新产品开发越具有积极影响。

9.4 研究设计与模型构建

9.4.1 样本的选择和数据来源

本研究以我国制药企业为研究对象，主要原因如下：一是制药企业的开放科学行为异常活跃（Ding，2011），如基因泰克于 1976~2008 年，在科学期刊上发表了 5038 篇文章，其中 249 篇发表在 Science 或 Nature 杂志上。二是药品研发管线为新产品开发绩效提供了可量化的数据支持。三是 Pharmaprojects 数据库提供了样本企业详细的新药研发项目，可以很好地与 CSMAR 国泰安数据库进行匹配。选取的样本企业为深沪港上市企业，在 Pharmaprojects 数据库中筛选条件为"Drug Country is China"的企业有 1584 家，研发管线共 9649 条，CSMAR 数据库中制药企业有 310 家，以 2013~2021 年至少发起了一个新药开发项目为条件，对两个数据库进行匹配，最终只有 51 家企业符合条件。

数据收集的具体过程和来源如下：一是新产品开发绩效数据，来源于 Pharmaprojects 数据库，以 51 家样本企业及其主要附属子企业名称为检索条件，分别收集研发管线年度数据。二是科学论文数据，在 Web of Science 数据库 Science Citation Index Expanded（SCI-EXPANDED）中通过检索作者所属机构，收集样本企业 2013~2021 年发表的科学论文数据，结果返回论文数据 3082 条。三是企业研发投入数据，通过 CSMAR 数据库、Wind 金融终端和企业年报来获取企业研发投入数据。四是专利数据，在 PATSNAP 智慧芽全球专利数据库中对样本企业及其主要附属子企业名称进行匹配，得到所有样本企业 2013~2021 年申请的专利数据，结果返回专利数据 14770 条。五是企业基本信息，通过 CSMAR 数据库与 Wind 金融终端查询导出。

9.4.2 变量选择与测度

9.4.2.1 因变量

本研究的因变量是新产品开发绩效，它被衡量为首次进入（预）临床试验的在研药物的年度数量（Jong 和 Slavova，2014），即用样本企业研发管线中新药项目年度计数来衡量。由于企业开放科学对新产品的影响具有一定的滞后效应，因此将因变量提前一期处理，采用企业 $t+1$ 年研发管线数量测度，这种做法可以充分考量企业开放科学行为对新产品开发的作用机制，也能够很好地处理与内生性和反向因果关系有关的潜在问题。这与管理学者和行业从业者对新想法进入（预）临床试验的研发准备时间的估计一致（Pisano，2006）。

9.4.2.2 自变量

本研究的自变量为开放科学频率和质量，即企业发表科技论文的数量和质量。借鉴 Gittelman（2007）、Ding（2011）、Jong 和 Slavova（2014）等的研究，本章使用发表科技论文的数量来衡量企业的开放科学频率，以样本企业发表科技论文年度计数进行衡量（单位：百篇）。另外，由于科技论文对新产品具有时间滞后性，即科学知识转化为技术、技术再转化为新产品需要一定的时间（Jong 和 Slavova，2014），因此，引入发表（t、$t-1$、$t-2$）三年时间窗口的年度计数，且作为单一变量来讨论滞后因素带来的影响，目的是方便后期验证开放科学对新产品开发的影响。

开放科学质量代表企业发表科学论文的质量与水平，通常用期刊的可变影响因子加权来衡量。在顶级学术期刊上发表论文是企业科学家研究质量的一个显著指标（Gittelman，2007）。发表论文的质量不仅被广泛用于代表一家企业的科学研究水平，还被广泛用于评估一家企业对学术界的科学贡献（Ding，2011）。

9.4.2.3 控制变量

借鉴 Jong 和 Slavova（2014）的研究，我们选取了 5 个可能影响新产品开发绩效的控制变量，分别为研发投入、研发人员、专利申请、企业年龄、企业规模，旨在提高研究结果的可信度，同时加入年份固定效应和个体固定效应。研发投入（R&D investment）以研发费用取自然对数来进行衡量，研发人员

（R&D personnel）采用研发人员年度计数来进行衡量，专利申请（PATENT）采用样本企业每年发明专利申请数量进行衡量，企业年龄（AGE）使用当年年份和企业成立年份之间的差来衡量，企业规模（SIZE）以总资产的自然对数来进行衡量。

9.4.3　模型构建

本章因变量新产品开发绩效的度量指标属于离散型数据，所取数值均为非负整数，不服从普通最小二乘法（OLS）所要求的正态分布，因此，应当采用计数模型。因变量为非负整数时，通常假定它是服从泊松分布的，适用Poisson 模型。本章因变量的方差远远大于均值，数据的方差期望比都远大于1，应该使用负二项分布模型。使用 Hausman 检验选择固定效应或随机效应，其结果显示固定效应更适合本章的研究模型，因此加入年份固定效应和个体固定效应。据此，构建面板负二项固定效应模型，来检验企业开放科学对新产品开发的影响。构建模型如下：

$$Y\left(y_{it} \mid x_{it}, \cdots, \tau_i\right) = \exp\left(x_{it}, \beta\right)\tau_{it} + \upsilon_{it} \tag{9-1}$$

其中，x_{it} 为选取的影响因素，υ_{it} 为误差项，τ_{it} 为本章尚未讨论的因素。

9.5　实证结果与分析

9.5.1　描述性统计和相关性分析

描述性统计和相关性分析如表 9-1 所示。从因变量和自变量的相关系数可以发现，相关系数均为正数，且几乎所有系数在 1% 显著性水平显著，说明因变量和自变量之间存在一定的正向相关性。从系数中可以看出，变量的相关系数大部分比较小，但是也存在相关系数的绝对值大于 0.8 的情况，因此需进一步检验，变量的方差膨胀因子 VIF 值都小于 10，表明不存在严重的多重共线性，可以将变量同时放入模型中回归。

表9-1 描述性统计和相关性分析

变量	Mean	Sd	(1)	(2)	(3)	(4)	(5)	(6)	(7)	(8)	(9)	(10)
(1) 新产品开发 ($t+1$)	12.059	13.398	1									
(2) 开放频率	0.071	0.122	0.416***	1								
(3) 开放频率 (t, $t-1$, $t-2$)	0.195	0.275	0.392***	0.958***	1							
(4) 开放质量	0.934	2.79	0.385***	0.907***	0.829***	1						
(5) 开放质量 (t, $t-1$, $t-2$)	2.455	6.277	0.395***	0.906***	0.871***	0.966***	1					
(6) 研发投入	9.791	1.5	0.344***	0.478***	0.526***	0.385***	0.419***	1				
(7) 研发人员	5.338	1.536	0.316***	0.404***	0.471***	0.255***	0.290***	0.613***	1			
(8) 专利申请	0.322	0.731	0.314***	0.471***	0.471***	0.447***	0.449***	0.371***	0.345***	1		
(9) 企业年龄	15.549	6.825	0.063	0.152***	0.143***	-0.033	0.014	0.257***	0.524***	0.129***	1	
(10) 企业规模	12.694	1.672	0.280***	0.365***	0.415***	0.239***	0.255***	0.739***	0.819***	0.256***	0.543***	1

注：*** 表示 $p<0.01$，** 表示 $p<0.05$，* 表示 $p<0.1$。

9.5.2 回归结果分析及稳健性检验

9.5.2.1 回归结果分析

如表 9-2 所示，模型 1 为仅考虑控制变量研发投入、研发人员、专利申请、企业年龄、企业规模对新产品开发的影响，模型 2、模型 3 和模型 4 分别加入自变量开放频率 t 以及 t–1、t–2 滞后项，纳入滞后因素则充分考虑到样本企业需要一定的时间才能将科学知识转化为新产品，因此，必须为知识转化为技术、技术转化为新产品的复杂流程提供合理的时间周期。模型 5 是整个回归的全模型，模型都加入了年份固定效应和个体固定效应。模型 2 显示开放频率的估计系数为正（β=1.319），且统计显著（$p<0.01$），说明拟合效果良好，并且开放频率对新产品开发具有显著的正向作用；模型 3 显示开放频率的估计系数为正（β=1.744），且统计显著（$p<0.01$），说明自变量滞后一期效果下开放频率对新产品开发具有显著的正向作用；模型 4 显示开放频率滞后二期的估计系数为正（β=1.806），且统计显著（$p<0.01$），说明自变量滞后二期效果下开放频率对新产品开发具有显著的正向作用。这表明企业开放科学频率越高，知识流动越频繁，越有利于新产品开发，因此 H9-1 成立。在模型 2 至模型 4 中，t–1、t–2 年滞后项的系数幅度增加，并且根据第 4 年的未汇报结果，发现第 4 年的滞后在统计上不显著。由此表明，开放频率对新产品开发的影响具有周期性，通常发生在企业开放科学行为产生之后的 3 年内，即企业的知识转化为产品的周期为 3 年。全模型 5 的回归结果再次表明企业开放科学频率与新产品开发之间的正相关关系具有一定的稳定性。

表9-2 开放科学频率对新产品开发的影响

变量	新产品开发（t+1）				
	模型 1	模型 2	模型 3	模型 4	模型 5
开放频率		1.319*** (4.527)			0.592** (2.049)
开放频率 (t–1)			1.744*** (4.403)		0.940** (2.111)
开放频率 (t–2)				1.806*** (2.831)	0.964* (1.781)

续表

变量	新产品开发（t+1）				
	模型 1	模型 2	模型 3	模型 4	模型 5
研发投入	0.097 (1.451)	0.115* (1.818)	0.119 (1.641)	0.112 (1.334)	0.108 (1.332)
研发人员	0.062 (1.157)	0.008 (0.170)	−0.000 (−0.010)	0.044 (0.799)	−0.000 (−0.007)
专利申请	0.030 (1.010)	−0.025 (−0.980)	−0.015 (−0.637)	−0.000 (−0.014)	−0.034 (−1.213)
企业年龄	0.077** (2.526)	0.072** (2.375)	0.082** (2.573)	0.075** (2.169)	0.077** (2.360)
企业规模	0.002 (0.024)	0.010 (0.150)	−0.020 (−0.307)	−0.106 (−1.594)	−0.094 (−1.488)
_cons	−0.513 (−0.773)	−0.554 (−0.862)	−0.342 (−0.504)	0.683 (0.915)	0.715 (1.016)
lnalpha	−2.895*** (−13.783)	−3.072*** (−13.058)	−3.414*** (−11.552)	−3.619*** (−11.000)	−3.890*** (−9.307)
Year	Yes	Yes	Yes	Yes	Yes
Firm	Yes	Yes	Yes	Yes	Yes
N	407	407	357	306	306

注：*** 表示 p<0.01，** 表示 p<0.05，* 表示 p<0.1。

表 9-3 是开放科学质量影响新产品开发的实证结果。模型 6、模型 7、模型 8 分别加入自变量开放质量以及开放质量 $t-1$、$t-2$ 滞后项，模型 6 显示开放质量的估计系数为正（$\beta=0.043$），且统计显著（p<0.01），说明开放质量显著影响新产品开发，且具有显著的正相关关系；模型 7 显示开放质量的估计系数为正（$\beta=0.070$），且统计显著（p<0.01），说明自变量滞后一期效果下开放质量显著影响新产品开发，且具有正相关关系；模型 8 显示开放质量滞后二期的估计系数为正（$\beta=0.100$），且统计显著（p<0.01），说明自变量滞后二期效果下开放质量显著影响新产品开发，且具有正相关关系。这表明开放科学质量越高，越能够传递复杂的信息和隐性知识，越有利于企业新产品开发，因此 H9-2 成立。在第 4 年的未汇报结果中发现第 4 年的滞后在统计上显著性降低。这充分说明，开放科学质量对新产品开发的影响也具有周期性，通常发生在企业开放科学行为之后的前 3 年。全模型 9 不显著，可能是因为各自变量间相互

影响的结果，但估计系数还是正向的。

表9-3 开放科学质量对新产品开发的影响

变量	新产品开发（$t+1$）				
	模型1	模型6	模型7	模型8	模型9
开放质量		0.043*** (3.344)			0.015 (1.105)
开放质量 ($t-1$)			0.070*** (5.765)		0.035 (1.240)
开放质量 ($t-2$)				0.100*** (6.212)	0.049 (1.388)
研发投入	0.097 (1.451)	0.099 (1.560)	0.103 (1.474)	0.112 (1.399)	0.087 (1.130)
研发人员	0.062 (1.157)	0.019 (0.391)	−0.018 (−0.396)	0.015 (0.283)	−0.009 (−0.190)
专利申请	0.030 (1.010)	−0.017 (−0.674)	−0.024 (−1.039)	−0.025 (−1.079)	−0.040 (−1.562)
企业年龄	0.077** (2.526)	0.077** (2.557)	0.090*** (2.909)	0.083** (2.555)	0.087*** (2.764)
企业规模	0.002 (0.024)	0.016 (0.246)	0.003 (0.047)	−0.101 (−1.532)	−0.075 (−1.235)
_cons	−0.513 (−0.773)	−0.545 (−0.849)	−0.439 (−0.671)	0.654 (0.926)	0.652 (0.983)
lnalpha	−2.895*** (−13.783)	−3.035*** (−13.433)	−3.516*** (−10.623)	−3.838*** (−9.306)	−4.019*** (−8.636)
Year	Yes	Yes	Yes	Yes	Yes
Firm	Yes	Yes	Yes	Yes	Yes
N	407	407	357	306	306

注：*** 表示 $p<0.01$，** 表示 $p<0.05$，* 表示 $p<0.1$。

9.5.2.2 稳健性检验

首先，通过替换变量的方式对模型进行稳健性检验，引入开放科学基础研究变量（Open Science Basic Research，OSBR），即采用基础研究科学论文衡量开放科学，不包括临床试验研究论文。医药企业发表的科技论文通常包括"基础研究论文"和"临床试验论文"（Jong 和 Slavova，2014）。我们在样本企业发表的所有论文的标题以及摘要中，搜索了表示临床试验的关键字（"患者""人""受试者"和"临床试验"），排除"临床试验论文"，将"基础研究论文"对新产品开发进行回归，稳健性结果如表9-4所示，结论与上节相同，说明结论具有一定的稳定性。

表9-4　替换变量的稳健性检验

变量	新产品开发（$t+1$）				
	模型1	模型2	模型3	模型4	模型5
基础研究论文		2.090***			1.297***
		(3.641)			(2.810)
基础研究论文 ($t-1$)			2.242***		1.622***
			(3.735)		(3.035)
基础研究论文 ($t-2$)				1.287*	1.009*
				(1.899)	(1.794)
研发投入	0.097	0.099	0.105	0.090	0.087
	(1.451)	(1.534)	(1.409)	(1.086)	(1.082)
研发人员	0.062	0.035	0.032	0.062	0.028
	(1.157)	(0.715)	(0.609)	(1.004)	(0.503)
专利申请	0.030	0.007	0.017	0.020	0.006
	(1.010)	(0.261)	(0.587)	(0.536)	(0.192)
企业年龄	0.077**	0.075**	0.084**	0.083**	0.083**
	(2.526)	(2.452)	(2.560)	(2.435)	(2.403)
企业规模	0.002	−0.009	−0.031	−0.101	−0.113*
	(0.024)	(−0.133)	(−0.481)	(−1.490)	(−1.672)
_cons	−0.513	−0.322	−0.194	0.717	0.987
	(−0.773)	(−0.493)	(−0.279)	(0.973)	(1.347)
lnalpha	−2.895***	−3.003***	−3.281***	−3.488***	−3.700***
	(−13.783)	(−13.082)	(−12.090)	(−11.179)	(−9.685)
Year	Yes	Yes	Yes	Yes	Yes
Firm	Yes	Yes	Yes	Yes	Yes
N	407	407	357	306	306

注：*** 表示 $p<0.01$，** 表示 $p<0.05$，* 表示 $p<0.1$。

其次，采用更换回归模型的方式进行稳健性检验。泊松回归模型是计数变量模型的另一种方法，但是与负二项回归模型存在不同，泊松回归模型理论上是要求平均值与标准差相等，而负二项回归放宽了平均值等于标准差这一理论假定，由表9-5可以看出与上节结论相同，说明结论具有一定的稳定性。

表9-5　更换模型的稳健性检验

变量	新产品开发（t+1）				
	模型1	模型2	模型3	模型4	模型5
基础研究论文		1.846*** (3.665)			1.320*** (2.966)
基础研究论文 (t–1)			1.966*** (3.438)		1.416*** (2.796)
基础研究论文 (t–2)				1.333* (1.941)	1.132** (1.975)
研发投入	0.126 (1.625)	0.125* (1.689)	0.130 (1.544)	0.120 (1.334)	0.115 (1.317)
研发人员	0.029 (0.518)	0.006 (0.120)	0.010 (0.190)	0.033 (0.543)	0.004 (0.079)
专利申请	0.017 (0.676)	−0.005 (−0.207)	0.014 (0.438)	0.015 (0.413)	0.003 (0.073)
企业年龄	0.086*** (2.779)	0.087*** (2.729)	0.091*** (2.686)	0.089** (2.556)	0.089** (2.511)
企业规模	−0.042 (−0.607)	−0.054 (−0.768)	−0.065 (−0.905)	−0.126* (−1.675)	−0.139* (−1.848)
_cons	−0.299 (−0.444)	−0.096 (−0.145)	−0.046 (−0.065)	0.766 (1.019)	1.046 (1.399)
Year	Yes	Yes	Yes	Yes	Yes
Firm	Yes	Yes	Yes	Yes	Yes
N	407	407	357	306	306

注：*** 表示 $p<0.01$，** 表示 $p<0.05$，* 表示 $p<0.1$。

9.6　结论、启示与未来展望

9.6.1　结论与启示

当前，世界各国都在大力实施开放科学的国家战略，同时，也在积极探讨企业开放科学对创新的影响，但很少关注开放科学对新产品开发的作用机制。传统的战略管理理论认为企业的开放科学行为是违背常理的，但是在制药行业（Cockburn 和 Henderson，1998）或纳米技术行业（Li 等，2015）开放科学却是新产品开发成功的关键因素。本研究以中国制药行业的上市企业为样本，通过实证研究揭示了开放科学对新产品开发的影响机制，研究发现制药企业开放科学行为对新药开发具有显著的积极影响，这种积极作用通常发生在开放科学之后的 3 年内。因此，企业需要高度重视开放科学战略的制定和实施，开放科学作为企业竞争的重要战略（Polidoro 和 Theeke，2012），不仅能够吸引科学领域优秀的人才加入，有利于与最好的学术机构保持正式和非正式的联系（Rosenberg，1990；Hicks，1995），还能够帮助企业利用学术界的知识并获得资助机会（Cohen 和 Levinthal，1990），特别是在制药行业，开放科学有利于降低新药研发的不确定性，促进新药的商业化成功（Polidoro 和 Theeke，2012）。因此，企业应打破传统战略管理的思维局限性，积极采纳和应用开放科学战略。

9.6.2 研究讨论

以往开放科学的研究主要集中在科学共同体、国际科学合作等公共政策领域，虽然学术界也开始关注企业层面的开放科学行为，但依然处于起步和零散的研究阶段。研究结论认为，企业要积极采纳开放科学战略，要重视开放科学对基础研究和产品创新的影响，这意味着企业也要像大学、科研机构一样深度参与国家开放科学战略，这不仅对提升企业基础研究能力和创新绩效有重大意义，还对提升国家创新体系整体效能，实现高水平科技自立自强有着重大的政策指导意义。因此，国家科技创新政策的制定必须充分考虑企业开放科学、基础研究、产品开发等关键因素，加快制定开放科学的政策体系（杨卫等，2023；赵延东等，2020）。

9.6.3 未来展望

本研究的主要贡献是揭示了创新前端"开放科学"对后端"新产品开发"的作用机制，完善和补充了理论研究的缺口。研究结论为企业开放科学策略的选择和科技创新政策的制定，提供了理论依据和管理启示，对开放式创新理论进行了新的拓展。但是，本研究仍存在一定的局限性：一是没有考虑知识产权保护机制下开放科学对新产品开发的影响机理；二是医药行业的研究开发大多属于应用导向的基础研究（巴斯德象限），创新成果披露的方式基本都是二元披露制度（论文—专利）（Murray 和 Stern，2007），未来研究应该综合考虑二元披露制度下对新产品开发的影响；三是新药研发数据收集的约束导致研究样本数量不够多，未来需要进一步扩充样本数量，同时，也需要做不同行业之间异质性的分析；四是开放科学提升基础研究能力的路径与政策设计，这是未来应该重点关注的研究议题。

9.7 小结

研究发现，开放科学作为企业新的竞争策略，对新产品开发具有显著的正向影响，具体表现为以下几点：①企业开放科学频率越高对新产品开发越具有积极影响；②企业开放科学质量越高对新产品开发越具有积极影响；③影响滞后期通常为 3 年，即 3 年之内影响效果最佳。研究结论为企业开放科学策略的选择、基础研究能力和国家创新体系效能的提升，提供了理论依据、管理与政策启示，对开放式创新理论进行了新的拓展。

第10章 开放科学与合作创新：
以人工智能企业为例

开放科学已经成为全球创新发展的主流范式，特别是人工智能企业开放科学行为异常活跃，那么开放科学是否会促进其合作关系的发展？开放科学对其合作关系的影响是否会在不同情况下产生不同的结果？本章将以A股279家人工智能概念股的上市企业为样本，使用其2006~2022年的21583篇论文数据进行实证分析，目的是揭示在不同情况下企业开放科学对其合作关系的积极影响。

10.1 问题的提出

开放科学实践正加速重构全球创新格局（张学文等，2024），其制度性演进呈现三大特征：首先，政策层面形成多级联动体系。美国政府于2023年将开放科学确立为国家年度战略重点，联合国教科文组织2021年颁布的《开放科学建议书》构建了首个全球性制度框架，而我国新修订的《科技进步法》更将其纳入国家创新体系核心要素（杨卫等，2023）。其次，微观主体行为发生范式转变。数据显示全球九成头部企业存在系统性知识开放行为（Simeth等，2015），这种科研开放模式已突破企业规模与技术领域的边界，涵盖制造、信息技术等多个前沿领域（张学文和陈劲，2013；Alexy等，2012）。最后，开放科学展现出双重价值创造机制：在国家层面构成创新效能提升的战略支点，在企业层面则演化为研发能力跃迁的核心动能（杨卫等，2023）。这种制度变革与企业实践的深度耦合，标志着知识生产范式进入新的历史阶段。

如今，随着新一轮科技革命的到来，企业间的创新竞争异常激烈，由于创新本身具有高投入、高回报和高风险的特征，因此传统观点认为任何企业都会设法保护他们的创新成果（张学文和田华，2019）。但各个行业都在积极地进行开放科学（Astebro等，2012），作为世界焦点与科技前沿的人工智能企业，其开放科学更是显得异常活跃（Hartmann 和 Henkel，2020），频繁发表其基础研究的论文。一般而言，开放科学通常由政府主导并给予资金支持，由大学和科研机构作为发表主体（Mowery 和 Rosenberg，1999）。但近年来，各国人工智能领军企业以论文发表形式的开放科学蓬勃发展，其频次与顶尖大学发表的论文数量相当（Jee 和 Sohn，2023a）。这充分反映出企业作为发表主体，在该领域开放科学的特殊性和重要性。

人工智能企业在其合作关系上，具有其他行业所没有的特殊性，这正是由人工智能作为一种赋能技术与通用技术所决定的（Teece，2018；Klinger 等，2018）。一方面，其数据驱动与场景驱动下的模型迭代升级需要大量异质性组织机构参与合作（Jee 和 Sohn，2023a）；另一方面，在数字化转型与人工智能的浪潮下，海量组织不断与人工智能企业合作以助推自身的转型升级（Grashof 和 Kopka，2023）。从这两方面来看，其潜在的合作关系不仅创造了有价值的协同效应，更促进了人工智能企业的技术创新（Gibney，2016）。在此情境下，人工智能企业的合作关系不断被拓展和深化，极大提升了与其他组织机构的合作广度与合作深度，展现了合作关系对该领域企业的重要作用。

上述人工智能领域的特殊性引出一个有趣的话题，人工智能企业蓬勃发展的开放科学是否会促进其合作关系的发展？开放科学对其合作关系的影响是否会在不同情况下产生不同的结果？因此，本章以 A 股 279 家人工智能概念股的上市企业为样本，使用其 2006~2022 年的 21583 篇论文数据进行了基于调节效应的实证分析，选取并定义了开放科学、合作广度、合作深度、互补资产、学术联系等相关变量，揭示了在不同情况下企业开放科学对其合作关系的积极影响。本研究进一步丰富了开放式创新理论与开放科学理论，为企业创新管理战略提供了理论依据与实践指导。

10.2 文献综述和理论基础

10.2.1 开放科学的文献回顾

经济学家 Dasgupta Partha 和 Paul David（1994）较早提出开放科学这一概念，Nelson（1959）和 Arrow（1972）认为政府资助科学研究的关键是开放科学制度。从科学社会学的角度来看，开放科学被视为一种社会制度，是指一套基于科学优先权的累积知识生产激励制度，目的是鼓励科学共同体内科学家及时披露研究成果（Partha 和 David，1994；Stephan，1996）。开放科学促使科学家发表他们的研究成果，以获取所在领域的科学优先权，科学共同体会对知识贡献者给予奖励和认可（Merton，1957）。科学家通过开放科学规范获得优先权，获得科学共同体认可后，可以在职业机会、资源获取、研究资金、同行支持和协作网络方面处于更好的地位。Vicente–Saez 等（2018）对开放科学建立了综合严格的定义，认为"开放科学是通过协作网络共享和发展的透明和可获取的知识"。开放科学主体有大学、公共研究机构、企业等；开放科学的形式多种多样，主要包括论文发表、开放出版、开放数据、开源代码等。

开放科学传统上与大学研究环境相关，重点关注的是公共知识的生产（Murray 和 Stern，2007），职业奖励和晋升通常与学术科学家的发表行为相关（Fleming 和 Sorenson，2004）。因此。与"科学共和国"规范相反，盈利性企业的知识创造过程通常依赖于商业规范，这些规范强调研究中的私人收益，并提倡对独占性知识的保密和专利申请（Partha 和 David，1994；Mukherjee 和 Stern，2009）。但现实中除了传统的研发活动外，在生物技术和生命科学等科学密集型行业中，企业却都在积极采纳开放科学策略（Arora 等，2018；Ding，2011），以学术出版物的形式披露其研究成果（Ding，2011；Gans 等，2017；Simeth 和 Raffo，2013），传统观点认为这似乎是违反直觉的，因为开放科学是"科学共和国"的基本价值准则和行为规范，开放科学会泄露创新知识给竞争对手，从而影响独占创新价值的能力。

企业的开放科学不仅降低了自身技术的不可模仿性和独特性（Wernerfelt，1984），还降低了企业知识投资的回报（Harold 和 Renani，2001；Audretsch 和 Feldman，1996）。因而学者通常认为在没有直接金钱奖励的情况下，企业开放科学这种行为是反直觉的（Arrow，1972）。企业为何要开放科学？创新管理文献对此提出了不同的解释。第一种解释认为，企业采用开放科学实践更有能力利用公共科学来推进技术创新。先前的研究表明，尽管存在知识泄露给竞争对手的风险，但参与开放科学通常会提高公司的创新绩效（Cockburn 和 Henderson，1998；Hicks，1995；Jong 和 Slavova，2014），并且与公司股票市场估值呈正相关关系（Simeth 和 Cincera，2016）。这是因为开展和共享基础研究可以增强企业从学术界吸收上游知识，并在研发过程中建立前沿科学发展的能力（Cohen 和 Levinthal，1990；Fabrizio，2009；Fleming 和 Sorenson，2004）。第二种解释认为，企业采取开放科学策略可以带来诸多好处，如吸引人才（Simeth 和 Raffo，2013）、保持与学术界的联系（Rosenberg，1990）、与学术界交换有价值的知识（Hicks，1995）、发展合作创新能力（Jong 和 Slavova，2014）、在新技术早期防止被替代（Polidoro 和 Toh，2011）或通过战略性发表来促成有利于自己的行业标准（Teece，1986；Harhoff 等，2003；Huang，2017）等。第三种解释认为，产业界的科学家也具有"科学偏好"（Partha 和 David，1994；Stern，2004），这种对基于优先权的发表偏好可以通过不同形式的产学合作互动传播到产业界。具体而言，先前的研究表明，企业创始人的科学背景和产学合作是企业采用开放科学实践的重要决定因素。

总的来说，目前学术界对开放科学的研究内容多以国家体系的制度逻辑和理论构建为重点，少有对企业开放科学的实证研究，而且在企业开放科学的实证研究中，多有对制造业或某些传统行业的研究，少有以人工智能企业作为研究对象探究其开放科学现象与动机的研究，同时，对企业开放科学给自身带来的回报也关注不够（Jee 和 Sohn，2023b），关于人工智能企业开放科学对其合作关系的实证研究仍处于理论缺口的状态。

10.2.2　人工智能技术的发展

人工智能技术的范式演进呈现出显著的产业化转向特征。Hinton 等（2006）提出深度信念网络模型，这标志着算法革命的开端，此后人工智能技术逐渐渗透至自动驾驶、智慧医疗等多元场景，驱动全球生产率提升 1.2~2.3 个百分点（Brynjolfsson 和 McAfee，2017）。值得关注的是，技术创新主体发生结构性变迁：20 世纪学界主导的研发格局已被打破，当前 90% 的突破性人工智能成果源自企业实验室（Hartmann 和 Henkel，2020）。以 ChatGPT 为例，这项颠覆性技术由微软支持的 OpenAI 实现商业化落地，而非传统学术机构。这种主体转移的深层动因在于，科技巨头凭借其掌控的亿级数据集群与百亿参数级算力系统（Gibney，2016）构建了产学研协同的新型创新生态。数据显示，企业主导的人工智能专利占比从 2000 年的 38% 跃升至 2022 年的 72%（Goralski & Tan，2020），印证了市场力量在技术演进中的主导地位。这种研发范式的重构，本质上是数字经济时代生产要素重组在创新领域的映射。

人工智能产业的技术竞争呈现出独特的开放悖论：尽管传统创新理论强调技术独占性对竞争优势的决定作用（Teece，1986），但实证数据显示该领域企业科研开放度持续攀升。以 2016~2022 年为例，头部企业年均公开发表学术论文数量增长 47%（Arora 等，2018 追踪数据），这种知识共享实践本质上构成选择性披露战略（Alexy 等，2013）。其驱动机制包含两个维度：首先，资源禀赋差异形成开放梯度，研发投入强度每提升 1 个标准差，企业开放频率相应增加 0.83 个标准差（Simeth 和 Raffo，2013）；其次，数据资产优势构建知识引力，拥有亿级参数模型的企业吸引学者合作概率提升 2.4 倍（Hartmann 和 Henkel，2020）。这种开放策略的价值创造路径体现在：第一，通过学术网络获取前沿知识溢出，使创新周期缩短 18~25%（Anthes，2017）；第二，强化通用技术的基础研究投入，如 Transformer 架构相关论文年均引用量突破 3 万次（Waters，2015）；第三，构建技术生态主导权，开放度排名前 10% 的企业占据 75% 的行业标准制定席位（Klinger 等，2018）。

中国在数字经济领域的战略布局正引发全球关注，其人工智能产业发展路径呈现三个显著特征：其一，市场体量驱动技术跃迁。作为拥有 9.8 亿网民的全球最大数字市场（Fang 等，2020），中国已形成独特的应用创新生态，头部企业市场渗透率较 2015 年提升 3.7 倍（Huang 等，2017）。其二，创新范式发生结构性转变。数据显示，2015~2022 年企业基础研究投入年均增速达 24.6%，学术成果产出强度较十年前增长 5.8 倍。这种转变在专利质量维度尤为突出，中国人工智能企业论文引用指数较国际均值高出 18.3%（O'Meara，2019）。其三，全球化创新网络加速构建。通过技术标准输出与研发联盟建设，中国企业在国际人工智能专利池中的贡献度从 2010 年的 7% 提升至 2022 年的 32%。这种从市场应用向基础创新的战略纵深延伸，标志着中国正从技术扩散的接受者转变为全球知识网络的建构者。

为了可视化对比国内外人工智能企业的开放科学，我们选取了在美国、英国、日本等国家主板上市的 70 家世界人工智能领军企业，如谷歌、Microsoft 等；选取了 396 家中国人工智能领军企业，如腾讯、阿里、百度、科大讯飞等。其开放科学的年度分布如图 10-1 所示。可以发现，虽然我国人工智能领军企业的开放科学较世界人工智能领军企业具有一定差距，但其开放科学的频率正在稳步上升。

图 10-1 国内外人工智能领军企业基础研究论文的年度分布（2006-2023 年）

10.3 理论基础与假设

10.3.1 开放科学与合作关系

因为人工智能行业的特殊性，该领域企业的开放科学与合作关系是一种较为紧密的关系。借鉴前人的研究（张学文等，2024；张学文和田华，2019；Simeth，2013），开放科学在本研究中被定义为人工智能企业每年发表的论文数量。人工智能企业的开放科学不仅蓬勃发展，而且其论文发表常引人注目，如谷歌发表的自注意力机制模型（Vaswani 等，2017）、自然语言处理 Bert 模型（Devlin 等，2018）等。这是因为大量的人工智能企业因拥有前沿科技的关键智能资产和关键性的数据资产（Hartmann 和 Henkel，2020），成为该领域基础研究的主体。况且，相关的人工智能技术并没有特殊的外观，常作为知识成果、以基础研究论文的形式展示给大众，并在各类赋能应用中展现其论文成果的价值所在（Jee 和 Sohn，2023b）。人工智能的最终目标就是解决实际问题，产生实际的应用价值；而算法模型和相关研究作为赋能或通用技术的核心基础，正是各行各业赋能和应用人工智能技术的关键所在（Teece，2018）。因此，该领域企业发表的各篇人工智能技术论文，既可以是应用研究，也可以是基础研究；事实上，在计算机科学相关的技术领域，区分应用研究和基础研究往往毫无意义（Rosenberg，1990）。

基于这个逻辑，企业若想提升其论文研究的应用价值和赋能价值，就需要与大量其他异质性组织进行合作。首先，由于人工智能企业的算法模型需要大量应用数据的训练与应用场景的驱动，因此企业需要大量与其他拥有独特数据和场景需求的企业进行合作，以更好地使相关技术迭代升级、满足应用场景的需求。其次，鉴于人工智能的通用目的，企业的关键能力是定制和嵌入上游人工智能研究成果，以解决下游应用领域的问题（Boden，2016）。换句话说，人工智能企业若想实现其产品或服务的目的，应从基础研究中获得相关算法的知识以定制不同场景的应用，这一过程正是通过论文的形式以满足产业链上下游的合作。最后，海量的组织机构看到了人工智能技术的赋能效果，便会寻求与人工智能企业进行合作以满足自身的技术创新（Grashof 和 Kopka，2023）。

同时，为了更好地应用人工智能相关技术，企业研究人员需要各类科学知识的帮助来设计更好的相关技术，以减少神经网络的不确定性；此外，许多研究人员仍然严重依赖理论而不是试错，这再次表现出人工智能技术与科学相关的本质。由于其特点，该领域不仅需要计算机科学的专家，还需要认知科学、心理学、统计学和数学等领域的专家共同合作（Boden，2016），以协调科学知识与隐性经验两方面的异质性。从企业的角度来看，这种合作努力有助于他们分担前沿研发的高风险，同时可以减轻解决复杂问题的困难。这充分反映出人工智能领域的"跨学科性"（Gibbons 等，1994），展示了人工智能科学与其他科学天然的联系，并以人工智能企业与相关组织的合作为表现形式。

基于上述分析，人工智能企业的创新往往与其他组织存在着天然联系，表现形式正是其论文成果与合作关系的潜在联系。从资源与机会的角度来看，广阔和深度的合作关系可以为人工智能企业带来更多的机遇，因为合作可以带来更多所需的互补资产，如基础设施、数据以及隐性知识和技能（Jee 和 Sohn，2023b），因而合作关系对人工智能企业具有重要意义。另外，我们与几位人工智能企业的高层进行过电话访谈与交流。其中，在与某集团董事长的交流中，我们了解到，开放科学的实践提供了建立合作关系的机会，进而能够吸引更多的合作伙伴，扩充合作网络。他指出："人工智能企业通过公开论文成果，能够展示其技术能力和创新潜力，从而吸引更多的潜在合作伙伴。"由此可见，更宽泛的合作广度和更紧密的合作深度对企业是一种特殊的竞争优势。

本章选取的合作关系包括合作广度与合作深度两个方面。但是，并不是简单的产业链交易都被我们认为是合作关系的表现，本章的合作关系特指企业论文作者所属组织机构之间的合作，并通过论文发表等形式展示出来。其原因如下：首先，潜在的合作关系不易测度，需要某种成果以明确合作的关系；其次，我们认为明确分工、双边互动、有助于企业创新的合作才是有意义的合作关系，供应链上的交易和合作更多是商业性质的业务往来，不能充分体现对企业的价值所在；最后，相较于企业联盟公告、发明专利等形式的合作关系，论文的合作关系代表了更基础、更宽泛、更密集的创新前端和知识交流，也更符合人工智能成果的发表形式。正是由于人工智能行业的特殊性，该领域企业的论文成果与其合作关系有着天然的联系，且以合作论文发表的组织测度合作广度与合作深度更加深了这种潜在的天然联系。基于以上逻辑和理论基础，我们提出以下假设：

H10-1：企业开放科学对其合作广度产生积极的影响。

H10-2：企业开放科学对其合作深度产生积极的影响。

10.3.2　人工智能企业的学术联系

在先前的假设中，开放科学通过论文这一成果的知识共享，能够为企业扩展和深化合作关系提供潜在机会，对其合作广度与合作深度产生正向影响。但这一过程中的效果可能会因企业内部学术联系的强弱而有所不同。学术联系在企业中的调节作用，是本研究假设的一个重要方面。

不可否认的是，尽管企业在人工智能领域的开放科学蓬勃发展，但高校与科研机构仍是专精和学术发表的主体。人工智能领域的企业研究人员越来越多地与大学或公共研究机构的研究人员进行合作发表，因为企业可以通过有效地获得大学研究人员的科学知识库来降低其长期投资风险，而大学研究人员可以通过利用企业的资源获得进行更好研究的机会（Gibney，2016）。产学研的协同创新中联合发表论文是常见的合作方式（Jee 和 Sohn，2023a）。企业内部拥有高学历的研究生人才则具有与大学或科研机构的潜在的学术联系，因为高学历的企业员工在学历提升中常通过各类课题、各类任务等方式，与导师、校友、学术团体、公共研究机构、政府、企业等多种组织之间建立了一种天然的学术关系，这些学术关系能够为企业提供一系列潜在的合作机会和资源支持（Hartmann 和 Henkel，2020）。一个拥有大量研究生人才的企业，能够更容易地与研究生曾经的导师、校友、合作机构、课题甲方等建立合作关系（Jee 和 Sohn，2023b）。本研究提出的学术联系正是通过企业拥有的研究生人才数量来测度。高学历的员工越多，企业的学术联系就越强，这种联系不仅可以促进企业论文发表，还能拓展企业的合作机会。基于以上逻辑和理论基础，我们提出以下假设：

H10-3：在企业开放科学对其合作广度的影响中，学术联系产生积极的调节作用。

H10-4：在企业开放科学对其合作深度的影响中，学术联系产生积极的调节作用。

10.3.3　人工智能企业的互补资产

本研究假设的另一个重要方面，就是企业互补资产的调节作用，这是由人工智能行业的特殊性所决定的。在人工智能领域，发表了大量论文的企业拥有推进和应用新兴技术所需的关键互补资产（Anthes，2017；Mansell 和 Steinmueller，2020）。互补资产通常包括高性能计算设备、大规模数据存储设施、专用算法和软件工具、关键性大数据等（Hartmann 和 Henkel，2020），这些资源往往是高校、公共研究机构、政府、中小企业或下游企业难以负担或难以获取的。因此，人工智能企业在论文发表和吸引合作伙伴方面具有独特的优势。Gibney（2016）指出，正是人工智能的大型企业，而不是大学和公共研究机构，掌握了如大数据中心、云计算系统等研究所必需的智能化资产，因而大型企业成为人工智能科研发表的主要参与者。Anthes（2017）指出，大量的人工智能企业正是因为拥有关键的算力设备资产与数据资产，所以会有意吸引对知识创新（Dasgupta 和 David，1994）或经济发展（Etzkowitz，2002）有贡献的学者，而被吸引来的大量学者自然会围绕企业利益展开学术研究并发表论文，进而提升该企业的创新收益。这些专用于人工智能技术的智能化资产与企业内外研究人员的需求互补，不仅有助于企业科研论文的发表，还会给企业带来更多的潜在合作机会；本章正是使用企业所拥有的关键性智能资产来测度企业的互补资产。基于以上逻辑和理论基础，我们提出以下假设：

H10-5：在企业开放科学对其合作广度的影响中，互补资产产生积极的调节作用。

H10-6：在企业开放科学对其合作深度的影响中，互补资产产生积极的调节作用。

10.4 研究设计

10.4.1 变量与模型

在上述的分析中，我们做出了一系列假设，并将构建的变量关系展示于图 10-2 中。本章探究的是开放科学是否会影响企业的合作关系，不同情境下的影响是否具有差异性，因此提出六个假设。其中，自变量开放科学我们使用企业每年发表的论文数量进行测度，包括中英文论文与期刊会议两类论文。因变量合作关系包括合作广度与合作深度两方面，合作广度使用与企业合作发表论文的不重复组织数量进行测度，如 A 企业某年发表的全部论文涉及了 n 个作者单位或组织，每个作者都有各自的单位或组织，我们对这 n 个组织使用 Python 分析除去自身企业，并将重复组织计数为 1 后进行加总，得到了合作广度；合作深度使用与企业合作发表论文的重复组织数量进行测度，如 A 企业某年发表的全部论文涉及了 n 个作者，每个作者都有各自的单位或组织，我们对这 n 个组织使用 Python 分析除去自身企业，并将重复组织的重复次数进行加总，得到了合作深度。考虑到论文发表的周期性与滞后影响，因此本章在后续实证回归中使用的自变量等均滞后一期；也就是说，我们考虑的是企业在 t 年发表论文是否会对 $t+1$ 年的合作关系产生影响。

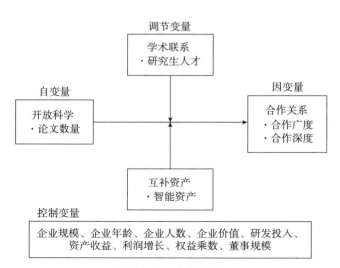

图 10-2　实证模型

　　本研究的调节变量为学术联系与互补资产两个不同的变量，学术联系使用企业拥有的研究生数量进行测度；互补资产使用企业拥有的智能资产进行测度，智能资产包括智能固定资产与智能无形资产两部分，我们对无形资产明细中企业所拥有的包含"智能""软件""系统""信息平台""数据"等关键词的无形资产项目进行加总得到智能无形资产，同样地，对固定资产明细中企业所拥有的包含"电子设备""计算机""数据设备"等关键词的固定资产项目进行加总得到智能固定资产。本研究的控制变量基本涵盖了企业的多个方面，包括了企业规模、企业年龄、企业人数、企业价值、研发投入、资产收益、利润增长、权益乘数、独立董事和董事规模，其具体测度、数据来源和文献支撑均列在表 10-1 中。

表10-1　变量信息

变量	测度	数据来源	文献支撑
自变量		中国知网数据库 WOS 数据库	张学文等（2024）；黄孝武和焦鹜（2023）；Simeth（2013）；Gibney（2016）；Anthes（2017）；Jee 和 Sohn（2023a）；Hartmann 和 Henkel（2020）；Mansell 和 Steinmueller（2020）
开放科学	企业发表的中英文论文数量		
因变量			
合作广度	与企业合作发表论文的不重复组织数量		
合作深度	与企业合作发表论文的重复组织数量		

续表

变量	测度	数据来源	文献支撑
调节变量			
学术联系	企业拥有的研究生人才数量		
互补资产	企业拥有的智能固定资产和无形资产		
控制变量			
企业规模	企业的总资产份额	Wind 数据库 iFind 数据库 CSMAR 数据库 CNRDS 数据库 企业年度报告 企业官网	张学文等（2024）；黄孝武和焦鸯（2023）；Simeth（2013）；Gibney（2016）；Anthes（2017）；Jee 和 Sohn（2023a）；Hartmann 和 Henkel（2020）；Mansell 和 Steinmueller（2020）
企业年龄	企业累计运营年份		
企业人数	企业雇佣人数		
企业价值	企业年末市值与总资产之比		
研发投入	企业研发支出金额与营业收入之比		
资产收益	企业净资产与平均所有者权益之比		
利润增长	企业年净利润与去年净利润之比		
权益乘数	企业年末总资产与年末所有者权益之比		
独立董事	企业拥有的独立董事人数		
董事规模	企业董事会人数		

10.4.2　样本数据

本章以至少在 A 股上市两年的人工智能企业为研究对象，研究的时间区间为 2006~2022 年。为了确保样本企业的权威性，我们使用了同花顺 iFind 金融数据终端中的人工智能概念股作为企业样本的全集，该概念股列出了 475 家 A 股上市企业。其成分股涵盖多个行业，本章依据 2012 年版证监会的行业分类，着重选取了计算机、软件、互联网、通信等相关行业的 313 家企业。经去除 ST 企业等清洗数据环节，共得到 279 家具有开放科学行为的企业。本章的控制变量与调节变量的数据从 iFind、Wind、CSMAR 和 CNRDS 数据库中提取并对应到各个企业中。在数据库使用上，iFind、Wind、CSMAR 和 CNRDS 数据库包含了 300 多个经济金融子库和上万种上市企业信息指标。因此，本章构建了一个非平衡的短面板数据，共获得了 2596 个样本与 50094 个观测值。

我们在中国知网和 *Web of Science* 中手动搜索了 1500 余次企业论文的信息，并多次校对这 279 家企业的曾用名、英文名和子企业关键词，构建了一个全新的开放科学数据库。其涵盖了企业开放科学的中英文论文数量、期刊和会议论文数量、论文的作者所属组织数量和部分预印版文献。中国知网涵盖了约 8500 种中文期刊，*Web of Science* 涵盖了 10000 多种英文期刊。本章的自变量与因变量均来自于此。其中，279 家人工智能企业 2006~2022 年共发表论文 21583 篇，中文论文 19295 篇，英文论文 2288 篇，期刊论文 19422 篇，会议论文 2159 篇，全部论文的合作伙伴共涉及 14624 个组织。值得注意的是，本研究并没有去除会议论文，这是因为在人工智能领域，不少会议的地位通常高于期刊（Vardi，2009；Freyne 等，2010）。此外，大企业也常会选择通过赞助并参加会议这一战略举措，来吸引有才能的研究人员并扩展自身的影响力（Baruffaldi 和 Poege，2020）。

10.5 实证结果与假设检验

为了更好检验本章提出的假设，我们首先对变量进行了对数化处理以满足回归假设中更好的数据偏态和峰度，随后进行了描述性统计、相关性分析和共线性检验；在自变量与因变量的散点关系图中，我们发现两者基础处于正相关的线性关系，因此选择了不含高次项的最小二乘法进行逐次回归分析，并在回归中加入了稳健标准误与个体年份双固定效应，以使因果分析更加具有信度和效度；为了更好满足其系数的现实意义，我们在回归分析中进一步将自变量与调节变量做了对中化处理。考虑到数据处理前的因变量属于计数变量，我们将回归方法替换为负二项回归来进行稳健性检验，同时添加了 Bootstrap 自助法与滞后两期回归作为稳健性检验的方法，最后得出假设检验结果。考虑到企业不同形式的论文产生的不同影响，本章基于逻辑推导选取了中英文论文和期刊会议论文进行异质性分析并得出结论。

10.5.1 描述性统计

本章首先进行了相关变量的描述性统计、共线性检验与相关性分析，详情见表 10-2、表 10-3、表 10-4。在相关性分析中，我们可以清晰地看到开放科学与合作广度、合作深度的系数均为正数且数值均在 0.8 以上，其相关系数均在 0.01 显著性水平下显著，这提示我们开放科学可能对合作广度与合作深度产生积极的影响，具有一定的因果意义；同时，在共线性检验中，各变量的 VIF 值均小于10，这提示我们变量间不存在多重共线性假设，可以进行回归分析。

表10-2 描述性统计

Variable	Mean	Std. Dev.	Min	Max
开放科学	1.652	0.988	0.693	5.394
学术联系	4.806	1.427	0.693	10.287
互补资产	18.414	1.757	7.513	24.268
合作广度	1.323	1.064	0	5.198
合作深度	1.311	1.280	0	6.047
企业规模	21.715	1.240	16.161	26.832
企业年龄	2.784	0.402	0.693	3.738
企业人数	7.422	1.294	2.079	12.438
企业价值	2.608	4.452	0.729	192.705
研发投入	0.132	0.374	0	19.095
利润增长	−0.235	8.851	−277.777	153.920
资产收益	0.046	1.476	−55.015	43.250
权益乘数	1.768	5.583	−7.533	276.340
独立董事	37.735	5.420	0	71.430
董事规模	2.106	0.200	1.386	2.708

表10-3 共线性检验

合作广度		合作深度	
变量	方差膨胀因子	变量	方差膨胀因子
企业规模	5.38	企业规模	5.33
学术联系	4.21	学术联系	4.24
企业人数	3.50	企业人数	3.50
互补资产	2.06	互补资产	2.05
开放科学	1.58	开放科学	1.61
权益乘数	1.50	权益乘数	1.51
董事规模	1.44	董事规模	1.43
独立董事	1.36	独立董事	1.36
研发投入	1.20	研发投入	1.20
企业价值	1.17	企业价值	1.18
企业年龄	1.15	企业年龄	1.15
资产收益	1.08	资产收益	1.08
利润增长	1.01	利润增长	1.01
Mean VIF	2.05	Mean VIF	2.05

表10-4 相关性分析

变量	1	2	3	4	5	6	7	8	9	10	11	12	13	14	15
1. 合作广度	1.000														
2. 合作深度	0.770***	1.000													
3. 开放科学	0.810***	0.958***	1.000												
4. 互补资产	0.373***	0.320***	0.338***	1.000											
5. 学术联系	0.577***	0.541***	0.571***	0.589***	1.000										
6. 企业规模	0.484***	0.459***	0.499***	0.699***	0.764***	1.000									
7. 企业年龄	0.137***	0.112***	0.113***	0.228***	0.055**	0.283***	1.000								
8. 企业人数	0.462***	0.433***	0.478***	0.607***	0.756***	0.770***	0.156***	1.000							
9. 企业价值	-0.034	-0.039	-0.041*	-0.195***	-0.034	-0.224***	-0.012	-0.191***	1.000						
10. 研发投入	-0.007	-0.019	-0.026	-0.009	0.081***	-0.083***	-0.134***	-0.094***	0.136***	1.000					
11. 利润增长	-0.002	0.001	0.007	0.003	-0.009	0.009	-0.021	0.025	-0.021	-0.013	1.000				
12. 资产收益	-0.008	0.016	0.011	-0.012	0.024	0.007	-0.018	0.018	-0.007	-0.072***	0.009	1.000			
13. 权益乘数	0.254***	0.270***	0.288***	0.042**	0.007	0.052***	0.045**	0.030	-0.020	-0.051**	-0.002	-0.048**	1.000		
14. 独立董事	-0.026	-0.036	-0.028	-0.024	-0.036*	0.004	0.121***	-0.032*	0.034*	0.030	-0.022	-0.010	-0.027	1.000	
15. 董事规模	0.165***	0.143***	0.157***	0.132***	0.226***	0.140***	-0.065***	0.214***	-0.057***	-0.033*	0.029	0.010	0.026	-0.480***	1.000

注：*** 表示 p<0.01，** 表示 p<0.05，* 表示 p<0.1。

10.5.2 回归结果

基于上述的六个假设，我们使用最小二乘法进行逐次回归分析，并在回归中加入了稳健标准误与个体年份双固定效应以使因果分析更加具有信度和效度；为了更好满足其系数的现实意义，我们在回归分析中进一步将自变量与调节变量做了对中化处理。因此，本研究的回归结果如表 10-5 所示，共得到八个回归结果。回归结果中的（1）和（2）为个体固定效应与年份固定效应下的基准回归，两者系数均为正数，且均在 0.01 显著性水平下显著，这提示我们两者具有一定的因果联系，应加入更多的控制变量进行分析。回归结果中的（3）和（4）对应 H10-1 与 H10-2，为多个控制变量与双固定效应下的回归系数；可以看到，自变量的系数均为正数，且均在 0.01 显著性水平下显著，H10-1 与 H10-2 得到基本验证，说明开放科学对合作广度与合作深度均产生积极影响；当人工智能企业的论文发表数量处于行业均值时，其数量每提升 1%，则其合作广度提升 0.231%、合作深度提升 0.412%。

表10-5 分步回归与调节效应检验结果

变量	(1) 合作广度	(2) 合作深度	(3) 合作广度	(4) 合作深度	(5) 合作广度	(6) 合作广度	(7) 合作深度	(8) 合作深度
开放科学	0.313*** (0.043)	0.53*** (0.043)	0.231*** (0.052)	0.412*** (0.059)	0.153*** (0.05)	0.198*** (0.05)	0.315*** (0.064)	0.362*** (0.056)
M- 学术联系					0.099*** (0.028)		0.04 (0.04)	
M- 互补资产						0.063*** (0.02)		0.05* (0.026)
学术联系					0.204* (0.118)		0.448*** (0.133)	
互补资产						−0.032 (0.042)		0.007 (0.035)
企业规模			0.241** (0.11)	0.084 (0.111)	0.034 (0.139)	0.243** (0.111)	−0.307** (0.133)	0.018 (0.109)
企业年龄			0.381 (0.384)	−0.353 (0.363)	−0.053 (0.487)	0.327 (0.43)	−0.534 (0.421)	−0.297 (0.422)

变量	(1) 合作广度	(2) 合作深度	(3) 合作广度	(4) 合作深度	(5) 合作广度	(6) 合作广度	(7) 合作深度	(8) 合作深度
企业人数			0.135**	0.119	0.069	0.115*	-0.023	0.147
			(0.065)	(0.093)	(0.121)	(0.069)	(0.137)	(0.094)
企业价值			0.048*	0.023	0.027	0.048	0.004	0.027
			(0.029)	(0.028)	(0.033)	(0.032)	(0.032)	(0.027)
研发投入			0.319	-0.127	-0.315	0.435	-1.058	-0.236
			(0.543)	(0.618)	(0.487)	(0.537)	(0.642)	(0.614)
利润增长			-0.003	0.001	-0.001	-0.003	0	0.001
			(0.002)	(0.002)	(0.002)	(0.002)	(0.003)	(0.002)
资产收益			0.012**	-0.011**	0.012**	0.012**	-0.012**	-0.013**
			(0.005)	(0.005)	(0.005)	(0.005)	(0.006)	(0.005)
权益乘数			-0.055	0.006	-0.039	-0.055	0.027	-0.012
			(0.075)	(0.074)	(0.076)	(0.075)	(0.078)	(0.074)
独立董事			0.01	0.002	0.015**	0.014**	0.006	0.006
			(0.006)	(0.007)	(0.007)	(0.007)	(0.009)	(0.009)
董事规模			0.134	-0.119	0.069	0.149	-0.069	-0.118
			(0.24)	(0.236)	(0.285)	(0.263)	(0.275)	(0.233)
_cons	1.252***	1.579***	-6.03**	0.182	-0.18	-5.939**	9.464***	0.665
	(0.093)	(0.101)	(2.425)	(2.181)	(2.854)	(2.405)	(2.591)	(2.324)
时间固定效应	Yes	Yes	Yes	Yes	Yes	Yes	Yes	Yes
个体固定效应	Yes	Yes	Yes	Yes	Yes	Yes	Yes	Yes

注：*** 表示 $p<0.01$，** 表示 $p<0.05$，* 表示 $p<0.1$。

　　为了检验 H10-3、H10-4、H10-5 和 H10-6，我们在回归分析中加入了调节变量和调节变量自变量的交互项，两个交互项在表中以"M-"开头展示。回归结果中的（5）和（7）对应 H10-3 与 H10-4。可以看到，在回归结果（5）中，学术联系作为调节变量时，自变量与交互项的系数均为正数，且均在 0.01 显著性水平下显著，H10-3 得到基本验证。这说明在开放科学对合作广度的影响中，学术联系产生积极的调节作用；也就是说开放科学对合作广度的影响随企业学术联系的不同而不同。当人工智能企业的研究生人才数量与论文发表数量处于行业均值时，企业论文发表数量每提升 1%，则其合作广度提升 0.153%，且这种积极影响随企业研究生人才数量的增多而增大；具体来说，企业研究生人才每提升 1%，论文发表对合作广度的影响在 0.153% 的基础上再提升 0.099%。但是，回归结果（7）中，学术联系作为调节变量时，交互项的系数并不显著，H4 没有得到验证，说明开放科学对合作深度的影响并不随企业学术联系的不同而不同。

回归结果中的（6）和（8）对应 H10-5 与 H10-6。可以看到，回归结果（6）中，互补资产作为调节变量时，自变量与交互项的系数均为正数，且均在 0.01 显著性水平下显著，H10-5 得到基本验证，说明在开放科学对合作广度的影响中，互补资产产生积极的调节作用；也就是说开放科学对合作广度的影响随企业互补资产的不同而不同。当人工智能企业的智能资产数量与论文发表数量处于行业均值时，企业论文发表数量每提升 1%，则其合作广度提升 0.198%，且这种积极影响随企业智能资产数量的增多而增大；具体来说，企业智能资产数量每提升 1%，论文发表对合作广度的影响在 0.198% 的基础上再提升 0.063%。但是，在回归结果（8）中，互补资产作为调节变量时，交互项的系数在 0.1 水平下显著，即微弱显著，H10-6 得到不稳定的验证、需要稳健性分析做进一步的假设检验。在 0.1 显著性水平下显著，也能说明在开放科学对合作深度的影响中，互补资产产生积极的调节作用；也就是说开放科学对合作深度的影响随企业互补资产的不同而不同。当人工智能企业的智能资产数量与论文发表数量处于行业均值时，企业论文发表数量每提升 1%，则其合作深度提升 0.362%，且这种积极影响随企业智能资产数量的增多而增大；具体来说，企业智能资产数量每提升 1%，论文发表对合作深度的影响在 0.362% 的基础上再提升 0.05%。

10.5.3　稳健性检验

为了回归结果的稳健性，我们采用滞后一期变为滞后两期回归、Bootstrap 自助法回归与替换回归方法为负二项回归作为稳健性检验的方法，三次稳健性检验均得到了与上述回归相同步骤的八个回归结果，详情可见表 10-6、表 10-7 和表 10-8。在三次稳健性检验中，可以发现回归结果（1）、（2）、（3）和（4）中的自变量系数均为正向显著，与上述主回归结果无异，H10-1 与 H10-2 得到稳健性检验，说明开放科学对合作广度、合作深度均产生积极影响。同样地，三次检验中回归结果（5）和（6）的交互项系数均为正向显著，与上述主回归结果无异，H10-3 和 H10-5 得到稳健性检验，说明在开放科学对合作广度的影响中，学术联系或互补资产均会产生积极的调节作用；也就是说开放科学对合作广度的影响随企业学术联系或互补资产的不同而不同。但是在三次检验中回归结果（7）和（8）的交互项系数或为不显著，或为微弱显著，因此，H10-4 和 H10-6 并未通过稳健性检验，我们得出结论，H10-4 和 H10-6 并不成立，也就是说开放科学对合作深度的影响并不随企业学术联系或互补资产的不同而不同。假设检验的结果如表 10-9 所示。

表10-6　稳健性检验—滞后两期回归结果

变量	(1) 合作广度	(2) 合作深度	(3) 合作广度	(4) 合作深度	(5) 合作广度	(6) 合作广度	(7) 合作深度	(8) 合作深度
开放科学	0.236*** (0.048)	0.335*** (0.046)	0.149*** (0.056)	0.201*** (0.064)	0.076 (0.052)	0.116** (0.052)	0.15** (0.062)	0.168*** (0.057)
M-学术联系					0.102*** (0.028)		0.039 (0.046)	
M-互补资产						0.064*** (0.021)		0.044 (0.03)
_cons	1.326*** (0.093)	1.404*** (0.119)	-4.737* (2.708)	-1.148 (2.713)	1.516 (3.539)	-4.621* (2.702)	10.477*** (3.318)	-0.436 (3.019)
控制变量	NO	NO	YES	YES	YES	YES	YES	YES
时间固定效应	Yes	Yes	Yes	Yes	Yes	Yes	Yes	Yes
个体固定效应	Yes	Yes	Yes	Yes	Yes	Yes	Yes	Yes

注：*** 表示 $p<0.01$，** 表示 $p<0.05$，* 表示 $p<0.1$。

表10-7　稳健性检验—Bootstrap自助重抽样回归结果

变量	(1) 合作广度	(2) 合作深度	(3) 合作广度	(4) 合作深度	(5) 合作广度	(6) 合作广度	(7) 合作深度	(8) 合作深度
开放科学	0.726*** (0.024)	1.310*** (0.013)	0.694*** (0.035)	1.32*** (0.017)	0.609*** (0.044)	0.664*** (0.039)	1.337** (0.023)	1.313*** (0.018)

续表

变量	(1) 合作广度	(2) 合作深度	(3) 合作广度	(4) 合作深度	(5) 合作广度	(6) 合作广度	（7） 合作深度	（8） 合作深度
M–学术联系					0.09*** (0.020)		−0.027** (0.01)	
M–互补资产						0.041*** (0.014)		−0.007 (0.007)
_cons	1.278*** (0.072)	1.555*** (0.055)	−2.845** (1.21)	3.127*** (0.671)	−3.218* (1.861)	−2.699** (1.287)	3.751*** (1.091)	3.517*** (0.696)
控制变量	No	No	Yes	Yes	Yes	Yes	Yes	Yes
时间固定效应	Yes	Yes	Yes	Yes	Yes	Yes	Yes	Yes
个体固定效应	Yes	Yes	Yes	Yes	Yes	Yes	Yes	Yes

注：*** 表示 p<0.01，** 表示 p<0.05，* 表示 p<0.1。

表10-8 稳健性检验—负二项回归结果

变量	(1) 合作广度	(2) 合作深度	(3) 合作广度	(4) 合作深度	(5) 合作广度	(6) 合作广度	（7） 合作深度	（8） 合作深度
开放科学	0.383*** (0.033)	0.624*** (0.038)	0.272*** (0.04)	0.498*** (0.049)	0.157*** (0.047)	0.247*** (0.044)	0.421*** (0.064)	0.453*** (0.053)
M–学术联系					0.067*** (0.024)		0.017 (0.033)	
M–互补资产						0.038** (0.017)		0.036* (0.022)
_cons	0.925*** (0.267)	1.724*** (0.274)	−7.795*** (1.628)	0.355 (2.025)	0.675 (2.425)	−8.013*** (1.706)	9.353*** (3.001)	0.778 (2.115)
控制变量	No	No	Yes	Yes	Yes	Yes	Yes	Yes
时间固定效应	Yes	Yes	Yes	Yes	Yes	Yes	Yes	Yes
个体固定效应	Yes	Yes	Yes	Yes	Yes	Yes	Yes	Yes

注：*** 表示 p<0.01，** 表示 p<0.05，* 表示 p<0.1。

表10-9　假设检验结果

假设	假设内容	假设检验
H1	企业开放科学对其合作广度产生积极的影响	成立
H2	企业开放科学对其合作深度产生积极的影响	成立
H3	在企业开放科学对其合作广度的影响中，学术联系产生积极的调节作用	成立
H4	在企业开放科学对其合作深度的影响中，学术联系产生积极的调节作用	不成立
H5	在企业开放科学对其合作广度的影响中，互补资产产生积极的调节作用	成立
H6	在企业开放科学对其合作深度的影响中，互补资产产生积极的调节作用	不成立

10.5.4　异质性分析

异质性分析能够揭示不同类型的开放科学实践对合作关系的差异性影响，这有助于我们全面理解开放科学。本研究进行了两类的异质性分析，我们将开放科学分为了中文论文与英文论文、期刊论文与会议论文。这种分类的理论基础在于不同形式的论文发表在学术和应用领域的影响力不同。因为上述假设检验的情况，我们仅分析开放科学对合作广度的异质性，而不分析对合作深度异质性。我们首先进行分组回归，然后对这种组间差异使用交互项进行检验得到 p 值，根据 p 值的大小判断异质性是否显著。

Merton（1973）提出了"科学的累积优势"，指明高影响力的学术成果更容易吸引合作伙伴和资源。尽管中文论文在国内学术界具有重要影响力，但英文论文由于其广泛的国际影响力，往往能够吸引更多的国际合作伙伴（Altbach，2001）。这种语言上的差异可能导致不同类型论文在合作广度上的影响不同。例如，英文论文通常在国际学术界具有更高的认可度和影响力，这可能使得其在合作广度上具有更显著的正向影响。此外，会议论文和期刊论文在人工智能领域也有显著差异。会议论文通常代表着最新的研究进展和技术突破，因为许多顶级人工智能会议吸引了全球范围内的顶尖学者和研究机构（Vardi，2009）。这种环境使得会议论文能够迅速传播并引起更多的学术和产业合作兴趣。相对而言，期刊论文虽然经过严格的同行评审，但其发表周期较长；对于快速迭代的人工智能领域，不如会议论文对合作广度的影响迅速（Vardi，2009）。例如，顶级人工智能会议（如 ICCV、ICML、AAAI、EMNLP 等）不仅是展示最新研究成果的平台，还是学术界和产业界交流与合作的重要场所（Jee 和 Sohn，2023b），这些会议论文在合作广度上的影响可能更加显著。

如表 10-10 所示在两组异质性分析中，我们发现了一些有趣的现象。首先，通过异质性分析 1 的回归结果可以发现，其组间差异的 p 值小于 0.01，说明开放科学对合作广度的影响确实存在论文语言上的异质性，即中英文论文对合作广度的影响具有显著差异。但不同于传统观点，中文论文对企业的合作广度高于英文论文带来的影响，其系数意为企业发表中文论文的数量每提升 1%，其合作广度提升 0.627%，高于英文论文所提升的 0.495%。这反映出中文论文的发表所带来的合作优势。另一不同于传统观点和前人研究的结果是，异质性分析 2 的 p 值为 0.205，其回归结果并不显著，即期刊论文和会议论文对合作广度的影响并无显著差异，这反映出企业发表会议论文对合作关系的影响与期刊论文相比并无显著区别。

表10-10　异质性分析结果

变量	异质性分析 1		异质性分析 2	
	合作广度	合作广度	合作广度	合作广度
中文论文	0.627*** (0.053)			
英文论文		0.495*** (0.069)		
期刊论文			0.688*** (0.045)	
会议论文				0.25*** (0.088)
_cons	−5.074*** (1.699)	−6.609* (3.573)	−3.962** (1.556)	−5.353 (3.499)
控制变量	Yes	Yes	Yes	Yes
时间固定效应	Yes	Yes	Yes	Yes
个体固定效应	Yes	Yes	Yes	Yes
组间差异	P=0.001		P=0.205	

注：*** 表示 p<0.01，** 表示 p<0.05，* 表示 p<0.1。

10.6 结论与启示

10.6.1 结论

人工智能企业的开放科学蓬勃发展，对加快形成新质生产力、实现我国高质量发展起到重要的助推作用。由于人工智能具有赋能技术与通用技术的特殊性，该领域的企业天然地需要扩展其合作关系。本章重点研究了一个重要话题，即人工智能企业蓬勃发展的开放科学是否会促进其合作关系的发展？本章以 A 股 279 家人工智能概念股的上市企业为样本，使用其 2006~2022 年的 21583 篇论文数据，选取并定义了开放科学、合作广度、合作深度、互补资产、学术联系等相关变量，进行了基于调节效应的实证分析，揭示了在不同情况下企业开放科学对其合作关系的积极影响。本研究填补了开放科学与合作关系的研究缺口，进一步丰富了开放式创新理论与开放科学理论，并得到以下结论：

第一，企业开放科学对其合作广度与合作深度产生积极影响。本章通过最小二乘法实证与稳健性检验，验证了人工智能行业特殊性所带来的企业开放科学与合作关系之间天然的联系，这意味着通过公开论文成果，企业能够更有效地扩展其合作网络，并加深与现有合作伙伴的互动。

第二，在企业开放科学对其合作广度的影响中，学术联系与互补资产均产生积极的调节作用，但是在企业开放科学对其合作深度的影响中，学术联系与互补资产均未产生调节作用。这反映了学术联系与互补资产对合作伙伴的吸引力，但合作深度的形成更多依赖于社会资本和长期信任的积累。

第三，中文论文对合作广度的积极影响明显大于英文论文的影响，但会议论文与期刊论文对合作广度的影响并无显著差异；这一异质性分析与直觉相违背，反映出国内人工智能学术界和产业界对中文论文的认可度；同时，期刊论文的深入研究和严谨性也具有重要价值，因此在合作广度上的影响与会议论文并无差异。

10.6.2 启示

本研究为企业开放科学策略与创新管理战略提供了理论依据和实践指导，

并得到以下管理启示：

第一，企业应积极实施开放科学战略、完善人才梯队建设。企业应当制定和实施战略性开放科学政策，通过公开高质量的研究成果，综合利用会议论文和期刊论文，平衡中文论文与英文论文发表，提升企业在全球创新网络中的地位，加深原有关系的合作互动；同时，注重特有数据资产、算力资产等特有资产的优势，吸引高水平人才，完善人才梯队建设，构建特有的学术联系，加大基础研究论文的成果转化，以合作广度优势拓展市场应用，助力企业实现高质量发展。

第二，政府应着力构建产业创新平台、完善开放科学激励制度。政府应着力构建人工智能产业的创新生态，促进学术交流平台、产学合作平台、成果转化平台等一批高质量、全方位、宽领域的合作平台，为企业合作建设桥梁；为企业论文发表提供特殊的创新激励政策，加快开放政府特有的数据要素，推进人工智能赋能千行百业，以加快形成新质生产力、实现高质量发展。

10.7 小结

本章聚焦创新前端的开放性，对开放式创新理论进行了新拓展。基于人工智能行业的企业数据，揭开了开放科学与合作关系之间的内在逻辑，研究发现企业开放科学对其合作广度与合作深度能产生积极影响，而且学术联系与互补资产在企业开放科学对其合作广度的影响中会产生积极的调节作用，研究结论为企业采用开放科学推动产学研创新提供了理论依据和实践启示。当然，未来的研究应该更加关注企业开放科学行为可能产生的知识溢出效应如何控制，开放科学与知识产权保护、创新独占之间如何平衡，以及不同行业之间企业开放科学对合作关系影响的异质性。

第11章 开放科学与企业价值：
基于制造业上市企业的实证研究

当前，开放科学已成为推动企业创新和提升竞争力的重要策略，不仅推动了经济增长，还为解决全球性问题提供了新的可能性。现实中企业家积极地参与开放科学策略，对于企业获得持续竞争优势，存在很多潜在的好处。这些潜在的好处对企业价值的提升具有多方面的积极影响。本章将重点探究企业开放科学对企业价值的影响机制。

11.1 问题的提出

当今，世界越来越开放，开放式创新与开放科学理论受到了国际社会的广泛关注。2023年5月，习近平总书记在中关村论坛中指出："新一轮科技革命和产业变革深入发展，人类要破解共同发展难题，比以往任何时候都更需要国际合作和开放共享。"在全球化开放合作共享的背景下，企业越来越重视参与开放科学实践，通过主动分享创新知识和技术成果，以促进知识交流和技术进步。随着科学与技术之间的界限越来越模糊，跨学科的融合成为推动创新的新动力，不同学科间的交流有助于新理论、新技术的产生和发展。在此基础上，开放科学理念的广泛应用进一步加快了知识生产、传播的步伐，开放科学策略越来越受到企业的青睐和重视。为此，学者们从各个视角对企业开放科学的机制、路径等关键问题展开深入研究，尤其是开放科学对企业价值的作用机制问题，目前学术界还缺乏系统性研究，本章将试图以中国制造业上市企业为研究对象，通过实证研究来揭示开放科学对企业价值的作用机制。

创新前端"开放科学"作为开放式创新研究的新视角，正逐渐成为本研究领域的热点问题。从理论层面来看，开放科学的研究重点主要在于科学共同体规范、基础研究合作、产学研合作等场景，然而，其与企业价值之间的联系机制尚未得到充分的研究。本章旨在探讨创新前端"开放科学"与资本市场端"企业价值"之间存在何种关系。开放科学为企业提供了获取补充性知识和未获得知识的机会，与学术和工业研究人员的互动有助于提高企业识别及吸收外部知识，以及评估创新知识的价值，这些互动包括与企业外部的研究人员共同生产新知识。这些合作使企业的研究人员获得了重要的学习机会，从而保持其水平在研究领域的最前沿。开放科学可以间接地影响企业盈利能力，而且有利于生产过程改进和市场利益的获取，进而提升企业价值，即开放科学行为可以提升创新能力、提高劳动生产率，进而提升企业价值。

基于上述背景，本章试图揭示创新前端"开放科学"对资本市场端"企业价值"之间的关系，为揭示两者之间的关系及作用机制，本章以沪深 A 股制造业上市企业为样本，利用 Web of Science 数据库、CSMAR 数据库与 Wind 金融终端数据库的相关数据，就开放科学对企业价值的影响机制进行实证分析，目的是系统揭示开放科学和企业价值之间的逻辑关系，从而为企业创新实践提供新的理论视角。

11.2 文献回顾

11.2.1 开放科学的理论回顾

开放科学在不同的历史时期中呈现不同的内容形式，并在实践发展中不断完善，逐渐形成文化理念和不同的思想流派。国内外学者将开放科学划分为以下几种类型：一是知识开放，强调知识的自由流通和知识开放，注重研究过程和结果的透明度。这是一个广泛的概念，涵盖了各种形式的知识和信息的自由共享与使用。它不仅限于科学研究领域，还包括教育、文化、政府数据等多个方面。知识开放的核心理念是让知识更加容易获得、使用和再分发，从而促进社会的整体进步和创新。二是开放获取，是指科研成果（尤其是学术论文）能够被公众免费获取和使用。这包括金色开放获取，作者在开放获取期刊上直接发表文章，读者无须支付订阅费即可访问；绿色开放获取，作者将已发表的文章存放在机构或学科的开放存档库中，供公众免费访问；混合开放获取，部分期刊既提供付费订阅版本，也允许作者支付费用后将文章以开放获取的形式发布，强调可获取知识的开放，侧重于知识资源的易获取性。三是开放数据，强调科研过程中产生的数据应尽可能公开，以便其他人可以验证、再利用和扩展研究。这包括原始数据，即实验或调查中收集的初始数据；处理数据，即经过初步处理的数据，可用于进一步分析；元数据，即描述数据特性的信息，如数据收集方法、格式等。四是开放方法，指的是详细记录和公开研究方法，如实验设计、数据分析流程等，以便其他研究者能够复现实验结果。这包括实验协议，即详细的实验步骤和条件；代码和脚本，即用于数据分析的编程代码。五是开放科学基础设施，包括支持开放科学的技术平台和服务，如数据存储库、提供数据存储和共享服务的平台；协作工具，即支持科研团队远程协作的工具；出版平台，即支持开放获取出版的期刊和平台。基于以上分类，开放科学形成了一个严格的定义：开放科学是一种通过协作网络实现知识共享与共同开发的科研方式，确保了知识的透明度和可访问性。Foster（2017）认为，开放科学主要涵盖开放数据、开放方法、开放获取与开放资源等维度，是知识在发展初期实现开放共享的形式。温亮明（2021）认为，开放科学是一种科研方式，其遵循自由、开放、共享等规则，将科学知识开放共享，供其他研究人员免费、自由使用。张学文（2020）认为，开放科学是一种非市场化的激励制度，在知识产权的保护下知识使用的最大化，从而催生高质量的创新和研究。

张学文（2013）和陈秀娟等（2018）的研究发现，开放科学制度对科学研究具有重大意义：首先，开放科学通过促进数据共享与再利用，能够带来多方面的积极影响，不仅可以提高了科研效率和质量，还可以促进科学知识的传播和应用。在科研项目中，研究人员可利用已有数据集，节省时间和资源，减少人力和财务投入，数据的快快共享可以加快研究进展和科学发现，从而降低科研工具的开发和维护成本。其次，开放科学通过公开科研过程和结果，提升研究透明度和公众参与度，共享数据和方法使研究过程更加透明，从而减少科研不端行为，开放同行评审和数据共享相结合，可以提高评审过程的透明度和公正性。另外，开放科学还可以增强公众对科学研究的信任，促进公民科学家的积极参与，丰富科研多样性。这种开放性还可以加强学术道德治理，通过公众参与和监督确保研究的可靠性与透明度，促进研究者自我审查，保障学术研究的高标准和严谨性。最后，开放科学可以为科研合作注入活力，促进科学的合作与交流，构建交流合作平台，提倡基于共同目标的合作，实现知识技能互通，加快科学探索进程。研究者可以通过共享数据进行合作，共同解决复杂的科学问题。这种互助合作模式为科学整体进步贡献了力量，在推动学术共同体发展中扮演着重要角色。

11.2.2　企业价值的研究回顾

企业价值是一个衡量企业在市场上整体价值的重要指标，不仅考虑了企业的股权价值，还考虑了企业的债务、现金及现金等价物等因素。企业价值提供了一个更全面的视角，帮助投资者和分析师更好地评估企业的财务状况与市场地位。企业价值评估通常采用成本法、收益法和市场法三种方法。成本法通过分析企业财务报表评估资产价值，操作简便但可能被操纵，且难以反映未来盈利潜力和无形资产价值。收益法基于预测企业未来现金流量并折现，涉及主观判断且考虑未来不确定性。市场法则根据市场对企业价值的评价，使用 Tobin's Q[①] 比率等指标，客观性强、计算简单，是广泛采用的评估手段。

企业价值的评估将企业看作一个有机整体，影响企业价值的因素涉及企业内外部，较多研究从企业融资角度、企业社会责任角度等出发进行研究。融资决策对企业价值的创造至关重要，它不仅影响了企业资金的来源和成本，还与企业治理紧密相关。良好的企业治理能够降低股权融资成本，如 Chen 等（2010）所指出，提升治理水平有助于降低融资成本，从而提高企业价值。有效的治理机制能够提高企业治理水平，有助于企业以最优策略解决融资问题，从而有效提升企业价值（王化成等，2021）。企业社会责任（CSR）也是影响企业价值的重要因素。企业社会责任并不总是直接导致企业价值增长，而是通过一系列间接因素对其产生影响。创新活动能够激发企业的社会责任感，提升企业绩效，从而在市场上获得更高的估值（Mishra，2017）。企业社会责任还有助于企业更准确地识别和评估风险，实现更有效的风险管理，间接提升企业价值（Harjoto 和 Laksmana，2018）。企业履行社会责任有助于提升其社会地位和认可度，上市企业通过积极履行社会责任，能够获得社会的好评，实现超越期望

---

①　Tobin's Q 的定义为企业的市场价值与资本重置成本之比。Tobin's Q 值大于 1，说明企业创造的价值大于投入的资产的成本，表明企业为社会创造了价值，是"财富的创造者"；反之，则浪费了社会资源，是"财富的缩水者"。

的长期绩效，增加企业价值（陆静和徐传，2019）。

企业价值研究是一个多维度、多方法的综合性领域。通过财务报表分析、折现现金流法、相对估值法和资产基础法等多种方法，企业可以全面评估企业的内在价值。同时，通过优化财务管理、运营管理、创新驱动等策略，企业可以不断提升自身的价值，实现可持续发展。

11.3 理论假设

11.3.1 开放科学与企业价值

开放科学不仅是一种科学研究的实践方式，还是一种促进企业创新和发展的有效手段。通过参与开放科学，企业可以提升创新能力、降低成本、增强市场竞争力、提高透明度和合规性、吸引和培养人才，以及获得更多的社会和政策支持。这些优势共同作用，有助于企业实现可持续发展和长期价值的提升。

先前的研究已经对企业开放科学的原因提出了几种可能的解释。首先，鼓励企业发表科技论文不仅可以提升企业内部研发能力，还可以更快地响应市场变化，抓住新的商业机会。其次，科学出版物可以提高企业的竞争力、知名度和信誉，加强企业在社会网络中的地位，促进企业与大学的合作。这些建立信誉的途径对于企业孵化和吸引人才尤其重要（Wang 和 Shapira，2012；Appelbaum 等，2016）。再次，积极参与开放科学的企业可以树立创新和负责任的形象，提升品牌声誉和市场认可度。开放科学符合伦理和社会责任的标准，有助于企业建立良好的社会形象。最后，企业可以将科学出版物和知识传播视为战略披露，旨在促进特定技术的传播，以有效利用其独特的资产或形成正式或非正式的行业标准（Teece，1986；Harhoff 等，2003）。

Liu 等（2001）认为，中国企业的学术发表记录对其企业价值产生积极影响，因为它们使企业在价值链中从新技术的采用者转变为开发者，这种转变通常依赖于人力资本的吸引和保留，同时依赖于潜在投资者和客户的关注与信任。Simeth 等（2016）报告了美国上市企业的科学出版物数量与其企业价值之间的正相关关系，这一发现证实了开放科学对企业价值的重要贡献。企业的学术发表记录不仅映射了企业的科学研究基础，还体现了其创新吸收能力，对企业股票市值具有重要意义。此外，科学出版物因其权威性和创新性，受到了学术界、政府机构以及潜在客户等社会各界的广泛关注。拥有强大科学出版能力的企业更有可能与大学产生更多或更密切的合作，从而产生更多的创新机会。例如，Cockburn 等（1998）发现，拥有更多科学家与大学研究人员合作的生物技术企业在药物开发方面表现更好，会有更多的创新产出。此外，拥有强大科学出版能力的企业在潜在客户和供应链合作伙伴中拥有更高的信誉。所有这些都会对企业股票的市场价值产生积极影响。基于以上分析，本章提出以下假设：

H11-1：开放科学对企业价值具有积极影响。

11.3.2　创新产出的中介作用

对企业来说，专利是创新产出的重要指标。随着我国企业技术创新能力的不断提升，对基础研究的投资重视程度越来越高。因此，我国企业的开放科学行为可以反映其有利于未来技术发展和新产品开发的基础研究方面的努力与投资。Czarnitzki 等（2011）发现，开放科学出版物所衍生的专利，不仅能够获得更广泛的关注，还能够在专利引用网络中占据更加中心的位置，从而对后续的创新活动产生更大的影响。这种基础科学研究催生的专利因其多样性而对企业来说尤为宝贵，主要归因于它们能够催生出具差异化的产品，为企业带来独特的市场优势，在激烈的市场竞争中占据有利地位，进而带来更丰厚的利润（Gkypali 等，2017）。

Blind 等（2022）强调了专利在技术创新和商业化过程中的重要作用，同时揭示了基础研究与应用研究在推动企业创新中相辅相成的关系；基础研究与应用研究对技术创新的作用互为补充，它们之间的相互作用能够显著提升企业的创新能力。Ponta 等（2021）、Kim 等（2016）的研究证实了专利与企业绩效之间存在正向的关联。此外，Griliches（1981）研究了专利对企业创新的正向影响，Yuan 等（2021）进一步发现，企业的专利存量、专利组合以及专利质量都能显著提升企业价值，这些研究均表明专利能够提升企业的盈利能力和企业价值。Neuhausler 等（2016）、Kim 等（2023）的研究也支持了这一观点，均证实了专利对企业价值的积极影响；Griliches 等（1991）、Hsu 等（2021）认为上市企业专利申请数量与其企业市值之间存在正向关系。以上研究均表明，专利在促进企业创新和提高企业效益方面发挥着重要作用。基于此，本章提出以下假设：

H11-2：创新产出在开放科学与企业价值的关系中具有中介作用。

11.3.3 人力资本的中介作用

长期以来，学者们一直在研究人力资本与企业价值的关系。Firer（2003）认为，人力资本虽然对企业价值发挥作用，但不产生直接作用，因为存在拥有丰富人力资源而无法实现企业价值可持续增长的企业。傅传锐（2007）通过实证研究发现，人力资本对企业价值具有显著的积极影响。作为智力资本的核心构成，人力资本对企业价值的影响重大，主要体现在对企业无形资产的关键性贡献上，包括客户关系、商业机密、技术创新以及流程改进等方面（Chemmanur等，2017）。拥有较多科学出版物的企业可能拥有较多以基础研究为导向的人力资本，即较多的研发人才，这些人力资本也可能是产生未来创新绩效的宝贵资产。

此外，Cohen等（2002）经过对研发经理的调查，建议企业通过发表论文、报告、公开会议、非正式信息交流和咨询向大学学习，这进一步证实了学术研究对人力资本的影响。

事实上，人力资本已被发现是影响新产品开发和生产率的重要决定因素（Fleisher等，2010）。Huang等（2017）的研究指出，近年来，我国政府大力推动知识产权保护，以促进科技创新和产业升级。这些制度变革不仅影响了企业的创新行为，还推动了整个经济的转型，这一切的关键在于人力资本的推动作用。一家企业的科学出版物越多，意味着其研究人员的科学能力越高，同时，会更加强调研究导向型的企业文化。

从声誉理论的角度来看，企业的开放科学行为将在科学界赢得良好信誉，这可能带来与更多知名实验室和大学研究人员合作的机会，并吸引有能力的研发人员。人力资本作为宝贵资源，具有不可替代性和稀有性，竞争对手很难评估、复制和获得企业拥有的独特人力资本优势。因此，重视人力资本的提升，会对企业研发效率产生积极的影响，而且拥有优越人力资本的企业应该优于其他企业。基于此，本章提出以下假设：

H11-3：人力资本在开放科学与企业价值的关系中具有中介作用。

11.3.4 分析师关注的中介作用

大量研究表明科学出版物与价值相关（Simeth 和 Cincera，2016，Hsu 等，2021）。除了财务披露相关的渠道之外，科学出版物还可以通过非财务披露渠道等影响企业的财务业绩和价值。例如，一些科学出版物可以通过帮助投资者评估企业当前和未来销售收入的特征来减少信息不对称（Azoulay，2002），影响投资者预期和决策。

从信息不对称理论的角度来看，企业向外界披露的信息与投资者在做出投资决策时所需依赖的信息并不完全对等。为了缓解这一问题，资本市场上的分析师和他们的团队扮演了关键角色。分析师通常具有比普通投资者更高的专业水平，他们不仅会对企业发布的信息进行汇总和整理，还会深入分析这些数据，并将其转化为内容丰富的预测报告，以供外界参考。关注企业的分析师数量越多，对企业的了解就越深入，从而有效地缩小与外部利益相关者之间信息不对称的程度。通过这种方式，分析师可以帮助投资者更好地了解市场动态，降低投资决策中的不确定性，增强市场的整体效率，企业更容易从投资者那里获得融资，从而提升企业的市场价值（宫义飞和郭兰,2012）。Barth 等（2001）认为，与研发较低或没有研发的企业相比，分析师更有动力关注研发密集型企业。之所以如此，是因为跟随拥有更多研发的企业可以产生更有利的投资建议和更高的交易佣金，此外，分析师会花费更多精力来跟踪这些企业。因此，分析师报道与研发活动之间具有紧密的关系。

从信号传递理论的角度来看，企业在专利方面可能无法展示其全部且真实的创新能力（Jia 等，2019）。因此，企业将研究院外包给大学的趋势不断增加（Motohashi 和 Yun，2007）。处理应用技术开发的能力对于企业来说是一个特别稀缺的能力，所以，不能只用专利衡量企业的创新能力。科学出版物可以更好地服务于利益相关者和专业分析师，成为他们进行有效分析的重要资源，包括潜在客户、供应链合作伙伴和研究合作者（Audretsch 和 Stephan，1996；Azoulay，2002）。Reeb 和 Zhao（2020）指出，金融中介机构可能会影响创新的披露，而不会影响研发的成功。企业把在主要的学术期刊上发表科技论文作为向分析师和利益相关者宣传自己的手段。分析师的报告相当于给资本市场传递了一个信号，而利益相关者更多地依靠信号来做出决策，投资者在分析师的报告中发现利好信息时，投资该企业的意向就更强烈；反之，则可能选择不对该企业进行投资。例如，如果一家企业在基础科学和商业化方面都表现出色，向投资者和股票分析师发出信号，那么它就会受到包括股票投资者在内的利益相关者的高度关注，因为其研发投入可以有效、高效地转化为利润。此外，这些企业可能被认为更依赖于技术开发，因此有望在市场上表现更好。基于此，本章提出以下假设：

H11-4：分析师关注在开放科学与企业价值的关系中具有中介作用。

根据以上四个假设，本章提出如下理论模型（见图 11-1）。

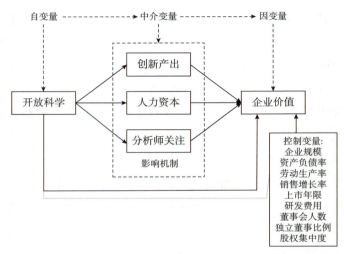

图 11-1 开放科学影响企业价值的理论模型

11.4 研究设计与模型建构

11.4.1 样本选择与数据来源

11.4.1.1 样本来源

本章的研究样本来自 A 股上市制造业企业，选取的时间跨度为 2010~2022 年，因进行同期回归，不涉及研究样本前一年度的数据。根据以下筛选条件对数据进行处理：①剔除 ST、*ST、暂停上市的企业样本；②剔除主要变量缺失的样本观测值；③由于样本量较大，为防止异常值对结果的影响，对连续变量进行上下 1% 的缩尾处理；④剔除样本数据只有一年的样本观测值。数据经过上述筛选后，本节共计得到 13463 个非平衡面板样本数据，总计 1675 家企业，相应企业行业分布如表 11-1 所示。

表11-1　样本企业行业分布情况

行业代码	行业代码名称	企业数（家）	占比（%）
C0	食品、饮料	148	8.84
C1	纺织、服饰、皮毛	73	4.36
C3	印刷、造纸	1	0.06
C4	石油、化学、塑胶、塑料	302	18.03
C5	电子	210	12.54
C6	金属、非金属	15	0.9
C7	机械、设备、仪表	723	43.16
C8	医药、生物制品	201	12
C9	其他制造业	2	0.11
合计		1675	100

资料来源：CSMAR 数据库。

11.4.1.2　数据来源

数据收集过程及来源如下：解释变量（开放科学）来自 Web of Science 数据库和中国知网，通过检索作者所属机构，剔除社科出版物数量，分别统计以英文和中文发表的科学学术出版物数量。其中的一个中介变量（创新产出）来自国泰安 CSMAR 数据库中上市企业专利申请后获得情况的文件；被解释变量（企业价值）及其他所需变量数据均来自国泰安 CSMAR 数据库、Wind 金融终端以及企业年报等查询导出（见表 11-2）。

表11-2　变量测度及数据来源

变量类型	名称	变量描述	数据来源
被解释变量	企业价值	企业的市场价值与资产总额的比值	CSMAR 数据库
解释变量	开放科学	企业发表的科学出版物期刊数量	Web of Science 中国知网
中介变量	创新产出	专利授权数加一的自然对数	CNRDS 数据库
	人力资本	研发人员数量加一的自然对数	CSMAR 数据库 企业年报
	分析师关注	被分析师关注度	CSMAR 数据库

续表

变量类型	名称	变量描述	数据来源
控制变量	企业规模	总资产的自然对数	CSMAR 数据库 企业年报
	资产负债率	总债务与其总资产的比值	CSMAR 数据库
	劳动生产率	销售总额与员工数量的比值	Wind 数据库
	销售增长率	当年销售增长额与上年销售总额的比值	CSMAR 数据库
	研发费用	研发费用取自然对数	CSMAR 数据库
	上市年限	上市年限的自然对数	CSMAR 数据库
	董事会人数	董事会成员数量的自然对数	企业年报
	独立董事比例	独立董事数量占董事会成员数量的比例	CSMAR 数据库
	股权集中度	第一大股东的持股比例	CSMAR 数据库 Wind 金融终端

11.4.2 变量选择与测度

11.4.2.1 被解释变量

企业价值的测度问题一直是学术界讨论的重要话题。经过对选定企业价值评估指标的相关文献的整理，我们发现部分研究者倾向于选取能够揭示企业盈利状况的财务指标，但仅依赖企业公开的会计数据，难以全面而精确地揭示企业价值的长期状态。随着中国资本市场的发展和证券交易体系的完善，证券市场的交易价格被认为能够有效映射上市企业的市场价值。但由于证券市场价格是一个绝对值指标，我们在进行实证分析时，需对其进行适当的数据处理以适应研究需求。Tobin's Q 值是学术界比较通用的测量指标，是指企业的市场价值与资产总额之比，既包括企业的市场价值，又包括企业的重新购买成本，而且能反映企业在资本市场上的表现，测量结果较为客观，因此，Tobin's Q 值在海外投资与企业价值的相关研究中的适用性也在逐渐提高（邓新明等，2014；李春阳等，2021）。基于此，本章运用基于市场的衡量方法，选用 Tobin's Q 值作为被解释变量。

11.4.2.2 解释变量

开放科学的核心要素之一是科学知识的共享，企业通过科学出版物来实现其研究成果的公开传播。Hicks（1995）在研究中首次深入探讨了企业发布科学出版物的动机以及与各类研究机构建立联系的背景。该研究指出，科学出版物不仅揭示了企业所拥有的隐性知识，还有助于构建企业的技术声誉。此外，这种公开发表对于吸引研究人员以及促进与学术界交流合作具有显著的正向作用。根据已有研究（Ding，2011；Jong 等，2014），科学出版物是企业开放科学的常有方式，因此，本章通过科学出版物数量度量指标衡量企业的开放科学行为。

11.4.2.3　中介变量

本章的中介变量是创新产出、人力资本和分析师关注。在研究企业创新产出的衡量指标时，参考了林新奇等（2021）的研究，本章将专利授权数量作为衡量企业创新成果的指标。相较于专利申请数，专利授权数更能真实反映企业的创新成效，确保所统计的专利质量得到保证；本章借鉴魏巍等（2018）的研究，选取国泰安数据库中记录的上市企业研发人员投入数量，并以此作为衡量企业在人力资本上的研发投入。这种方法能够更准确地反映企业在人力资源方面的实际投入，为评估企业创新能力提供一个更为科学的视角；以被分析师关注度衡量上市企业受到的关注度和信誉度，表示潜在客户和供应链合作伙伴对企业的关注与信任。

11.4.2.4　控制变量

在参考 Balsmeier 等（2017）、Aghion 等（2013）的研究后，本章选取以下变量作为控制变量：企业规模（Size）以总资产的自然对数来进行衡量；资产负债率是企业的总债务与其总资产的比值，能够反映其财务状况；劳动生产率（laber）是企业销售总额与员工数量的比值，衡量企业生产率；销售增长率（Sales_growth）是企业当年销售增长额与上年销售总额的比值，能够反映其动力和发展前景；上市年限（FirmAge）是当年年份和企业上市年份之间的差；研发费用（RD）是企业当年用于研发所支出的金额；董事会人数（Board）是企业董事会成员的数量，能够反映监控强度；独立董事比例（Indep）是独立董事数量占董事会成员数量的比例，用于衡量企业的治理水平；股权集中度（TOP）是第一大股东的持股比例，用于衡量企业的稳定性。

11.4.3　模型构建

为了验证 H11-1，探索开放科学是否能够提高企业的价值，本章建立模型（11-1）对此假设进行验证：

$$企业价值 = \beta_0 + \beta_1 开放科学 + \beta_2 企业规模 + \beta_3 资产负债率 + \beta_4 劳动生$$

产率 $+ \beta_5$ 销售增长率 $+ \beta_6$ 研发费用 $+ \beta_7$ 上市年限 $+ \beta_8$ 董事会人数 $+ \beta_9$ 独立董事比例 $+ \beta_{10}$ 股权集中度 $+ \sum \text{Industry} + \sum \text{Year} + \varepsilon$　　　　（11–1）

其中，企业价值取值大于 0，为正向指标，其数值越大代表企业价值越高，故预期 β_1 为正向指标，即开放科学提升能够提高企业价值。

分别探究开放科学对创新产出、人力资本、分析师关注的影响，建立模型（11–2）、模型（11–3）、模型（11–4），形式如下：

创新产出 $= \beta_0 + \beta_1$ 开放科学 $+ \beta_2$ 企业规模 $+ \beta_3$ 资产负债率 $+ \beta_4$ 劳动生产率 $+ \beta_5$ 销售增长率 $+ \beta_6$ 研发费用 $+ \beta_7$ 上市年限 $+ \beta_8$ 董事会人数 $+ \beta_9$ 独立董事比例 $+ \beta_{10}$ 股权集中度 $+ \sum \text{Industry} + \sum \text{Year} + \varepsilon$　　　（11–2）

人力资本 $= \beta_0 + \beta_1$ 开放科学 $+ \beta_2$ 企业规模 $+ \beta_3$ 资产负债率 $+ \beta_4$ 劳动生产率 $+ \beta_5$ 销售增长率 $+ \beta_6$ 研发费用 $+ \beta_7$ 上市年限 $+ \beta_8$ 董事会人数 $+ \beta_9$ 独立董事比例 $+ \beta_{10}$ 股权集中度 $+ \sum \text{Industry} + \sum \text{Year} + \varepsilon$　　　（11–3）

分析师关注 $= \beta_0 + \beta_1$ 开放科学 $+ \beta_2$ 企业规模 $+ \beta_3$ 资产负债率 $+ \beta_4$ 劳动生产率 $+ \beta_5$ 销售增长率 $+ \beta_6$ 研发费用 $+ \beta_7$ 上市年限 $+ \beta_8$ 董事会人数 $+ \beta_9$ 独立董事比例 $+ \beta_{10}$ 股权集中度 $+ \sum \text{Industry} + \sum \text{Year} + \varepsilon$　　（11–4）

为验证创新产出、人力资本、分析师关注在开放科学与企业价值的关系中是否存在中介作用，建立模型（11–5）、模型（11–6）、模型（11–7），形式如下：

企业价值 $= \beta_0 + \beta_1$ 开放科学 $+ \beta_2$ 创新产出 $+ \beta_3$ 企业规模 $+ \beta_4$ 资产负债率 $+ \beta_5$ 劳动生产率 $+ \beta_6$ 销售增长率 $+ \beta_7$ 研发费用 $+ \beta_8$ 上市年限 $+ \beta_9$ 董事会人数 $+ \beta_{10}$ 独立董事比例 $+ \beta_{11}$ 股权集中度 $+ \sum \text{Industry} + \sum \text{Year} + \varepsilon$　　（11–5）

企业价值 $= \beta_0 + \beta_1$ 开放科学 $+ \beta_2$ 人力资本 $+ \beta_3$ 企业规模 $+ \beta_4$ 资产负债率 $+ \beta_5$ 劳动生产率 $+ \beta_6$ 销售增长率 $+ \beta_7$ 研发费用 $+ \beta_8$ 上市年限 $+ \beta_9$ 董事会人数 $+ \beta_{10}$ 独立董事比例 $+ \beta_{11}$ 股权集中度 $+ \sum \text{Industry} + \sum \text{Year} + \varepsilon$　　（11–6）

企业价值 $= \beta_0 + \beta_1$ 开放科学 $+ \beta_2$ 分析师关注 $+ \beta_3$ 企业规模 $+ \beta_4$ 资产负债率 $+ \beta_5$ 劳动生产率 $+ \beta_6$ 销售增长率 $+ \beta_7$ 研发费用 $+ \beta_8$ 上市年限 $+ \beta_9$ 董事会人数 $+ \beta_{10}$ 独立董事比例 $+ \beta_{11}$ 股权集中度 $+ \sum \text{Industry} + \sum \text{Year} + \varepsilon$　　（11–7）

本章重点关注解释变量开放科学的系数 β_1 和模型中的创新产出、人力资本和分析师关注系数 β_2，如果 H2、H3、H4 成立，那么 β_1 和 β_2 均为正。

11.5　实证结果与分析

11.5.1　描述性统计及相关性分析

在进行回归分析之前，本章利用 Stata17.0 软件对关键变量进行了描述性统计分析和相关性检验，具体结果可见表 11–3 和表 11–4。样本企业的企业价值的平均值为 2.165，标准差为 1.381，最小值为 0.802，最大值为 15.610，表明样本企业在时间区间内企业价值有一定差距；企业科学出版物的平均值是 5.797，标准差为 23.140，样本企业内年平均发表 5.8 篇，最小值为 0，最大值为 885，表明不同企业发表论文相差较多，差距较大，有些样本企业科学出版物数量较突出。

表11–3　描述性统计

变量	样本量	均值	中位数	标准差	最小值	最大值
企业价值	13463	2.165	1.730	1.381	0.802	15.610
企业科学出版物数量	13463	5.797	1	23.140	0	885.000
企业规模	13463	21.98	21.83	1.123	20.0200	25.400
资产负债率	13463	0.379	0.367	0.191	0.0550	0.852
劳动生产率	13463	0.195	0.103	0.261	0.0060	1.558
销售增长率	13463	0.172	0.126	0.322	−0.4450	1.830
上市年限	13463	2.862	2.890	0.338	1.7920	3.497
研发费用	13463	4.117	4.113	1.346	0.2770	7.909
董事会人数	13463	2.120	2.197	0.185	1.6090	2.565
独立董事比例	13463	37.420	33.33	5.335	33.3300	57.140
股权集中度	13463	33.850	31.95	14.040	9.0000	70.040
分析师关注	13463	8.015	3.00	11.72	0	75.000
人力资本	13463	5.729	5.922	1.060	0	10.510
创新产出	13463	1.761	1.792	1.433	0	8.287

表 11–4 报告了关键变量的 Pearson 相关系数，从自变量和因变量的相关系数可以发现，开放科学与企业价值在 1% 置信水平上显著，且自变量和因变量成正相关，与假设预期吻合。为了进一步验证变量间是否存在严重的多重共线性问题，本研究计算了方差膨胀因子 VIF 值，所有变量的 VIF 值都低于 5，且平均 VIF 值为 1.4。这表明各变量间的多重共线性问题并不严重，为后续的回归分析提供了合理性基础。

表11-4 相关性分析

	企业价值	企业科学出版物数量	企业规模	资产负债率	劳动生产率	销售增长率	上市年限	研发投入	董事会人数	独立董事比例	股权集中度
企业价值	1										
企业科学出版物数量	0.030***	1									
企业规模	-0.187***	0.310***	1								
资产负债率	-0.192***	0.172***	0.485***	1							
劳动生产率	-0.015*	0.067***	0.144***	0.095***	1						
销售增长率	0.076***	-0.033***	0.032***	0.025***	0.100***	1					
上市年限	0.055***	0.037***	0.205***	0.147***	0.112***	-0.086***	1				
研发投入	-0.063***	0.260***	0.671***	0.280***	0.100***	0.055***	0.161***	1			
董事会人数	-0.066***	0.120***	0.255***	0.129***	0.039***	-0.0140	0.019**	0.125***	1		
独立董事比例	0.039***	0.019***	-0.00800	-0.00600	0.00100	0.00300	0.00600	-0.0140	-0.533***	1	
股权集中度	-0.042***	0.080***	0.092***	-0.032***	0.048***	0.00300	-0.108***	0.034***	-0.025***	0.055***	1

注：*** 表示 $p<0.01$，** 表示 $p<0.05$，* 表示 $p<0.1$。

11.5.2 回归结果及稳健性检验

11.5.2.1 主效应回归结果

表11-5报告了开放科学与企业价值之间的回归结果。从表11-5可以得出，模型（11-1）的拟合优度为0.449，模型的总体拟合程度较好。企业研发投入对企业价值具有显著正向作用，说明企业研发投入增加能够促进企业高质量发展。企业价值与企业科学出版物的 t 值和回归系数分别为5.4291和0.009，在1%的水平上显著，表明企业科学出版物对企业价值有显著正向影响，即企业科学出版物越多，企业价值越高，验证了H11-1。

表11-5 开放科学影响企业价值实证结果

变量	模型 (11-1) 企业价值
企业科学出版物数量	0.0090*** （5.4291）
企业规模	−0.5176*** （−13.2667）
资产负债率	0.1497 （1.3171）
劳动生产率	0.2140*** （3.2128）
销售增长率	0.1985*** （5.7991）
上市年限	0.9357*** （5.2336）
研发投入	0.1034*** （5.2699）
董事会人数	0.1158 （0.6694）
独立董事比例	0.0095* （1.8783）
股权集中度	−0.0069*** （−3.3944）
_cons	9.8867*** （10.0525）

续表

变量	模型（11-1）企业价值
Firm	Yes
Year	Yes
N	13463
adj.R^2	0.449

注：*** 表示 $p<0.01$，** 表示 $p<0.05$，* 表示 $p<0.1$。

11.5.2.2 中介效应回归结果

（1）创新产出的中介效应检验

表 11-6 报告了"开放科学—创新产出—企业价值"的效应途径检验。根据模型（11-2），本章使用固定效应模型对样本中开放科学与创新产出之间的关系进行了回归分析，回归分析结果如表 11-6 所示。结合表 11-6 研究发现，在回归结果第二列中创新产出在 1% 的置信水平上显著为正，说明企业发布科学出版物越多，企业创新产出越高。

由 H11-2 本章推出了模型（11-5），并在表中报告了回归结果。表 11-6 的第三列显示，开放科学的系数为 0.0089，在 1% 的置信水平上显著。创新产出的系数为 0.0257，且在 5% 的置信水平上显著，说明创新产出在开放科学与企业价值关系之间发挥了中介作用，验证了 H11-2 与本章预期假设相符。

表11-6　创新产出的中介作用

变量	模型（11-1）企业价值	模型（11-2）创新产出	模型（11-5）企业价值
企业科学出版物数量	0.0090***（5.4291）	0.0033***（5.4880）	0.0089***（5.3640）
创新产出			0.0257**（2.2729）
企业规模	−0.5176***（−13.2667）	0.2604***（7.9553）	−0.5243***（−13.3539）
资产负债率	0.1497（1.3171）	−0.0021（−0.0197）	0.1497（1.3188）
劳动生产率	0.2140***（3.2128）	−0.1442**（−2.4712）	0.2177***（3.2665）

续表

变量	模型（11-1）企业价值	模型（11-2）创新产出	模型（11-5）企业价值
销售增长率	0.1985***（5.7991）	−0.0694**（−2.3231）	0.2003***（5.8649）
上市年限	0.9357***（5.2336）	0.5724***（3.2716）	0.9210***（5.1556）
研发投入	0.1034***（5.2699）	0.1536***（8.5421）	0.0994***（5.0678）
董事会人数	0.1158（0.6694）	0.1285（1.1844）	0.1125（0.6505）
独立董事比例	0.0095*（1.8783）	−0.0016（−0.4895）	0.0095*（1.8876）
股权集中度	−0.0069***（−3.3944）	0.0045**（2.4914）	−0.0070***（−3.4545）
_cons	9.8867***（10.0525）	−6.5793***（−7.7100）	10.0557***（10.1784）
Firm	Yes	Yes	Yes
Year	Yes	Yes	Yes
N	13463	13463	13463
adj.R^2	0.449	0.556	0.449

注：*** 表示 $p<0.01$，** 表示 $p<0.05$，* 表示 $p<0.1$。

（2）人力资本的中介效应检验

表 11-7 报告了"开放科学—人力资本—企业价值"的效应途径检验。根据模型（11-3），本章使用固定效应模型对样本中开放科学与人力资本之间的关系进行了回归分析，回归分析结果如表 11-7 所示。结合表 11-7 研究发现，在回归结果第二列中人力资本在 1% 的置信水平上显著为正，说明企业发表科学出版物越多，企业人力资本越高。

由 H11-3 本章推出了模型（11-6），并在表 11-7 中报告了回归结果，表 11-7 的第三列显示，开放科学的系数为 0.0087，在 1% 的置信水平上显著。人力资本的系数为 0.0527，且在 5% 的置信水平上显著，说明人力资本在开放科学与企业价值关系之间发挥了中介作用，验证了 H11-3 与本章预期假设相符。

表11-7　人力资本的中介作用

变量	模型（11-1）企业价值	模型（11-3）人力资本	模型（11-6）企业价值
企业科学出版物数量	0.0090***	0.0057***	0.0087***
	（5.4291）	（5.6638）	（5.1331）
人力资本			0.0527**
			（2.3733）
企业规模	−0.5176***	0.2862***	−0.5327***
	（−13.2667）	（13.1828）	（−13.3490）
资产负债率	0.1497	−0.2304***	0.1618
	（1.3171）	（−3.4055）	（1.4287）
劳动生产率	0.2140***	−0.1817***	0.2236***
	（3.2128）	（−3.9638）	（3.3499）
销售增长率	0.1985***	−0.0545***	0.2014***
	（5.7991）	（−2.8336）	（5.8910）
上市年限	0.9357***	−0.1526	0.9438***
	（5.2336）	（−1.4078）	（5.2626）
研发费用	0.1034***	0.3301***	0.0860***
	（5.2699）	（21.8892）	（4.0721）
董事会人数	0.1158	−0.2158***	0.1272
	（0.6694）	（−2.8540）	（0.7363）
独立董事比例	0.0095*	0.0015	0.0094*
	（1.8783）	（0.6158）	（1.8721）
股权集中度	−0.0069***	0.0015	−0.0069***
	（−3.3944）	（1.4337）	（−3.4309）
_cons	9.8867***	−1.0340*	9.9412***
	（10.0525）	（−1.8436）	（10.1323）
Firm	Yes	Yes	Yes
Year	Yes	Yes	Yes
N	13463	13463	13463
adj.R^2	0.449	0.702	0.449

注：*** 表示 $p<0.01$，** 表示 $p<0.05$，* 表示 $p<0.1$。

（3）分析师关注的中介效应检验

表 11-8 报告了"开放科学—分析师关注—企业价值"的效应途径检验。根据模型（11-4），本章使用固定效应模型对样本中开放科学与分析师关注之间的关系进行了回归分析，回归分析结果如表 11-7 所示。结合表 11-8 研究发现，在回归结果第二列中分析师关注在 1% 的置信水平上显著为正，说明企业

发表科学出版物越多，企业分析师关注度越高。

表11-8 分析师关注的中介作用

变量	模型（11-1）企业价值	模型（11-4）分析师关注	模型（11-7）企业价值
企业科学出版物数量	0.0090***	0.0244***	0.0080***
	（5.4291）	（3.0907）	（4.9577）
分析师关注			0.0429***
			（22.7630）
企业规模	−0.5176***	3.7158***	−0.6770***
	（−13.2667）	（19.1991）	（−17.2396）
资产负债率	0.1497	−7.7865***	0.4837***
	（1.3171）	（−13.0277）	（4.3608）
劳动生产率	0.2140***	2.7094***	0.0977
	（3.2128）	（7.2551）	（1.5419）
销售增长率	0.1985***	1.6120***	0.1293***
	（5.7991）	（8.5761）	（3.9177）
上市年限	0.9357***	−6.5950***	1.2187***
	（5.2336）	（−5.7783）	（7.0088）
研发费用	0.1034***	0.3910***	0.0866***
	（5.2699）	（4.1465）	（4.4814）
董事会人数	0.1158	1.0841	0.0693
	（0.6694）	（1.5916）	（0.4090）
独立董事比例	0.0095*	0.0238	0.0084*
	（1.8783）	（1.1291）	（1.7144）
股权集中度	−0.0069***	0.0126	−0.0074***
	（−3.3944）	（1.1550）	（−3.7073）
_cons	9.8867***	−58.0109***	12.3756***
	（10.0525）	（−11.0033）	（12.8267）
Firm	Yes	Yes	Yes
Year	Yes	Yes	Yes
N	13463	13463	13463
adj.R^2	0.449	0.742	0.483

注：*** 表示 $p<0.01$，** 表示 $p<0.05$，* 表示 $p<0.1$。

由 H11-4 本章推出了模型（11-7），并在表11-8中报告了回归结果，表11-8的第三列显示，开放科学的系数为0.0080，在1%的置信水平上显著。分析师关注的系数为0.0429，且在1%的置信水平上显著，说明分析师关注在开放科学与企业价值关系之间发挥了中介作用，验证了H11-4与本章预期假设相符。

为进一步验证创新产出、人力资本和分析师关注的中介作用，本章采用Bootstrap检验，结果如表11-9所示。在表11-9中，在95%置信区间内，创新产出机制、人力资本机制以及分析师关注机制的直接效应区间分别为[0.005484，0.012444]、[0.005133，0.012366]和[0.0015247，0.122528]，区间两端点均为正数，表明直接效应显著。三个间接效应区间分别为[0.000000，0.000165]、[0.000022，0.000575]以及[0.000019，0.000578]，均不包含0，表明中介效应均显著。据此，可以说明创新产出、人力资本、分析师关注在开放科学对企业价值影响关系中起到中介作用，这一检验结果与上文的"三步法"结论一致。

表11-9 Bootstrap检验

中介变量		Effect	Boot SE	Boot LLCI	Boot ULCI
创新产出	直接效应	0.008964	0.001776	0.005484	0.012444
	间接效应	0.000084	0.000041	0.000000	0.000165
人力资本	直接效应	0.008750	0.001845	0.005133	0.012366
	间接效应	0.000298	0.000141	0.000022	0.000575
分析师关注	直接效应	0.008750	0.001787	0.005247	0.122528
	间接效应	0.000298	0.000143	0.000019	0.000578

11.5.2.3 稳健性检验

（1）替换因变量

为验证H11-1实证结果的稳健性，本章替换因变量，以总资产回报率（ROA）取代TobinQ值，代替评估企业价值。对H11-1的稳健性检验结果如表11-10所示。

表11-10 开放科学对企业价值影响的稳健性回归结果

变量	模型（1）	模型（2）
	总资产回报率	总资产回报率
企业科学出版物数量	0.0002[***] （3.4121）	0.0001[***] （3.1376）
企业规模		0.0150[***] （8.9478）
资产负债率		−0.1619[***] （−25.1385）

续表

变量	模型（1） 总资产回报率	模型（2） 总资产回报率
劳动生产率		0.0281*** （8.8096）
销售增长率		0.0476*** （25.6052）
上市年限		0.0163* （1.9098）
研发费用		0.0043*** （5.6563）
董事会人数		0.0064 （1.0679）
独立董事比例		0.0003** （1.9795）
股权集中度		0.0007*** （7.5106）
_cons	0.0466*** （92.2174）	−0.3468*** （−7.9631）
Firm	Yes	Yes
Year	Yes	Yes
N	13463	13463
adj.R^2	0.388	0.516

注：*** 表示 $p<0.01$，** 表示 $p<0.05$，* 表示 $p<0.1$。

根据表 11-10，开放科学的系数为 0.0002 和 0.0001，均在 1% 水平上显著为正，t 值分别为 3.4121 和 3.1376，从而能够证明开放科学，即企业发表科学出版物的数量和总资产收益率呈正相关，企业发表科学出版物的数量越多，就越能够提升企业价值。因此，H11-1 得到验证。

除此之外，模型（1）、模型（2）的调整 R^2 分别为 0.388 和 0.516，说明模型方程有效。研发投入与总资产收益率系数在 1% 水平上显著正相关，说明研发投入高能够提升企业价值；销售额增长率与总资产收益率的系数在 1% 水平上呈正相关，说明销售额的增长有助于提高总资产收益率，即企业价值；股权集中度与总资产收益率系数在 1% 水平上显著正相关，说明股权集中度越高，总资产收益率高，有助于提升企业价值。

（2）剔除部分样本

为确保 H11-1 实证结果的稳健性，本次研究通过使用剔除 2020 年样本观测值的方法来做稳健性检验。H11-1 的稳健性检验结果如表 11-11 所示。

表11-11　开放科学对企业价值影响的稳健性回归结果

变量	模型（1） 企业价值	模型（2） 企业价值
企业科学出版物数量	0.0094*** （5.5036）	0.0094*** （5.7108）
企业规模		−0.5676*** （−14.3731）
资产负债率		0.2624** （2.2572）
劳动生产率		0.2042*** （2.9457）
销售增长率		0.1977*** （5.3695）
上市年限		1.0082*** （5.5117）
研发费用		0.0851*** （4.4382）
董事会人数		0.1723 （0.9471）
独立董事比例		0.0111** （2.0814）
股权集中度		−0.0072*** （−3.3322）
_cons	2.0901*** （160.1014）	10.6338*** （10.6321）
Firm	Yes	Yes
Year	Yes	Yes
N	11814	11814
adj.R^2	0.441	0.465

注：*** 表示 $p<0.01$，** 表示 $p<0.05$，* 表示 $p<0.1$。

根据表 11-11，开放科学的系数为 0.0094，均在 1% 水平上显著为正，t 值分别为 5.5036 和 5.7108，从而能够证明开放科学，即企业科学出版物的数量和企业价值呈正相关，企业开放科学越活跃，越能够进一步提升企业价值。因此，H11-1 得证。

除此之外，模型（1）、模型（2）的调整 R^2 分别为 0.441 和 0.465，说明模型方程有效。研发投入与企业价值系数在 1% 水平上显著正相关，说明研发投入高能够提升企业价值；销售额增长率与企业价值的系数在 1% 水平上显著正相关，说明销售额的增长有助于提高企业价值。

11.6 讨论、启示与未来展望

11.6.1 结果讨论

目前，国内外对于开放科学与企业价值关系方面的研究还比较少，然而，只有明确影响机制才能制定提升企业价值和实现可持续发展的策略。众多成功企业的案例表明，开放科学是企业获得持续竞争优势的关键，也是推动未来创新和利润增长的核心动力。本章从开放科学的角度探讨企业价值的影响因素，这不仅在理论上提供了新的视角，还对指导中国企业的发展具有重要的现实意义。通过深入分析，本章旨在为企业如何在开放科学的环境中提升自身价值提供理论支持和实践指导。

通过上述研究，本研究得出的基本结论如下：

第一，开放科学与企业价值呈显著正相关。企业发表较多的科学出版物有利于企业价值的提高。本章借鉴以往研究用 TobinQ 值来衡量企业价值，用企业发表科学论文的数量衡量开放科学，实证了两者之间的关系。研究结果表明更广泛的开放科学能有效提高企业价值。本研究认为，这是由于企业进行科学披露后，通过多种方式提高了企业创新能力和创新绩效，获得了更高的经济收益和社会认可效应，对企业的未来发展具有重大作用。

第二，创新产出、人力资本和分析师关注在开放科学与企业价值的关系中起到中介作用。首先，企业发表科学论文影响企业价值的机制是拥有更多科学出版物的企业有更多的研究成果被公开，这些研究成果往往促进了专利的产生，而专利不仅有助于企业在市场竞争中保持领先地位，还可以提供市场竞争优势，增加市场份额，提高企业盈利能力，进而提高企业价值。其次，企业发表科学出版物可以吸引和保留顶尖的科研人才，同时与更多的科学家合作，这些人才和资源对于企业的技术研发与创新至关重要，而技术创新可以带来新产品、新服务和新市场，从而提升企业市场份额。最后，企业的科学出版物具有较高的学术标准和声誉，在学术期刊发表的研究成果能够向股票分析师和投资者传递正面信息，提升企业受分析师关注的程度，同时增强公众对企业专利及相关技术的信任和信誉，使潜在投资者对企业的科研能力和技术实力有更高的认可。

11.6.2　实践启示

随着知识经济时代的不断发展，创新知识的开放与披露对国家建设至关重要，本章揭示了开放科学与企业价值的关系及作用的内在机制，结合我国企业的实际问题，本章提出以下建议：

第一，从企业角度，企业应适当降低对知识溢出成本的担忧，积极投资开放科学，通过资助研究、建立合作关系、内部支持和培育科学卓越文化，以提升企业价值并促进长期竞争优势。

第二，从投资者角度，投资者在做出投资决策时应综合考量企业的科学披露表现，并以此作为评估其研发实力和创新能力的关键非财务指标，以提高投资决策的科学性和潜在回报。

第三，从政府角度，政府应通过优惠政策和奖励措施激励企业提升科学披露水平，以促进企业创新能力和开放科学发展，支持经济的创新驱动和长期增长。

11.6.3　研究局限与未来展望

受限于数据可用性，本章选取部分上市企业作为样本，以科学出版物数量作为衡量开放科学的指标。但这一方法未能充分涵盖企业开放科学活动中的其他属性特征。此外，本研究未包含非中国企业样本，未探讨不同国家企业样本间潜在的异质性，这是未来研究需进一步探索的方向。同时，本章也未充分考察企业在实施开放科学战略时，其创新能力转化为商业收益能力可能下降的风险，以及开放科学可能引发的知识溢出效应。基于此，我们可以继续探究：

第一，未来研究可探讨企业在实施开放科学行为时，如何平衡知识产权保护与成本控制，以最大化企业价值。未来的研究可以围绕企业知识溢出成本或其他成本对开放科学和企业价值的关系的负面影响，阐明管理者在维护知识产权安全与从开放科学策略中获取收益之间的平衡。

第二，未来研究将考察企业在不同生命周期开放科学行为对企业价值影响的差异性。未来研究可以围绕企业生命周期研究开放科学对企业价值的影响，在企业的发展期和成熟期两者关系有什么不同，这也是本章可继续进行研究和完善的地方。

11.7　小结

本章重点研究了开放科学如何影响企业价值的内在逻辑问题，系统揭示了开放科学与企业价值之间的关系。本章基于信息不对称理论、信号传递理论与声誉理论，采用 2010 年至 2022 年沪深 A 股制造型上市企业的数据，通过实证研究揭示了开放科学与企业价值的关系及作用机制。其研究发现：①我国上市企业发表科学出版物能够有效提高企业价值，在进行稳健性检验后结论依然成立；②创新产出、人力资本以及分析师关注在开放科学与企业价值关系中发挥中介作用；③研究结论为企业如何通过开放科学行为提升企业价值提供了理论依据、管理与启示，强调了在知识密集型经济中，企业应重视并优化其开放科学行为，以实现可持续发展和价值创造。

第12章 理论贡献与未来展望

本书针对我国企业开放科学行为进行了深入的理论与实证研究，揭示了企业开放科学的行为逻辑、战略动机和实现机制，并探讨了开放科学与新产品开发、创新诱发机制、合作创新、企业价值等之间的关系，系统构建了企业开放科学的理论框架。

12.1 理论贡献

目前，"开放性"已经成为管理学、经济学、社会学、政治学、哲学等研究领域的核心概念。从理论前沿来看，开放科学是阐释创新过程前端"开放性"的一个新理论视角。自 Chesbrough（2003）提出开放式创新理论以来，学者们非常重视创新中后端"开放性"的研究，然而，在创新过程的最前端，科学越来越开放的总体趋势大多被忽视（Friesike，et al，2015）。本书是国内一部研究企业开放科学理论的专著，揭示了开放科学与开放式创新之间的内在联系，构建了企业开放科学的理论框架，为创新研究提供了新的理论视角和路径。

经典经济理论框架下，企业的开放科学行为长期被视为 Arrow 悖论（Arrow，1962）：知识共享实践可能引发研发外溢风险，削弱创新独占性收益。然而，在新兴创新范式的冲击下，这一理论预设正面临实践挑战。数据表明，在全球研发强度前 20% 的企业中，83% 存在系统性知识披露行为（OECD，2022），这种看似矛盾的现象实质折射出创新范式的深层变革。究其本质，开放式创新与科学驱动型创新范式的融合重构了价值创造逻辑——企业通过构建知识溢出网络获取的生态位优势，已远超传统封闭式研发的边际收益。这种战略转向在生物医药、人工智能等数据密集型行业尤为显著。本书从理论和实证研究视角，阐明了开放科学与开放式创新之间的关系，构建了企业开放科学的理论框架，具体理论贡献包括以下几个方面：

12.1.1　系统研究了开放科学与开放式创新的关系

科学的开放性与创新的开放性共同体现了世界的开放性。创新的开放性是商业环境的必然趋势、科学的开放性是科学领域的主流范式，开放式创新和开放科学之间虽然存在较大差异，但两者相互融合发展的趋势越来越明显。

开放式创新已发展为企业创新的主导战略，旨在帮助企业捕捉外部想法以创造价值并降低风险，企业可以通过各种方式从外部引入创意和技术，也可以将自己内部未被充分利用的技术或创意通过类似的方式向外部市场开放，从而实现价值最大化。开放式创新范式表明，企业应利用外部和内部资源、开发流程和市场渠道来推动创新与技术进步。

开放性是科学的本质属性之一，开放科学已经成为全球科学研究与创新的主流范式。人类社会发展的演化过程充分证明，开放科学是一种促进知识共享、交流、合作的科学研究范式，其有助于改变传统科学研究的局限性，提高整个科学系统的创新效率。开放科学已成为国际上推动科学研究以及科学对社会影响的重要方式。

面对新一轮科技革命和产业变革带来的重大机遇与挑战，科技创新将变得更加开放，呼唤更加开放的精神，需要科学的开放与创新的开放深度融合。开放科学和开放式创新虽然在目标上有相似之处，即都是为了促进知识共享和技术发展，但它们的侧重点不同，分别适用于科学研究与创新的不同阶段和领域。开放科学旨在打破传统科学研究中的封闭壁垒，促进科学知识的快速传播和发展，提高研究效率和影响力。开放式创新主要应用于企业的技术创新管理，其目的是缩短产品开发周期，降低研发成本，提高市场竞争力。尽管开放科学和开放式创新关注的领域有所不同，但两者之间存在相互促进的关系。开放科学为开放式创新提供了坚实的基础，因为科学研究的开放性可以产生更多的创新机会；而开放式创新可以为开放科学带来资金支持和技术手段，帮助其更好地实现目标。两者共同推动着社会整体的知识进步和技术革新。开放科学与开放式创新之间的联系对于鼓励企业和大学之间的合作至关重要。这种合作有助于发展中国家的经济，使企业更具竞争力。开放科学可以有效促进开放式创新。

开放科学和开放式创新虽然在目标与领域上有所区别，但它们都强调通过更广泛的协作和知识共享来促进创新与发展。企业可以通过借鉴开放科学的原则和方法，构建开放式创新的生态系统，实现更高的市场竞争力和经济收益。开放科学和开放式创新的融合可以为企业带来多方面的积极影响。通过资源共享、透明度提升、用户参与、多方合作、法律与政策支持以及经济和商业模式创新等措施，企业可以在保护核心技术和商业机密的同时，享受开放科学和开放式创新带来的创新加速、资源优化和市场扩展等多重益处。通过系统化、专业化的管理和保护，企业可以在激烈的市场竞争中占据有利位置，实现可持续发展。

12.1.2　弥补了创新过程前端"开放性"理论研究的不足

开放式创新理论重点关注的是创新过程中后段"开放性"的研究，然而，在创新过程的最前端，科学越来越开放的总体趋势大多被忽视。从理论前沿来看，开放科学是阐释创新过程前端"开放性"的一个新理论视角。传统的开放科学理论重点研究的是科学共同体内科学家的行为规范，开放式创新理论则聚焦企业创新过程的开放性，更多关注的是创新过程中后端的开放性，对于企业从事基础研究阶段的"开放性"却关注甚少。本研究聚焦企业科学研究端的"开放性"问题，从理论上构建了企业开放科学的基本框架和体系，将开放科学作为一种新的创新策略进行了深入研究，弥补了创新过程前端"开放性"理论研究的不足。

12.1.3　揭开了传统经济学理论对"企业开放科学行为"的不解之谜

从商业战略和经济学原理两大视角来看，企业开放科学似乎是违背常理的，因为开放科学会限制企业通过知识产权保护（专利等）来独占创新价值的能力，开放科学不能直接给企业带来创新收益（Arrow，1962；Harhoff 等，2003；Laursen 和 Salter，2014；王钦和高山行，2010）。但有趣的是，现实中不仅是大企业，还有很多中小企业（尤其是科技型企业）都在积极地采取开放科学的策略，自愿以免费而非专利许可的方式披露创新知识。针对传统理论的不解之谜，研究证明了企业开放科学可以带来多方面的积极回报，主要包括创新加速与技术进步，增强市场竞争力，提升品牌形象与社会责任，获取外部资源与吸引人才，应对法规与政策要求，构建创新生态系统，等等。总体来看，开放科学不仅不会削弱企业的竞争优势，而且对企业的创新绩效具有积极影响。

12.1.4 打开了企业开放科学的"黑箱"，揭示了企业开放科学的行为逻辑、战略动机和实现机制

针对传统理论的不解之谜，我们提出三种企业开放科学的行为逻辑，即科学研究驱动的行为逻辑、市场竞争驱动的行为逻辑、集体创新驱动的行为逻辑。其具体机制如下：一是科学研究驱动，获取引领科技前沿知识、增强对外部知识的吸收能力、累积企业的科学知识存量等驱动了开放科学行为的产生。二是市场竞争驱动，开放科学是战略防御与威慑、营销或外部评价、调节竞争强度、知识产权竞争等多维度的需要。三是集体创新驱动，集体创新的制度效应、竞争效应、协同效应驱动了开放科学行为的产生。

研究深入分析了企业开放科学的战略动机及实现机制，企业在开放科学决策时面临着复杂而有趣的权衡，本书全面建构了企业开放科学战略动机的系统性框架，提出了"提升创新能力与绩效、提升人力资本价值、构建创新者声誉、塑造市场竞争优势、支持知识产权战略、支持商业化战略、营造创新生态系统"七大战略动机，并重点揭示了驱动不同战略动机的实现机制。

12.1.5 首次提出并论证了"开放科学作为新的创新策略"的基本框架

从理论前沿来看，开放科学是阐释创新过程前端"开放性"的一个新理论视角。创新过程前端"开放性"对中后端的技术创新有何影响，缺乏理论上的系统研究。从企业实践来看，开放科学正在成为产品创新竞争的一个新维度。传统观点认为，为了获得持续的竞争优势，企业通常会对创新知识采取保密、专利、领先时间优势、设计的复杂性等专有机制加以保护或独占（Arrow，1962；Teece，1986；Cohen 等，2002）。本书在破解传统经济学理论不解之谜的基础上，重点研究了创新过程前端"开放性"对中后端的新产品开发、合作创新、企业价值等的影响机制，系统构建了"开放科学作为新的创新策略"的基本框架。其主要学术观点如下：

第一，重点从内部研究活动、产学合作、基于专利的独占机制、R&D 人

员四个维度，对我国企业的开放科学行为进行了计量分析，揭示了企业开放科学行为决策的重要影响因素与规律。

第二，揭示了企业开放科学的知识溢出与创新诱发机制，即某一家企业的开放科学会诱发整个行业的开放科学行为，知识溢出在企业开放科学诱发行业开放科学的过程中起中介作用，特别是国有企业的开放科学对整个行业的创新诱发机制更加显著。

第三，揭示了创新前端"开放科学"与后端"新产品开发"之间的关系，研究发现，开放科学作为企业新的竞争策略，对新产品开发具有显著的正向影响，具体表现为：企业开放科学频率越高对新产品开发越具有积极影响；企业开放科学质量越高，其对新产品开发越具有积极影响；影响滞后期通常为3年，即3年之内影响效果最佳，研究结论为企业开放科学策略的选择、基础研究能力和国家创新体系效能的提升，提供了理论依据、管理与政策启示。第四，揭示了在不同情况下企业开放科学对合作创新的影响机制，研究发现，企业开放科学对其合作广度与合作深度产生积极影响，企业开放科学对其合作广度的影响中，学术联系与互补资产均产生积极的调节作用，但是在企业开放科学对其合作深度的影响中，学术联系与互补资产均未产生调节作用。这反映了学术联系与互补资产对合作伙伴的吸引力，但合作深度的形成更多依赖于社会资本和长期信任的积累。中文论文对合作广度的积极影响显著大于英文论文对其的影响。

12.2 研究的局限性

本书破解了传统理论的不解之谜，构建了企业开放科学的基本理论框架，进一步丰富了开放式创新和开放科学理论，为提升我国企业的科学能力提供了重要的理论依据与实践指导。总体来看，本书也存在研究的局限性，主要包括以下几个方面：

12.2.1 不同行业企业开放科学的异质性问题

本书虽然收集了大量中国企业开放科学的相关数据，但尚未构建中国企业开放科学的大数据集，导致不同行业企业开放科学的异质性没有得到充分的讨

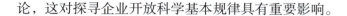

论，这对探寻企业开放科学基本规律具有重要影响。

12.2.2 开放科学与知识产权保护之间的平衡问题

本书尚未探讨企业开放科学与知识产权保护之间的内在关系。开放科学时代需要重新定义知识产权，不仅要保护创造者的利益，还要促进知识和创新的集体进步。当我们应对数字时代的复杂性时，传统的知识产权管理范式与开放式创新的精神和对可获取知识不断增长的需求会越来越不一致。因此，探讨数字时代企业开放科学与知识产权保护之间的平衡，是非常有价值的理论问题。

12.2.3 企业开放科学策略体系构建和普适性问题

本书深入探讨了开放科学与产品创新策略、创新诱发机制与策略、合作创新策略等，但是这些策略基本聚焦在生物制药产业和人工智能产业上，这些策略是否适用于其他制造业，如计算机软件、汽车制造、钢铁、能源等行业，尚待进一步深入研究。同时，企业开放科学策略选择问题在产学研协同、创新类型选择、组织创新、制度创新等方面，也亟待深入的系统研究。

12.3 未来研究展望

12.3.1 未来关注的前沿问题

企业开放科学作为一种新的创新策略，受到企业界越来越高的关注度。本书通过系统性理论建模与实证分析，弥补了创新过程前端"开放性"理论研究的不足，构建了企业开放科学的完整理论框架。本书打开了企业开放科学的"黑箱"，揭示了企业开放科学的行为逻辑、战略动机及实现机制，构建了开放科学作为新的创新策略的基本框架。这一理论体系不仅填补了创新理论在前端开放性研究领域的知识断层，而且重塑了数字经济时代的创新管理范式。

第一，不同行业之间企业开放科学行为的异质性问题。在重点聚焦传统产业、战略性新兴产业和未来产业背景下，企业开放科学行为和策略选择是否存在异质性，以及不同行业之间企业开放科学对新产品开发影响的异质性，这对企业科学能力的提升至关重要。

第二，开放科学的创新诱发机制及控制研究。未来的研究将更加关注企业开放科学行为可能产生的知识溢出效应如何控制，需要探究知识溢出对自身企业的影响，如对该企业技术路径、论文创新等方面产生的影响，需要探究多种开放科学内容的影响，如企业专利、开源技术等形式产生的影响。

第三，开放科学对企业价值的影响策略研究。未来研究可以重点聚焦企业通过开放科学影响股市价值的策略，关注围绕企业生命周期研究开放科学对企业价值的影响，在企业发展的不同时期影响股市价值的开放科学策略应该如何选择，这是非常有价值的研究话题。

第四，企业开放科学策略的系统框架研究。开放科学对企业人力资源管理、竞争战略、营销管理、知识产权管理、创新管理等都具有积极的重要影响。未来研究可以重点关注将开放科学作为人力资源管理的战略性工具、知识产权保护策略、商业化策略、营销策略等方面的研究。

12.3.2　企业科学的兴起：新的潮流

我们发现一个有价值的学术前沿问题，即企业科学问题研究，企业科学指的是在企业内部进行的科学研究活动，这类研究通常是为了解决特定的商业需求或推动技术创新，以支持企业的产品开发、市场扩展或成本节约等目标。企业科学往往具有明确的目标导向性，即研究活动通常是围绕着解决实际问题或实现特定的商业目标展开的。企业内部的资金支持是企业科学的重要特点之一。企业会根据自身的战略目标和财务状况，为研发部门提供相应的资金支持。企业科学的特点：一是应用导向性，与基础研究不同，企业科学通常更注重应用，旨在解决实际问题或开发可市场化的产品；二是商业目标性，企业科学以创造商业价值为目标，因此研究方向往往与市场需求紧密结合；三是跨学科合作，企业内部的研究通常涉及多个学科的合作，以解决复杂问题。

企业科学行为是一流企业的共性特征，如贝尔实验室隶属于 AT&T 企业，曾是通信技术领域的研究先锋，获得过多项诺贝尔奖。IBM 企业的研究部门，专注于计算机科学、物理、化学等多个领域的研究。谷歌母企业 Alphabet 的创新实验室，负责开发前沿技术，如无人驾驶汽车、谷歌眼镜等。华为中央研究院致力于通信技术、人工智能等领域的研究。

企业科学行为应该重点关注以下领域：一是生命科学，包括制药、生物技术、医疗器械等领域的企业科学活动集中在新药开发、基因编辑、个性化医疗等方面。二是材料科学，包括化工、制造业企业关注新材料的研发，如纳米材料、复合材料等。三是新一代信息技术，高科技企业致力于人工智能、大数据、云计算等前沿技术的研究。四是能源与环境，能源企业致力于清洁能源技术、节能减排技术的研究与开发。五是智能制造，制造业企业关注自动化、机器人技术、物联网等领域的研究。

企业科学通常有三种基本组织形态：一是建立内部研发中心，许多大型企业设有专门的研发中心（R&D Center），负责进行科学研究和技术开发。二是采用开放式创新模式，与外部伙伴（如大学、研究机构、其他企业等）合作，共同推进科研项目。三是资助的外部研究，企业也会资助外部研究机构或大学进行特定领域的研究，以补充内部资源。

总之，企业科学是数智时代创新研究的关键学术前沿问题，进一步强调了企业科学研究活动的重要性，是关键核心技术突破和颠覆性技术创新的关键，是企业科学能力提升的重要路径。随着开放式创新模式的兴起，企业科学越来越注重与外部伙伴的合作，共同应对复杂的科学和技术挑战。通过持续的投资和创新，企业可以在激烈的市场竞争中保持领先地位。

参考文献

［1］Abernathy W J, Utterback J M. Patterns of Industrial Innovation [J]. Technology Review, 1978, 80(7): 40–47.

［2］Aghion P, Dewatripont M, Stein J C. Academic Freedom, Private-Sector Focus, and the Process of Innovation [J]. The RAND Journal of Economics, 2008, 39(3): 617–635.

［3］Aghion P, Jones B F, Jones C I. Artificial Intelligence and Economic Growth [M]. Chicago: University of Chicago Press, 2019.

［4］Aghion P, Van Reenen J, Zingales L. Innovation and Institutional Ownership [J]. American Economic Review, 2013, 103(1): 277–304.

［5］Alexy O, Criscuolo P, Salter A. Managing Unsolicited Ideas for R&D [J]. California Management Review, 2012, 54(3): 116–139.

［6］Alexy O, George G, Salter A J. Cui Bono? The Selective Revealing of Knowledge and Its Implications for Innovative Activity [J]. Academy of Management Review, 2013, 38(2): 270–291.

［7］Allen R C. Collective Invention [J]. Journal of Economic Behavior & Organization, 1983, 4(1): 1–24.

［8］Almeida P, Hohberger J, Parada P. Individual Scientific Collaborations and Firm–Level Innovation [J]. Industrial and Corporate Change, 2011, 20(6): 1571–1599.

［9］Al–Najjar B, Al–Najjar D. The Impact of External Financing on Firm Value and a Corporate Governance Index: SME Evidence [J]. Journal of Small Business and Enterprise Development, 2017, 24(2): 411–423.

［10］Altbach P. Higher Education and the WTO: Globalization Run Amok [J]. International Higher Education, 2001 (23): 2–4.

［11］Annoni A, Benczur P, Bertoldi P, et al. Artificial Intelligence: A European Perspective [R]. Publications Office of the European Union, 2018.

［12］Anthes G. Artificial Intelligence Poised to Ride a New Wave [J]. Communications of the ACM, 2017, 60(7): 19–21.

［13］Anton J J, Yao D A. Little Patents and Big Secrets: Managing Intellectual Property [J]. The RAND Journal of Economics, 2004: 1–22.

［14］Anton J J, Yao D A. The Sale of Ideas: Strategic Disclosure, Property Rights, and Contracting [J]. The Review of Economic Studies, 2002, 69(3): 513–531.

［15］Anyoha R. The History of Artificial Intelligence [EB/OL]. Science in the News, https://sitn.hms.harvard.edu/flash/2017/history–artificial–intelligence, 2017.

［16］Appelbaum R P, Gebbie M A, Han X, et al. Will China's Quest for Indigenous Innovation Succeed? Some Lessons from Nanotechnology [J]. Technology in Society, 2016, 46: 149–163.

［17］Arora A, Athreye S, Huang C. The Paradox of Openness Revisited: Collaborative Innovation and Patenting by UK Innovators [J]. Research Policy, 2016, 45(7): 1352–1361.

［18］Arora A, Belenzon S, Patacconi A. The Decline of Science in Corporate R&D [J]. Strategic Management Journal, 2018, 39(1): 3–32.

［19］Arora A, Belenzon S, Sheer L. Knowledge Spillovers and Corporate Investment in Scientific Research [J]. American Economic Review, 2021, 111(3): 871–898.

［20］Arrow K J. Economic Welfare and the Allocation of Resources for Invention [M]. London: Palgrave, 1972.

［21］Arrow K. Economics Welfare and the Allocation of Resources for Invention [M]. Princeton: Princeton University Press, 1962.

［22］Åstebro T, Bazzazian N, Braguinsky S. Startups by Recent University Graduates and Their Faculty: Implications for University Entrepreneurship Policy [J]. Research Policy, 2012, 41(4): 663–677.

［23］Åström J, Reim W, Parida V. Value Creation and Value Capture for AI Business Model Innovation: A Three–Phase Process Framework [J]. Review of Managerial Science, 2022, 16(7): 2111–2133.

［24］Audretsch D B, Belitski M. The Role of R&D and Knowledge Spillovers in Innovation and Productivity [J]. European Economic Review, 2020, 123: 103391.

［25］Audretsch D B, Feldman M P. R&D Spillovers and the Geography of Innovation and Production [J]. The American Economic Review, 1996, 86(3): 630–640.

［26］Audretsch D B, Stephan P E. Company–Scientist Locational Links: The Case of Biotechnology [J]. The American Economic Review, 1996, 86(3): 641–652.

［27］Azoulay P, Ding W, Stuart T. The Impact of Academic Patenting on the Rate, Quality and Direction of (public) Research Output [J]. The Journal of Industrial Economics, 2009, 57(4): 637–676.

［28］Azoulay P. Do Pharmaceutical Sales Respond to Scientific Evidence? [J]. Journal of Economics & Management Strategy, 2002, 11(4): 551–594.

［29］Bacon E, Williams M D, Davies G. Coopetition in Innovation Ecosystems: A Comparative Analysis of Knowledge Transfer Configurations [J]. Journal of Business Research, 2020, 115: 307–316.

［30］Baker S, Mezzetti C. Disclosure as a Strategy in the Patent Race [J]. The Journal of Law and Economics, 2005, 48(1): 173–194.

［31］Baldwin C, Von Hippel E. Modeling a Paradigm Shift: From Producer Innovation to User and Open Collaborative Innovation [J]. Organization Science, 2011, 22(6): 1399–1417.

［32］Balsmeier B, Fleming L, Manso G. Independent Boards and Innovation [J]. Journal of Financial Economics, 2017, 123(3): 536–557.

［33］Bar T. Defensive Publications in an R&D Race [J]. Journal of Economics & Management Strategy, 2006, 15(1): 229–254.

［34］Bar–Gill O, Parchomovsky G. The Value of Giving away Secrets [J]. All Faculty scholarship, 2003(10): 27.

［35］Barney J. Firm Resources and Sustained Competitive Advantage [J]. Journal of Management, 1991, 17(1): 99–120.

［36］Barrett B. Defensive Use of Publications in an Intellectual Property Strategy [J]. Nature Biotechnology, 2002, 20(2): 191–193.

［37］Baruffaldi S, Poege F. A Firm Scientific Community: Industry Participation and Knowledge Diffusion [R]. IZA Discussion Papers, 2020.

［38］Beck S, Bergenholtz C, Bogers M, et al. The Open Innovation in Science Research Field: A Collaborative Conceptualisation Approach [J]. Industry and Innovation, 2022, 29(2): 136–185.

［39］Belenzon S, Patacconi A. How does Firm Size Moderate Firms' Ability to Benefit from Invention? Evidence from Patents and Scientific Publications [J]. European Management Review, 2014, 11(1): 21–45.

［40］Bellec A C. Strategies to Reaching the Right People with Open Data Examples from Cities Around the World [EB/OL]. https://www.opendatasoft. com/en/blog/strategies–reaching–right–people–open–data–example–cities–around–world/#sub–title–67a628f2eff17, 2022.

［41］Bertello A, Ferraris A, De Bernardi P, et al. Challenges to Open Innovation in Traditional Smes: An Analysis of Pre–Competitive Projects in University–Industry–Government Collaboration [J]. International Entrepreneurship and Management Journal, 2022, 18(1): 89–104.

［42］Björk B C, Laakso M, Welling P, et al. Anatomy of Green Open Access [J]. Journal of The Association for Information Science and Technology, 2014, 65(2): 237–250.

［43］Blind K, Fenton A. Standard–Relevant Publications: Evidence, Processes and Influencing Factors [J]. Scientometrics, 2022, 127(1): 577–602.

［44］Blümel C, Fecher B, Leimüller G. Was Gewinnen Wir Durch Open Science und Open Innovation?: das Konzept der strategischen Offenheit und seine Relevanz für Deutschland [M]. Essen: Edition Stifterverband, Verwaltungsgesellschaft für Wissenschaftspflege mbH, 2018.

［45］Boden M A. AI: Its Nature and Future [M]. Oxford: Oxford University Press, 2016.

［46］Bogers M, Chesbrough H, Heaton S, et al. Strategic Management of Open Innovation: A Dynamic Capabilities Perspective [J]. California Management Review, 2019, 62(1): 77–94.

［47］Bogers M, Zobel A K, Afuah A, et al. The Open Innovation Research

Landscape: Established Perspectives and Emerging Themes Across Different Levels of Analysis [J]. Industry and Innovation, 2017, 24(1): 8–40.

［48］Boudreau K J, Lakhani K R. "Open" Disclosure of Innovations, Incentives and Follow–On Reuse: Theory on Processes of Cumulative Innovation and a Field Experiment in Computational Biology [J]. Research Policy, 2015, 44(1): 4–19.

［49］Boudreau K. Open Platform Strategies and Innovation: Granting Access vs. Devolving Control [J]. Management Science, 2010, 56(10): 1849–1872.

［50］Bourne P E, Polka J K, Vale R D, et al. Ten Simple Rules to Consider Regarding Preprint Submission [J]. PloS Comput Biol, 2017, 13(5): E1005473.

［51］Breen R, Karlson K B, Holm A. Total, Direct, and Indirect Effects in Logit and Probit Models [J]. Sociological Methods & Research, 2013, 42(2): 164–191.

［52］Brown S L, Eisenhardt K M. Product Development: Past Research, Present Findings, and Future Directions [J]. Academy of Management Review, 1995, 20(2): 343–378.

［53］Brunswicker S, Vanhaverbeke W. Open Innovation in Small and Medium-Sized Enterprises (Smes): External Knowledge Sourcing Strategies and Internal Organizational Facilitators [J]. Journal of Small Business Management, 2015, 53(4): 1241–1263.

［54］Brynjolfsson E, Mcafee A. The Business of Artificial Intelligence [EB/OL]. https://hbr.org/2017/07/the–business–of–artificial–intelligence, 2017.

［55］Bush V. Science: The Endless Frontier [J]. Transactions of the Kansas Academy of Science, 1945, 48(3): 231–264.

［56］Camerani R, Rotolo D, Grassano N. Do Firms Publish? A Multi–Sectoral Analysis [J]. A Multi–Sectoral Analysis (October 2018). Swps, 2018, 21.

［57］Cao C, Lin, Li X, et al. Reforming China's S&T System [J]. Science, 2013, 341(6145): 460–462.

［58］Carayol N. Objectives, Agreements and Matching in Science–Industry Collaborations: Reassembling the Pieces of the Puzzle [J]. Research Policy, 2003,

32(6): 887–908.

[59] Cassiman B, Veugelers R, Zuniga P. In Search of Performance Effects of (in) Direct Industry Science Links [J]. Industrial and Corporate Change, 2008, 17(4): 611–646.

[60] Cassiman B, Veugelers R. R&D Cooperation and Spillovers: Some Empirical Evidence from Belgium [J]. American Economic Review, 2002, 92(4): 1169–1184.

[61] Chalmers I, Glasziou P, Godlee F. All Trials Must be Registered and the Results Published [J]. BMJ, 2013, 346.

[62] Chan L, Albornoz D, Okune A, et al. Contextualizing Openness: Situating Open Science [R]. Zenodo, 2019.

[63] Change E T. Endogenous Technological Change [J]. Journal of Political Economy, 1990, 98(5): 2.

[64] Chaudhary S, Kaur P, Talwar S, et al. Way off the Mark? Open Innovation Failures: Decoding What Really Matters to Chart the Future Course of Action [J]. Journal of Business Research, 2022, 142: 1010–1025.

[65] Chemmanur T J, Kong L, Krishnan K, et al. Top Management Human Capital, Inventor Mobility, and Corporate Innovation [J]. Journal of Financial and Quantitative Analysis, 2019, 54(6): 2383–2422.

[66] Chen A, Patton D, Kenney M. University Technology Transfer in China: A Literature Review and Taxonomy [J]. The Journal of Technology Transfer, 2016, 41: 891–929.

[67] Chen X, Cheng Q, Lo K. on the Relationship between Analyst Reports and Corporate Disclosures: Exploring the Roles of Information Discovery and Interpretation [J]. Journal of Accounting and Economics, 2010, 49(3): 206–226.

[68] Cheng C C J, Huizingh E K R E. When is Open Innovation Beneficial? The Role of Strategic Orientation [J]. Journal of Product Innovation Management, 2014, 31(6): 1235–1253.

[69] Chesbrough H W, Appleyard M M. Open Innovation and Strategy [J]. California Management Review, 2007, 50(1): 57–76.

［70］Chesbrough H W. Open Innovation: The New Imperative for Creating and Profiting from Technology [M]. Cambridge: Harvard Business Press, 2003.

［71］Chesbrough H W. The Era of Open Innovation [J].Mit Sloan Management Review, 2003,44 (3):35-41.

［72］Chesbrough H, Bogers M. Explicating Open Innovation: Clarifying an Emerging Paradigm for Understanding Innovation [M]. Oxford: Oxford University Press, 2014: 3-28.

［73］Chesbrough H, Brunswicker S. A Fad or a Phenomenon?: The Adoption of Open Innovation Practices in Large Firms [J]. Research-Technology Management, 2014, 57(2): 16-25.

［74］Chesbrough H, Lettl C, Ritter T. Value Creation and Value Capture in Open Innovation [J]. Journal of Product Innovation Management, 2018, 35(6): 930-938.

［75］Chesbrough H. Open Innovation Results: Going Beyond the Hype and Getting down to Business [M]. Oxford: Oxford University Press, 2019.

［76］Chesbrough H. Open Innovation: Researching a New Paradigm [M]. Oxford: Oxford University Press, 2006.

［77］Cockburn I M, Henderson R M. Absorptive Capacity, Coauthoring Behavior, and the Organization of Research in Drug Discovery [J]. The Journal of Industrial Economics, 1998, 46(2): 157-182.

［78］Cockburn I, Henderson R. Racing to Invest? The Dynamics of Competition in Ethical Drug Discovery [J]. Journal of Economics & Management Strategy, 1994, 3(3): 481-519.

［79］Cohen W M, Levinthal D A. Absorptive Capacity: A New Perspective on Learning and Innovation [J]. Administrative Science Quarterly, 1990, 35(1): 128-152.

［80］Cohen W M, Levinthal D A. Innovation and Learning: The Two Faces of R&D [J]. The Economic Journal, 1989, 99(397): 569-596.

［81］Cohen W M, Nelson R R, Walsh J P. Links and Impacts: The Influence of Public Research on Industrial R&D [J]. Management Science, 2002, 48(1): 1-23.

［82］Cohen W M, Nelson R, Walsh J. Protecting Their Intellectual Assets: Appropriability Conditions and Why U.S. Manufacturing Firms Patent or Not [Z]. Nber Working Paper, 2000, No.7552.

［83］Cooper R G, Kleinschmidt E J. Benchmarking the Firm's Critical Success Factors in New Product Development [J]. Journal of Product Innovation Management, 2010, 12(5): 374–391.

［84］Czarnitzki D, Hussinger K, Schneider C. Commercializing Academic Research: The Quality of Faculty Patenting [J]. Industrial and Corporate Change, 2011, 20(5): 1403–1437.

［85］Dahlander L, Gann D M. How Open Is Innovation? [J]. Research Policy, 2010, 39(6): 699–709.

［86］Dasgupta P, David P A. Toward a New Economics of Science [J]. Research policy, 1994, 23(5): 487–521.

［87］David P A. Common Agency Contracting and the Emergence of "Open Science" Institutions [J]. The American Economic Review, 1998, 88(2): 15–21.

［88］David P A. From Keeping "Nature's Secrets" to the Institutionalization of "Open Science" [J]. CODE: Collaborative Ownership and the Digital Economy, 2005: 85–108.

［89］David P A. The Historical Origins of "Open Science": An Essay on Patronage, Reputation and Common Agency Contracting in the Scientific Revolution [J]. Capitalism and Society, 2008, 3(2).

［90］Del Vecchio P, Di Minin A, Petruzzelli A M, et al. Big Data for Open Innovation in SMEs and Large Corporations: Trends, Opportunities, and Challenges [J]. Creativity and Innovation Management, 2018, 27(1): 6–22.

［91］Della Malva A, Hussinger K. Corporate Science in the Patent System: An Analysis of the Semiconductor Technology [J]. Journal of Economic Behavior & Organization, 2012, 84(1): 118–135.

［92］Demsetz H. Towards a Theory of Property Rights, [J].American Economic Review, 1967, 57:347–359.

［93］Devlin J, Chang M W, Lee K, et al. Bert: Pre–training of Deep

Bidirectional Transformers for Language Understanding [DB/OL]. https://arxiv.org/abs/1810.04805v2, 2018.

［94］Di Benedetto A. Comment on Is Open Innovation a Field of Study or a Communication Barrier to Theory Development? [J].Technovation, 2010, 30 (11–12): 557.

［95］Ding W W. The Impact of Founders' Professional–Education Background on the Adoption of Open Science by For–Profit Biotechnology Firms [J]. Management Science, 2011, 57(2): 257–273.

［96］Dosi G. Technological Paradigms and Technological Trajectories: A Suggested Interpretation of the Determinants and Directions of Technical Change [J]. Research Policy, 1982, 11(3): 147–162.

［97］Du J, Leten B, Vanhaverbeke W. Managing Open Innovation Projects with Science-Based and Market–Based Partners [J]. Research Policy, 2014, 43(5): 828–840.

［98］Efron B. Bootstrap Methods: Another Look at the Jackknife [M]. New York: Springer, 1992.

［99］Else H. Radical Open-Access Plan Could Spell End to Journal Subscrip-Tions [J]. Nature, 2018, 561(7721): 17–19.

［100］Enkel E, Gassmann O, Chesbrough H. Open R&D and Open Innovation: Exploring the Phenomenon [J]. R&D Management, 2009, 39(4): 311–316.

［101］Etzkowitz H . MIT and the Rise of Entrepreneurial Science [M]. London: Routledge, 2002.

［102］Etzkowitz H, Leydesdorff L. The Dynamics of Innovation: From National Systems and "Mode 2" to a Triple Helix of University–Industry– Government Relations [J]. Research Policy, 2000, 29(2): 109–123.

［103］European Commission. Open Innovation, Open Science, Open to the World—A Vision for Europe [DB/OL]. https://ec.europa.eu/commission/presscorner/detail/en/speech_15_5243, 2016.

［104］Fabrizio K R, Di Minin A. Commercializing the Laboratory: Faculty Patenting and the Open Science Environment [J]. Research Policy, 2008, 37(5):

914–931.

［105］Fabrizio K R. Absorptive Capacity and the Search for Innovation [J]. Research Policy, 2009, 38(2): 255–267.

［106］Fang J, He H, Li N. China's Rising IQ (Innovation Quotient) and Growth: Firm–Level Evidence [J]. Journal of Development Economics, 2020, 147: 102561.

［107］Fingerle B. What Do We Gain Through Open Science and Open Innovation? [EB/OL]. https://www.zbw-mediatalk.eu/2019/02/neue-studie-des-stifterverbandes-was-gewinnen-wir-durch-open-science-und-open-innovation/, 2019.

［108］Firer S, Mitchell Williams S. Intellectual Capital and Traditional Measures of Corporate Performance [J]. Journal of Intellectual Capital, 2003, 4(3): 348–360.

［109］Fleisher B, Li H, Zhao M Q. Human Capital, Economic Growth, and Regional Inequality in China [J]. Journal of Development Economics, 2010, 92(2): 215–231.

［110］Fleming L, Sorenson O. Science as a Map in Technological Search [J]. Strategic Management Journal, 2004, 25(8–9): 909–928.

［111］Fleming L. Recombinant Uncertainty in Technological Search [J]. Management Science, 2001, 47(1): 117–132.

［112］Foster E D, Deardorff A. Open Science Framework (OSF) [J]. Journal of the Medical Library Association: JMLA, 2017, 105(2): 203.

［113］Freyne J, Coyle L, Smyth B, et al. Relative Status of Journal and Conference Publications in Computer Science [J]. Communications of the ACM, 2010, 53(11): 124–132.

［114］Friesike S, Widenmayer B, Gassmann O, et al. Opening Science: Towards an Agenda of Open Science in Academia and Industry [J]. The Journal of Technology Transfer, 2015, 40: 581–601.

［115］Furman J L, Stern S. Climbing A Top the Shoulders of Giants: The Impact of Institutions on Cumulative Research [J]. American Economic Review,

2011, 101(5): 1933–1963.

［116］Gans J S, Murray F E, Stern S. Contracting over the Disclosure of Scientific Knowledge: Intellectual Property and Academic Publication [J]. Research Policy, 2017, 46(4): 820–835.

［117］Gans J S, Murray F. The Rate and Direction of Inventive Activity Revisited [M]. Chicago: University of Chicago Press, 2011: 51–103.

［118］Gans J S, Stern S. The Product Market and the Market for "Ideas": Commercialization Strategies for Technology Entrepreneurs [J]. Research Policy, 2003, 32(2): 333–350.

［119］Garud R, Jain S, Kumaraswamy A. Institutional Entrepreneurship in the Sponsorship of Common Technological Standards: The Case of Sun Microsystems and Java [J]. Academy of Management Journal, 2002, 45(1): 196–214.

［120］Garud R, Rappa M A. A Socio-Cognitive Model of Technology Evolution: The Case of Cochlear Implants [J]. Organization Science, 1994, 5(3): 344–362.

［121］Gassmann O E, Enkel E E. Towards a Theory of Open Innovation: Three Core Process Archetypes [J]. R&D Management Conference, 2004: 7, 6–9.

［122］Gibbons M, Limoges C, Scott P, et al. The New Production of Knowledge: The Dynamics of Science and Research in Contemporary Societies [M]. London: Sage, 1994.

［123］Gibney E. AI Firms Lure Academics [J]. Nature, 2016, 532(7600): 422–423.

［124］Gifford E, Ljungberg D, Mckelvey M. Innovating in Knowledge-Intensive Entrepreneurial Firms: Exploring the Effects of A Variety of Internal and External Knowledge Sources on Goods and Service Innovations [J]. Industrial and Corporate Change, 2022, 31(5): 1259–1284.

［125］Gittelman M, Kogut B. Does Good Science Lead to Valuable Knowledge? Biotechnology Firms and the Evolutionary Logic of Citation Patterns [J]. Management Science, 2003, 49(4): 366–382.

［126］Gittelman M. Does Geography Matter for Science-Based Firms?

Epistemic Communities and the Geography of Research and Patenting in Biotechnology [J]. Organization Science, 2007, 18(4): 724–741.

［127］Gkypali A, Filiou D, Tsekouras K. R&D Collaborations: Is Diversity Enhancing Innovation Performance? [J]. Technological Forecasting and Social Change, 2017, 118: 143–152.

［128］Glenna L, Bruce A. Suborning Science for Profit: Monsanto, Glyphosate, and Private Science Research Misconduct [J]. Research Policy, 2021, 50(7): 104290.

［129］Godin B. Research and the Practice of Publication in Industries [J]. Research Policy, 1996, 25(4): 587–606.

［130］Goralski M A, Tan T K. Artificial Intelligence and Sustainable Development [J]. The International Journal of Management Education, 2020, 18(1): 100330.

［131］Gowers T, Nielsen M. Massively Collaborative Mathematics [J]. Nature, 2009, 461(7266): 879–881.

［132］Grant R M. Prospering in Dynamically–Competitive Environments: Organizational Capability as Knowledge Integration [J]. Organization Science, 1996, 7(4): 375–387.

［133］Grashof N, Kopka A. Artificial Intelligence and Radical Innovation: An Opportunity for All Companies? [J]. Small Business Economics, 2023, 61(2): 771–797.

［134］Green J R, Scotchmer S. On the Division of Profit in Sequential Innovation [J]. The RAND Journal of Economics, 1995: 20–33.

［135］Griliches Z, Hall B H, Pakes A. R&D, Patents, and Market Value Revisited: Is There a Second (Technological Opportunity) Factor? [J]. Economics of Innovation and New Technology, 1991, 1(3): 183–201.

［136］Griliches Z. Market Value, R&D, and Patents [J]. Economics Letters, 1981, 7(2): 183–187.

［137］Griliches Z. The Search for R&D Spillovers [J]. National Bureau of Economic Research Working Paper Series, 1992, 94(1): 29–47.

［138］Gu F, Li J Q. Disclosure of Innovation Activities by High-Technology Firms [J]. Asia-Pacific Journal of Accounting & Economics, 2003, 10(2): 143-172.

［139］Haenlein M, Kaplan A. A Brief History of Artificial Intelligence: On the Past, Present, and Future of Artificial Intelligence [J]. California Management Review, 2019, 61(4): 5-14.

［140］Haeussler C, Colyvas J A. Breaking the Ivory Tower: Academic Entrepreneurship in the Life Sciences in UK and Germany [J]. Research Policy, 2011, 40(1): 41-54.

［141］Hall B, Helmers C, Rogers M, et al. The Choice between Formal and Informal Intellectual Property: A Review [J]. Journal of Economic Literature, 2014, 52(2): 375-423.

［142］Hargadon A B, Douglas Y. When Innovations Meet Institutions: Edison and the Design of the Electric Light [J]. Administrative Science Quarterly, 2001, 46(3): 476-501.

［143］Harhoff D, Henkel J, Von Hippel E. Profiting from Voluntary Information Spillovers: How Users Benefit by Freely Revealing Their Innovations [J]. Research Policy, 2003, 32(10): 1753-1769.

［144］Harhoff D. Strategic Spillovers and Incentives for Research and Development [J]. Management Science, 1996, 42(6): 907-925.

［145］Harjoto M, Laksmana I. The Impact of Corporate Social Responsibility on Risk Taking and Firm Value [J]. Journal of Business Ethics, 2018, 151: 353-373.

［146］Harold D, Renani M. Towards a Theory of Property Rights [J]. Social Security Journal, 2001, 3(3): 59-76.

［147］Hartmann P, Henkel J. The Rise of Corporate Science in AI: Data as a Strategic Resource [J]. Academy of Management Discoveries, 2020, 6(3): 359-381.

［148］Hayter C S, Link A N. Why Do Knowledge-Intensive Entrepreneurial Firms Publish Their Innovative Ideas? [J]. Academy of Management Perspectives, 2018, 32(1): 141-155.

［149］Heimstädt M, Friesike S. The Odd Couple: Contrasting Openness in Innovation and Science [J]. Innovation, 2021, 23(3): 425-438.

［150］Henderson R, Cockburn I. Scale, Scope and Spillovers: The Determinants of Research Productivity in Ethical Drug Discovery [J].Administrative Science Quarterly, 1994, 35: 9–30.

［151］Henke N, Bughin J, Chui M, et al. The Age of Analytics: Competing in a Data–Driven World [EB/OL]. McKinsey Global Institute, https://www.mckinsey.com/~/media/mckinsey/industries/public%20and%20social%20sector/our%20insights/the%20age%20of%20analytics%20competing%20in%20a%20data%20driven%20world/mgi–the–age–of–analytics–full–report.pdf, 2016.

［152］Henkel J , Pangerl S .Defensive Publishing an Empirical Study [J].Druid Working Papers, 2008, 157(8–04):1–7.

［153］Henkel J, Schöberl S, Alexy O. The Emergence of Openness: How and Why Firms Adopt Selective Revealing in Open Innovation [J]. Research Policy, 2014, 43(5): 879–890.

［154］Henkel J. Selective Revealing in Open Innovation Processes: The Case of Embedded Linux [J]. Research Policy, 2006, 35(7): 953–969.

［155］Hess A M, Rothaermel F T. When Are Assets Complementary? Star Scientists, Strategic Alliances, and Innovation in the Pharmaceutical Industry [J]. Strategic Management Journal, 2011, 32(8): 895–909.

［156］Hicks D. Published Papers, Tacit Competencies and Corporate Management of the Public/Private Character of Knowledge [J]. Industrial and Corporate Change, 1995, 4(2): 401–424.

［157］Hilbolling S, Berends H, Deken F, et al. Complementors as Connectors: Managing Open Innovation Around Digital Product Platforms [J]. R&D Management, 2020, 50(1): 18–30.

［158］Hinton G E, Osindero S, Teh Y W. A Fast Learning Algorithm for Deep Belief Nets [J]. Neural Computation, 2006, 18(7): 1527–1554.

［159］Hippel E, Krogh G. Open Source Software and the "Private–Collective" Innovation Model: Issues for Organization Science [J]. Organization Science, 2003, 14(2): 209–223.

［160］Holmes E A, O'Connor R C, Perry V H, et al. Multidisciplinary

Research Priorities for the COVID-19 Pandemic: A Call for Action for Mental Health Science [J]. The Lancet Psychiatry, 7(6): 547–560.

[161] Hsu D H, Hsu P H, Zhao Q. Rich on Paper? Chinese Firms' Academic Publications, Patents, and Market Value [J]. Research Policy, 2021, 50(9): 104319.

[162] Huang K G L, Geng X, Wang H. Institutional Regime Shift in Intellectual Property Rights and Innovation Strategies of Firms in China [J]. Organization Science, 2017, 28(2): 355–377.

[163] Huang, K. Uncertain Intellectual Property Conditions and Knowledge Appropriation Strategies: Evidence from the Genomics Industr [J].Industrial and Corporate Change,2017,26 (1): 41–71.

[164] Hughes J S, Pae S. Discretionary Disclosure, Spillovers, and Competition [J]. Review of Accounting Studies, 2015, 20: 319–342.

[165] Huizingh E K R E. Open Innovation: State of the Art and Future Perspectives [J]. Technovation, 2011, 31(1): 2–9.

[166] Jaffe A B. Technological Opportunity and Spillovers of R&D: Evidence from Firms' Patents, Profits and Market Value [J]. American Economic Review, 1986, 76: 984–1001.

[167] Jee S J, Sohn S Y. A Firm's Creation of Proprietary Knowledge Linked to the Knowledge Spilled over from Its Research Publications: The Case of Artificial Intelligence [J]. Industrial and Corporate Change, 2023a, 32(4): 876–900.

[168] Jee S J, Sohn S Y. Firms' Influence on the Evolution of Published Knowledge When a Science-Related Technology Emerges: The Case of Artificial Intelligence [J]. Journal of Evolutionary Economics, 2023b, 33(1): 209–247.

[169] Jespersen K R. User-Involvement and Open Innovation: The Case of Decision-Maker Openness [J]. International Journal of Innovation Management, 2010, 14(3): 471–489.

[170] Jesus T S, Landry M D, Hoenig H. Global Need for Physical Rehabilitation: Systematic Analysis from the Global Burden of Disease Study 2017 [J]. International Journal of Environmental Research and Public Health, 2019, 16(6): 980.

［171］Jia N, Huang K G, Man Zhang C. Public Governance, Corporate Governance, and Firm Innovation: An Examination of State–Owned Enterprises [J]. Academy of Management Journal, 2019, 62(1): 220–247.

［172］Johnson J P. Defensive Publishing by a Leading Firm [J]. Information Economics and Policy, 2014, 28: 15–27.

［173］Johnson J P. Defensive Publishing by a Leading Firm [R].Cornell University Working Paper, 2004.

［174］Jong S, Slavova K. When Publications Lead to Products: The Open Science Conundrum in New Product Development [J]. Research Policy, 2014, 43(4): 645–654.

［175］Kaplan S, Tripsas M. Thinking about Technology: Applying a Cognitive Lens to Technical Change [J]. Research Policy, 2008, 37(5): 790–805.

［176］Katz R, Tushman M. An Investigation into the Managerial Roles and Career Paths of Gatekeepers and Project Supervisors in a Major R&D Facility [J]. R&D Management, 1981, 11(3): 103–110.

［177］Kim B, Kim E, Miller D J, et al. The Impact of the Timing of Patents on Innovation Performance [J]. Research Policy, 2016, 45(4): 914–928.

［178］Kim Z, Lee D H, Choi K S, et al. Balancing Patent Portfolios and R&D Efforts: Examining Firm Performance [J]. Management Decision, 2023, 61(5): 1113–1131.

［179］Klinger J, Mateos–Garcia J, Stathoulopoulos K. Deep Learning, Deep Change? Mapping the Development of the Artificial Intelligence General Purpose Technology [DB/OL]. https://Arxiv.org/Pdf/1808.06355, 2018.

［180］Kogut B, Zander U. Knowledge of the Firm, Combinative Capabilities, and the Replication of Technology [J]. Organization Science, 1992, 3(3): 383–397.

［181］Kuhn T. The Structure of Scientific Revolution [M]. Chicago: University of Chicago Press, 1962.

［182］Kupferschmidt K. A Recipe for Rigor [J] . Science, 2018, 361(6408) : 1192–1193.

［183］Lacetera N, Zirulia L. Individual Preferences, Organization, and

Competition in a Model of R&D Incentive Provision [J]. Journal of Economic Behavior & Organization, 2012, 84(2): 550–570.

［184］ Larivière V, Zuccala A, Archambault É. The Declining Scientific Impact of Theses: Implications for Electronic Thesis and Dissertation Repositories and Graduate Studies [J]. Scientometrics, 2008, 74: 109–121.

［185］ Laursen K, Salter A J. The Paradox of Openness: Appropriability, External Search and Collaboration [J]. Research Policy, 2014, 43(5): 867–878.

［186］ Laursen K, Salter A. Open for Innovation: The Role of Openness in Explaining Innovation Performance among UK Manufacturing Firms [J]. Strategic Management Journal, 2006, 27(2): 131–150.

［187］ Lee C J, Moher D. Promote Scientific Integrity Via Journal Peer Review Data [J]. Science, 2017, 357(6348): 256–257.

［188］ Lee S M, Hwang T, Choi D. Open Innovation in the Public Sector of Leading Countries [J]. Management Decision, 2012, 50(1): 147–162.

［189］ Lerner J, Tirole J. Some Simple Economics of Open Source [J]. The Journal of Industrial Economics, 2002, 50(2): 197–234.

［190］ Lerner J, Tirole J. The Open Source Movement: Key Research Questions [J]. European Economic Review, 2001, 45(4–6): 819–826.

［191］ Lhuillery S. Voluntary Technological Disclosure as an Efficient Knowledge Management Device: An Empirical Study [J]. Economics of Innovation and New Technology, 2006, 15(4–5): 465–491.

［192］ Li Y, Youtie J, Shapira P. Why Do Technology Firms Publish Scientific Papers? The Strategic Use of Science by Small and Midsize Enterprises in Nanotechnology [J]. The Journal of Technology Transfer, 2015, 40: 1016–1033.

［193］ Lichtman D, Baker S, Kraus K. Strategic Disclosure in the Patent System [J]. Vand. L. Rev., 2000, 53: 2175.

［194］ Lim K. The Many Faces of Absorptive Capacity: Spillovers of Copper Interconnect Technology for Semiconductor Chips [J]. Industrial and Corporate Change, 2009, 18(6): 1249–1284.

［195］ Lim K. The Relationship Between Research and Innovation in the

Semiconductor and Pharmaceutical Industries (1981–1997) [J]. Research Policy, 2004, 33(2): 287–321.

［196］Liu X, White S. Comparing Innovation Systems: A Framework and Application to China's Transitional Context [J]. Research Policy, 2001, 30(7): 1091–1114.

［197］Liu Y, Wang X, Yang Y. The Impact of Strategic Knowledge Disclosure on Enterprise Innovation Performance [J]. Managerial and Decision Economics, 2023, 44(5): 2582–2592.

［198］Lüttgens D, Pollok P, Antons D, et al. Wisdom of the Crowd and Capabilities of a Few: Internal Success Factors of Crowdsourcing for Innovation [J]. Journal of Business Economics, 2014, 84: 339–374.

［199］Mansell R, Steinmueller W E. Advanced Introduction to Platform Economics [M]. Basingstoke: Edward Elgar Publishing, 2020.

［200］Mansfield E. Academic Research and Industrial Innovation: An Update of Empirical Findings [J]. Research Policy, 1998, 26(7–8): 773–776.

［201］Mansfield E. Academic Research and Industrial Innovation [J]. Research Policy, 1991, 20(1): 1–12.

［202］Mansfield E. Academic Research Underlying Industrial Innovations: Sources, Characteristics, and Financing [J]. The Review of Economics and Statistics, 1995: 55–65.

［203］Mansfield E. Public Policy toward Industrial Innovation: An International Study of Direct Tax Incentives for R&D [M]. Cambridge: Harvard Business Press, 1985.

［204］Marx M, Fuegi A. Reliance on Science: Worldwide Front–Page Patent Citations to Scientific Articles [J]. Strategic Management Journal, 2020, 41(9): 1572–1594.

［205］Marx M, Hsu D H. Revisiting the Entrepreneurial Commercialization of Academic Science: Evidence from "Twin" Discoveries [J]. Management Science, 2022, 68(2): 1330–1352.

［206］Marx M, Strumsky D, Fleming L. Mobility, Skills, and the Michigan

Non–Compete Experiment [J]. Management Science, 2009, 55(6): 875–889.

［207］Mckelvey M, Rake B. Exploring Scientific Publications by Firms: What Are the Roles of Academic and Corporate Partners for Publications in High Reputation or High Impact Journals? [J]. Scientometrics, 2020, 122(3): 1323–1360.

［208］Mcmillan G S, Hamilton Iii R D. Using Bibliometrics to Measure Firm Knowledge: An Analysis of the US Pharmaceutical Industry [J]. Technology Analysis & Strategic Management, 2000, 12(4): 465–475.

［209］Mcmillan G S, Mauri A, Casey D L. The Scientific Openness Decision Model: "Gaming" the Technological and Scientific Outcomes [J]. Technological Forecasting and Social Change, 2014, 86: 132–142.

［210］Merton R K. The Sociology of Science: Theoretical and Empirical Investigations [M]. Chicago: University of Chicago Press, 1973.

［211］Mishra D R. Post–Innovation CSR Performance and Firm Value [J]. Journal of Business Ethics, 2017, 140: 285–306.

［212］Montgomery L, Hartley J, Neylon C, et al. Open Knowledge Institutions: Reinventing Universities [M]. Cambridge: MIT Press, 2021.

［213］Motohashi K, Yun X. China's Innovation System Reform and Growing Industry and Science Linkages [J]. Research Policy, 2007, 36(8): 1251–1260.

［214］Mowery D C, Rosenberg N. Paths of Innovation: Technological Change in 20th–Century America [M]. Cambridge: Cambridge University Press, 1999.

［215］Muller P, Pénin J. Why Do Firms Disclose Knowledge and How Does It Matter? [J]. Journal of Evolutionary Economics ,2006, 16(1–2):85–108.

［216］Müller–Stewens B, Möller K. Performance in New Product Development: A Comprehensive Framework, Current Trends, and Research Directions [J]. Journal of Management Control, 2017, 28: 157–201.

［217］Murray F, Stern S. Do Formal Intellectual Property Rights Hinder the Free Flow of Scientific Knowledge?: An Empirical Test of the Anti–Commons Hypothesis [J]. Journal of Economic Behavior & Organization, 2007, 63(4): 648–687.

［218］Murray F. Innovation as Co–Evolution of Scientific and Technological

Networks: Exploring Tissue Engineering [J]. Research Policy, 2002, 31(8–9): 1389–1403.

［219］Murray R, Caulier–Grice J, Mulgan G. The Open Book of Social Innovation [M]. London: Young Foundation, NESTA, 2010.

［220］Nelson R R. Capitalism as an Engine of Progress [J]. Research Policy, 1990, 19(3): 193–214.

［221］Nelson R R. The Simple Economics of Basic Scientific Research [J]. Journal of Political Economy, 1959, 67(3): 297–306.

［222］Neuhäusler P, Schubert T, Frietsch R, et al. Managing Portfolio Risk in Strategic Technology Management: Evidence from a Panel Data–Set of the World's Largest R&D Performers [J]. Economics of Innovation and New Technology, 2016, 25(7): 651–667.

［223］Neuhäusler P. The Use of Patents and Informal Appropriation Mechanisms—Differences Between Sectors and among Companies [J]. Technovation, 2012, 32(12): 681–693.

［224］Newman M E J. A Measure of Betweenness Centrality Based on Random Walks [J]. Social Networks, 2005, 27(1): 39–54.

［225］Noh Y. Financial Effects of Open Innovation in the Manufacturing Industry [J]. Management Decision, 2015, 53(7): 1527–1544.

［226］Nosek B A, Alter G, Banks G C, et al. Promoting an Open Research Culture [J]. Science, 2015, 348(6242): 1422–1425.

［227］Nosek B A, Hawkins C B, Frazier R S. Implicit Social Cognition: from Measures to Mechanisms [J]. Trends in Cognitive Sciences, 2011, 15(4): 152–159.

［228］Nosek B A, Spies J R, Motyl M. Scientific Utopia: Ⅱ. Restructuring Incentives and Practices to Promote Truth over Publishability [J]. Perspectives on Psychological Science, 2012, 7(6): 615–631.

［229］Nuvolari A. Collective Invention During the British Industrial Revolution: The Case of the Cornish Pumping Engine [J]. Cambridge Journal of Economics, 2004, 28(3): 347–363.

［230］O'meara S. An Artificial Race for Intelligence [J]. Nature, 2019,

569(7758): S33–S35.

［231］O'meara S. China's Ambitious Quest to Lead the World in AI by 2030 [J]. Nature, 2019, 572(7770): 427–428.

［232］Oecd. Making Open Science a Reality [EB/OL]. https://www.oecd.org/en/publications/making–open–science–a–reality_5jrs2f963zs1–en.html, 2015.

［233］Pacheco-De-Almeida G, Zemsky P B. Some Like It Free: Innovators' Strategic Use of Disclosure to Slow down Competition [J]. Strategic Management Journal, 2012, 33(7): 773–793.

［234］Parchomovsky G. Publish or Perish [J]. Michigan Law Review, 2000, 98(4): 926–952.

［235］Partha D, David P A. Toward a New Economics of Science [J]. Research Policy, 1994, 23(5): 487–521.

［236］Pellens M, Della Malva A. Corporate Science, Firm Value, and Vertical Specialization: Evidence from the Semiconductor Industry [J]. Industrial and Corporate Change, 2018, 27(3): 489–505.

［237］Peñalvo F J G, De Figuerola C G, Merlo J A. Open Knowledge: Challenges and Facts [J]. Online Information Review, 2010, 34(4): 520–539.

［238］Penders B, Nelis A P. Credibility Engineering in the Food Industry: Linking Science, Regulation, and Marketing in a Corporate Context [J]. Science in Context, 2011, 24(4): 487–515.

［239］Pénin J. Open Knowledge Disclosure: An Overview of the Evidence and Economic Motivations [J]. Journal of Economic Surveys, 2007, 21(2): 326–347.

［240］Perkmann M, Schildt H. Open Data Partnerships between Firms and Universities: The Role of Boundary Organizations [J]. Research Policy, 2015, 44(5): 1133–1143.

［241］Perkmann M, Tartari V, Mckelvey M, et al. Academic Engagement and Commercialisation: A Review of the Literature on University–Industry Relations [J]. Research Policy, 2013, 42(2): 423–442.

［242］Phene A, Fladmoe-Lindquist K, Marsh L. Breakthrough Innovations in the US Biotechnology Industry: The Effects of Technological Space and Geographic

Origin [J]. Strategic Management Journal, 2006, 27(4): 369–388.

［243］Pisano G P. Science business: The Promise, the Reality, and the Future of Biotech [M]. Cambridge: Harvard Business School Press, 2006.

［244］Pisano G. Profiting from Innovation and the Intellectual Property Revolution [J]. Research Policy, 2006, 35(8): 1122–1130.

［245］Piwowar H A, Vision T J, Whitlock M C. Data Archiving Is a Good Investment [J]. Nature, 2011, 473(7347): 285.

［246］Poldrack R A, Mumford J A, Nichols T E. Handbook of Functional MRI Data Analysis [M]. Cambridge: Cambridge University Press, 2011.

［247］Polidoro Jr F, Theeke M. Getting Competition down to a Science: The Effects of Technological Competition on Firms' Scientific Publications [J]. Organization Science, 2012, 23(4): 1135–1153.

［248］Polidoro Jr F, Toh P K. Letting Rivals Come Close or Warding Them off? The Effects of Substitution Threat on Imitation Deterrence [J]. Academy of Management Journal, 2011, 54(2): 369–392.

［249］Ponta L, Puliga G, Manzini R. A Measure of Innovation Performance: The Innovation Patent Index [J]. Management Decision, 2021, 59(13): 73–98.

［250］Pullen A J J, De Weerd-Nederhof P C, Groen A J, et al. Open Innovation in Practice: Goal Complementarity and Closed NPD Networks to Explain Differences in Innovation Performance for SMEs in the Medical Devices Sector [J]. Journal of Product Innovation Management, 2012, 29(6): 917–934.

［251］Rafols I, Hopkins M M, Hoekman J, et al. Big Pharma, Little Science?: A Bibliometric Perspective on Big Pharma's R&D Decline [J]. Technological Forecasting and Social Change, 2014, 81: 22–38.

［252］Rosenberg N, Nelson R R. American Universities and Technical Advance in Industry [J]. Research Policy, 1994, 23(3): 323–348.

［253］Rosenberg N. Why Do Firms Do Basic Research (with Their Own Money)? [J]. Research Policy, 1990, 19(2): 165–174.

［254］Rosenkopf L, Almeida P. Overcoming Local Search Through Alliances and Mobility [J]. Management Science, 2003, 49(6): 751–766.

［255］Rotolo D, Camerani R, Grassano N, et al. Why Do Firms Publish? A Systematic Literature Review and a Conceptual Framework [J]. Research Policy, 2022, 51(10): 104606.

［256］Sahal D. Technological Guideposts and Innovation Avenues [J]. Research Policy, 1985, 14(2): 61–82.

［257］Salge T O, Farchi T, Barrett M I, et al. When Does Search Openness Really Matter? A Contingency Study of Health-Care Innovation Projects [J]. Journal of Product Innovation Management, 2013, 30(4): 659–676.

［258］Santoro G, Ferraris A, Winteler D J. Open Innovation Practices and Related Internal Dynamics: Case Studies of Italian Ict Smes [J]. Euromed Journal of Business, 2019, 14(1): 47–61.

［259］Santos A B, Bogers M L A M, Norn M T, et al. Public Policy for Open Innovation: Opening up to a New Domain for Research and Practice [J]. Technological Forecasting and Social Change, 2021, 169: 120821.

［260］Sauermann H, Roach M. Not All Scientists Pay to Be Scientists: Phds' Preferences for Publishing in Industrial Employment [J]. Research Policy, 2014, 43(1): 32–47.

［261］Sauermann H, Stephan P. Conflicting Logics? A Multidimensional View of Industrial and Academic Science [J]. Organization Science, 2013, 24(3): 889–909.

［262］Sauermann H, Vohland K, Antoniou V, et al. Citizen Science and Sustainability Transitions [J]. Research Policy, 2020, 49(5): 103978.

［263］Saura J R, Palacios-Marqués D, Ribeiro-Soriano D. Exploring the Boundaries of Open Innovation: Evidence from Social Media Mining [J]. Technovation, 2023, 119: 102447.

［264］Schmitt R W. Why Publish Scientific Research from Industry? [J]. Research Management, 1961, 4(1): 31–41.

［265］Scuotto V, Del Giudice M, Bresciani S, et al. Knowledge-Driven Preferences in Informal Inbound Open Innovation Modes. An Explorative View on Small to Medium Enterprises [J]. Journal of Knowledge Management, 2017, 21(3): 640–655.

［266］Scuotto V, Ferraris A, Bresciani S. Internet of Things: Applications and Challenges in Smart Cities: A Case Study of IBM Smart City Projects [J]. Business Process Management Journal, 2016, 22(2): 357–367.

［267］Shapira P, Youtie J, Kay L. National Innovation Systems and the Globalization of Nanotechnology Innovation [J]. The Journal of Technology Transfer, 2011, 36: 587–604.

［268］Simeth M, Cincera M. Corporate Science, Innovation, and Firm Value [J]. Management Science, 2016, 62(7): 1970–1981.

［269］Simeth M, Lhuillery S. How Do Firms Develop Capabilities for Scientific Disclosure? [J]. Research Policy, 2015, 44(7): 1283–1295.

［270］Simeth M, Raffo J D. What Makes Companies Pursue an Open Science Strategy? [J]. Research Policy, 2013, 42(9): 1531–1543.

［271］Slejko J F, Basu A, Sullivan S D. Returns to Scientific Publications for Pharmaceutical Products in the United States [J]. Health Economics, 2018, 27(2): 282–293.

［272］Smart P, Holmes S, Lettice F, et al. Open Science and Open Innovation in a Socio-Political Context: Knowledge Production for Societal Impact in an Age of Post-Truth Populism [J]. R&D Management, 2019, 49(3): 279–297.

［273］Stephan P E, Everhart S S. The Changing Rewards to Science: The Case of Biotechnology [J]. Small Business Economics, 1998, 10: 141–151.

［274］Stephan P E. The Economics of Science [J]. Journal of Economic Literature, 1996, 34(3): 1199–1235.

［275］Stern S. Do Scientists Pay to Be Scientists? [J]. Management Science, 2004, 50(6): 835–853.

［276］Stokes D E. Pasteur's Quadrant: Basic Science and Technological Innovation [M]. Washington, D.C.: Brookings Institution Press, 2011.

［277］Teece D J, Pisano G, Shuen A. Dynamic Capabilities and Strategic Management [J]. Strategic Management Journal, 1997, 18(7): 509–533.

［278］Teece D J. Profiting from Innovation in the Digital Economy: Enabling Technologies, Standards, and Licensing Models in the Wireless World [J]. Research

Policy, 2018, 47(8): 1367–1387.

［279］Teece D J. Profiting from Technological Innovation: Implications for Integration, Collaboration, Licensing and Public Policy [J]. Research Policy, 1986, 15(6): 285–305.

［280］The Economist Group. The Open Innovation Barometer [EB/OL]. https://impact.economist.com/projects/open–innovation/open%20innovation%20 briefing%20paper.pdf, 2022.

［281］Unesco. Unesco Recommendation on Open Science [EB/OL]. https:// unesdoc.unesco.org/ark:/48223/Pf0000379949, 2021.

［282］Van De Vrande V, De Jong J P J, Vanhaverbeke W, et al. Open Innovation in Smes: Trends, Motives and Management Challenges [J]. Technovation, 2009, 29(6–7): 423–437.

［283］Vanhaverbeke W, Chesbrough H. A Classification of Open Innovation and Open Business Models [J]. New Frontiers in Open Innovation, 2014, 6: 50–68.

［284］Vanhaverbeke W, Cloodt M. Theories of the Firm and Open Innovation [J]. New Frontiers in Open Innovation, 2014: 256–278.

［285］Vardi M Y. Conferences Vs. Journals in Computing Research [J]. Commun. Acm, 2009, 52(5): 5.

［286］Vaswani A, Shazeer N, Parmar N, et al. Attention Is All You Need [DB/OL]. https://arxiv.org/abs/1706.03762, 2017.

［287］Vicente–Saez R, Martinez–Fuentes C. Open Science Now: A Systematic Literature Review for an Integrated Definition [J]. Journal of Business Research, 2018, 88: 428–436.

［288］Von Hippel E, Von Krogh G. Free Revealing and the Private-Collective Model for Innovation Incentives [J]. R&D Management, 2006, 36(3): 295–306.

［289］Von Hippel E. Cooperation between Rivals: Informal Know–How Trading [J]. Research Policy, 1987, 16(6): 291–302.

［290］Von Hippel E. Democratizing Innovation: The Evolving Phenomenon of User Innovation [J]. Journal Für Betriebswirtschaft, 2005, 55: 63–78.

［291］Von Hippel E. The Sources of Innovation [M]. New York: Oxford

University Press, 1988.

［292］Vos T, et al. Global Burden of Disease 2017 [R]. The Lancet, 2019.

［293］Wang J, Shapira P. Partnering with Universities: A Good Choice for Nanotechnology Start-up Firms? [J]. Small Business Economics, 2012, 38: 197–215.

［294］Waters R. Investor Rush to Artificial Intelligence Is Real Deal [J]. Financial Times, 2015: 1–4.

［295］Weitzman M L. Recombinant Growth [J]. The Quarterly Journal of Economics, 1998, 113(2): 331–360.

［296］Wernerfelt B. A Resource-Based View of the Firm [J]. Strategic Management Journal, 1984, 5(2): 171–180.

［297］West J, Bogers M. Leveraging External Sources of Innovation: A Review of Research on Open Innovation [J]. Journal of Product Innovation Management, 2014, 31(4): 814–831.

［298］West J, Bogers M. Open Innovation: Current Status and Research Opportunities [J]. Innovation, 2017, 19(1): 43–50.

［299］West J. How Open Is Open Enough?: Melding Proprietary and Open Source Platform Strategies [J]. Research Policy, 2003, 32(7): 1259–1285.

［300］Yamakawa H, Osawa M, Matsuo Y. Whole Brain Architecture Approach Is a Feasible Way Toward an Artificial General Intelligence [C]//Neural Information Processing: 23rd International Conference, Iconip 2016, Kyoto, Japan, October 16–21, 2016, Proceedings, Part I 23. Springer International Publishing, 2016: 275–281.

［301］Yang H, Phelps C, Steensma H K. Learning from What Others Have Learned from You: The Effects of Knowledge Spillovers on Originating Firms [J]. Academy of Management Journal, 2010, 53(2): 371–389.

［302］Youtie J, Kay L. Acquiring Nanotechnology Capabilities: Role of Mergers and Acquisitions [J]. Technology Analysis & Strategic Management, 2014, 26(5): 547–563.

［303］Yuan X, Hou F, Cai X. How Do Patent Assets Affect Firm Performance? From the Perspective of Industrial Difference [J]. Technology Analysis & Strategic

Management, 2021, 33(8): 943–956.

［304］Zaggl M A, Schweisfurth T G, Herstatt C. The Dynamics of Openness and the Role of User Communities: A Case Study in the Ecosystem of Open Source Gaming Handhelds [J]. Ieee Transactions on Engineering Management, 2019, 67(3): 712–723.

［305］Zahra S A, Kaul A, Bolívar-Ramos M T. Why Corporate Science Commercialization Fails: Integrating Diverse Perspectives [J]. Academy of Management Perspectives, 2018, 32(1): 156–176.

［306］Zahringer K, Kolympiris C, Kalaitzandonakes N. Academic Knowledge Quality Differentials and the Quality of Firm Innovation [J]. Industrial and Corporate Change, 2017, 26(5): 821–844.

［307］Zhao Q, Luo Q, Tao Y. The Power of Paper: Scientific Disclosure and Firm Innovation [J]. Finance Research Letters, 2023, 56: 104147.

［308］Zucker L G, Darby M R, Torero M. Labor Mobility from Academe to Commerce [J]. Journal of Labor Economics, 2002, 20(3): 629–660.

［309］Zucker L G, Darby M R. Present at the Biotechnological Revolution: Transformation of Technological Identity for a Large Incumbent Pharmaceutical Firm [J]. Research Policy, 1997, 26(4–5): 429–446.

［310］陈劲，阳镇.数字化时代下的开放科学：伦理难题与推进路径［J］.吉林大学社会科学学报，2021，61（3）：116–128，236.

［311］陈劲，张学文.中国创新驱动发展与科技体制改革（2012–2017）［J］.科学学研究，2018，36（12）：2116–2121.

［312］陈劲，赵晓婷.梁靓.基于科学的创新［J］.科学学与科学技术管理，2013，34（6）：3–7.

［313］陈秀娟，张志强.开放科学的驱动因素、发展优势与障碍［J］.图书情报工作，2018，62（6）：77–84.

［314］陈雪飞，黄金霞，王昉.开放科学的开放式创新内涵及生态作用机制研究［J］.农业图书情报学报，2022，34（9）：5–14.

［315］陈元志，陈劲.建设具有全球竞争力的科技创新开放环境［EB/OL］.光明网，https：//baijiahao.baidu.com/s?id=1811318377963185532&wfr=spider&

for=pc，2024.

［316］邓新明，熊会兵，李剑峰，等.政治关联、国际化战略与企业价值——来自中国民营上市公司面板数据的分析［J］.南开管理评论，2014，17（1）：26-43.

［317］刁丽琳，马亚男.网络效应下企业自愿性创新披露研究［J］.科学学与科学技术管理，2012，22（8）：44-50.

［318］段伟文.从私密科学走向开放科学［N］.中国社会科学报，2019-03-05（1）.

［319］傅传锐.智力资本与公司绩效的相关性：基于分量回归的实证分析［J］.山西财经大学学报，2007（5）：72-78.

［320］高良谋，马文甲.开放式创新：内涵、框架与中国情境［J］.管理世界，2014（6）：157-169.

［321］宫义飞，郭兰.分析师跟踪、所有权性质与融资约束：基于不同产权主体的研究［J］.经济管理，2012，34（1）：129-137.

［322］韩鹏，岳园园.企业创新行为信息披露的经济后果研究：来自创业板的经验证据［J］.会计研究，2016（1）：49-55，95.

［323］何秀超.营造具有全球竞争力的开放式创新生态［N］.光明日报，2024-07-15.

［324］黄孝武，焦骜.经济政策不确定性能够促进工业智能化投资吗：来自中国省级工业机器人进口数据的经验证据［J］.科技进步与对策，2023，40（10）：110-120.

［325］寇宗来，周敏.机密还是专利？［J］.经济学（季刊），2012，11（1）：115-134.

［326］李春阳，谢洪明，章俨.国际化程度与企业价值关系研究：基于盈余管理与技术创新的视角［J］.科技与经济，2021，34（4）：36-40.

［327］李雪松，党琳，赵宸宇.数字化转型、融入全球创新网络与创新绩效［J］.中国工业经济，2022（10）：43-61.

［328］林苞，雷家骕.基于科学的创新模式与动态：对青霉素和晶体管案例的重新分析［J］.科学学研究，2013，31（10）：1459-1464.

［329］林新奇，赵国龙.基于 Dea 方法的我国科创板企业创新绩效研

究［J］.科技管理研究，2021，41（1）：54-61.

［330］柳卸林，高广宇.企业如何利用科学［J］.科学学与科学技术管理，2011，32（9）：5-10，22.

［331］陆静，徐传.企业社会责任对风险承担和价值的影响［J］.重庆大学学报（社会科学版），2019，25（1）：75-95.

［332］吕萍，柳卸林.开放性对科学创新和技术创新的影响：以国家重点实验室为例［J］.中国管理科学，2011，19（6）：185-192.

［333］吕一博，蓝清，韩少杰.开放式创新生态系统的成长基因：基于 Ios、Android 和 Symbian 的多案例研究［J］.中国工业经济，2015（5）：148-160.

［334］马力，徐广，高洋.利益相关者整合与高技术企业新产品开发绩效：有调节的中介模型［J］.科技管理研究，2021，41（21）：60-70.

［335］梅亮，吴欣桐，王伟楠.科技创新的责任治理：从开放科学到开放社会［J］.科研管理，2019，40（12）：1-10.

［336］戚聿东，杜博，叶胜然.知识产权与技术标准协同驱动数字产业创新：机理与路径［J］.中国工业经济，2022（8）：5-24.

［337］任声策，许晖，徐梅鑫.企业战略性知识披露动机及影响因素：文献述评［J］.情报学报，2016，35（4）：442-448.

［338］王化成，李志杰，孙健.境外上市背景下治理机制对公司价值的影响：基于融资决策传导效应的研究［J］.会计研究，2008（7）：65-72，97.

［339］王建安.企业作为一种知识产权保护系统［J］.科研管理，2002（2）：83-93.

［340］王钦，高山行.基于知识披露的开源软件创新博弈模型研究［J］.管理工程学报，2010，24（4）：104-109.

［341］魏江，应瑛，刘洋.研发网络分散化、组织学习顺序与创新绩效：比较案例研究［J］.管理世界，2014（2）：137-151，188.

［342］魏巍.信息技术企业 R&D 对高管团队特征与企业价值的中介效应研究［D］.哈尔滨：哈尔滨工业大学，2018.

［343］温亮明，李洋，郭蕾.我国开放科学研究：基础理论、实践进展与发展路径［J］.图书馆论坛，2022，42（2）：22-35.

［344］温忠麟，张雷，侯杰泰，等.中介效应检验程序及其应用［J］.心理学报，2004（5）：614-620.

［345］武学超.开放科学的内涵、特质及发展模式［J］.科技进步与对策，2016，33（20）：7-12.

［346］肖仁桥，沈佳佳，钱丽.数字化水平对企业新产品开发绩效的影响：双元创新能力的中介作用［J］.科技进步与对策，2021，38（24）：106-115.

［347］许春，刘奕.专利竞赛中企业主动性技术泄露行为研究［J］.管理工程学报，2009，23（1）：93-98.

［348］杨卫，刘细文，黄金霞，等.我国开放科学政策体系构建研究［J］.中国科学院院刊，2023，38（6）：829-844.

［349］杨震宁，赵红.中国企业的开放式创新：制度环境、"竞合"关系与创新绩效［J］.管理世界，2020，36（2）：139-160，224.

［350］应瑛，刘洋，魏江.开放式创新网络中的价值独占机制：打开"开放性"和"与狼共舞"悖论［J］.管理世界，2018，34（2）：144-160，188.

［351］张慧颖，李振东.创新投入、新产品开发绩效与新产品市场绩效的关系研究：顾客隐性需求的调节作用［J］.科学学与科学技术管理，2015，36（12）：128-138.

［352］张学文，陈劲.开放科学对产业创新的影响：基于美国制造业的实证研究［J］.科学学研究，2013，31（3）：368-376，406.

［353］张学文，陈凯华.数字时代的开放科学：理论探索与未来展望［J］.科学学研究，2022，40（2）：203-208.

［354］张学文，靳晴天，陈劲.开放科学对新产品开发的影响：基于制药企业的实证研究［J］.中国软科学，2024（1）：120-129.

［355］张学文，田华，陈劲.开放科学及建构的制度逻辑［J］.自然辩证法通讯，2020，42（5）：86-92.

［356］张学文，田华.企业开放科学行为研究：理论构建与实证测量［J］.科学学研究，2019，37（8）：1353-1363.

［357］张学文.开放科学的动机：基于两部门科学家的实证研究［J］.科学学研究，2014，32（11）：1620-1629，1722.

［358］张学文.开放科学视角下的产学研协同创新：制度逻辑、契约治理与社会福利［J］.科学学研究，2013，31（4）：617-622.

［359］张学文.面向创新型国家的开放科学技术政策：理论内涵及建构逻辑与社会效应［J］.科学学研究，2013，31（10）：1488-1494+1452.

［360］赵延东，黄磊，梅亮.科学资助组织推动开放科学发展政策的比较研究：以开放获取为例［J］.中国软科学，2020（3）：57-65.

［361］赵炎，杨笑然，阎瑞雪，等.研发团队知识共享、知识重用与新产品开发绩效：吸收能力的倒U型调节作用［J］.科技进步与对策，2022，39（20）：112-121.